प्रवासी लेखन

नयी ज़मीन

नया आसमान

प्रवासी लेखन

नयी ज़मीन, नया आसमान

अनिल जोशी

वाणी प्रकाशन

वाणी प्रकाशन

4695, 21-ए, दरियागंज, नयी दिल्ली 110 002

शाखा

अशोक राजपथ, पटना 800 004

फ़ोन : +91 11 23273167 फ़ैक्स : +91 11 23275710

www.vaniprakashan.in
vaniprakashan@gmail.com
sales@vaniprakashan.in

PRAVASI LEKHAN : NAI ZAMIN, NAYA AASMAN
by Anil Joshi

ISBN : 978-93-87889-72-9
Diaspora/Non-fiction

प्रथम संस्करण

मूल्य : ₹ 895
विदेश में मूल्य : $ 19.95
विदेश में मूल्य : £ 9.99

सिटी प्रेस, दिल्ली-110 095 में मुद्रित

वाणी प्रकाशन का लोगो मक़बूल फ़िदा हुसेन की कूची से

समर्पण

पुस्तक के प्रकाशन में अनन्य सहयोगी
मेरी पत्नी सरोज शर्मा
व
ब्रिटेन के मेरे साहित्यिक परिवार
डॉ. पद्मेश गुप्त, दिव्या माथुर, तितिक्षा
डॉ. निखिल कौशिक, डॉ. के.के. श्रीवास्तव,
नरेश भारतीय, जया वर्मा को

'प्रवासियों को दोहरा संघर्ष करना पड़ता है, एक तो अपने को नयी ज़मीन में रचने–बसाने का, दूसरे अपनी ज़मीन को अन्दर बनाये रखने का।'

'मिसेज़ जोंस और वह गली'
कविता संकलन की भूमिका से
–डॉ. सत्येन्द्र श्रीवास्तव

मेरी बात

प्रवासी लेखन : मेरी यात्रा

लगभग दो–तीन दशक पहले चर्चा में आये प्रवासी साहित्य का हिन्दी साहित्य की नयी धारा के रूप में ख़ूब स्वागत हुआ। शायद ही भारत की कोई प्रमुख पत्र–पत्रिका हो जिसका विशेषांक प्रवासी लेखन पर ना निकला हो। प्रवासी कहानीकारों की खूब माँग हुई। साहित्य अकादेमी ने हिमांशु जोशी के सम्पादन में आप्रवासी कहानी संकलन प्रकाशित किया। अमेरिका के धनंजय कुमार, गुलशन मधुर, मधु महेश्वरी के सम्पादन में भी अमेरिका के हिन्दी साहित्य पर महत्त्वपूर्ण संकलन 'दिशान्तर' और 'कथान्तर' प्रकाशित हुआ। कविताओं के भी कई संकलन आये। इसमें अमेरिका से प्रकाशित डॉ. अंजना संधीर के 'प्रवासी हस्ताक्षर' में 21 कवि थे और 'प्रवासिनी के बोल' 81 कवयित्रियों का संकलन था और मेरे सम्पादन मे प्रकाशित 23 ब्रिटिश कवियों और कवयित्रियों का संकलन 'धरती एक पुल' था। कई संस्थाओं और अकादमियों ने भी प्रवासी कहानियों और कविताओं के संकलन निकाले। विदेशों में भारतीय मूल के लोगों द्वारा रचा जा रहा हिन्दी साहित्य सौंधी बयार की तरह निकला और उसने अपनी जद में पूरे हिन्दी जगत को ले लिया।

उस साहित्य की गुणवत्ता पर कुछ सवाल बने रहे। जैसे कुछ लोगों ने प्रवासी साहित्य के लिए नये मानदंडों की बात की और उसके लिए तर्क दिया कि क्योंकि प्रवासियों के पास वह परिवेश नहीं है जो भारत में रहने वाले लेखक के पास है तो उसका मूल्यांकन करते हुए उदारवादी मानदंड अपनाए जाएँ। स्वाभिमानी लेखकों ने उसका विरोध किया। मुझे एक घटना ध्यान आती है जब अभिमन्यु अनत को कलकत्ता की एक पत्रिका ने कहा कि आपका लेख इसलिए छाप देंगे क्योंकि आप महत्त्वपूर्ण रचनाकार हैं, यद्यपि लेख की गुणवत्ता पर सन्देह है, तो उन्होंने अपनी रचना के प्रकाशन की अनुमति नहीं दी। प्रस्तुत पुस्तक की भूमिका में

भी सुषम बेदी ने आकलन के इस उदारवादी रवैये का विरोध किया है। कुछ विद्वानों ने इतने लम्बे समय तक विदेश में रहकर भी भारत की भाषा और संस्कृति से जुड़ा रहने को ही बहुत महत्त्व दिया। लेखकों की बात तो बहुत हुई पर उनके साहित्य की मीमांसा नहीं हुई। उनके सन्दर्भों, मान्यताओं, सरोकारों, संवेदनाओं को समझने के गम्भीर प्रयास कम हुए, ऊपरी तौर पर सराहना का भाव रहा। अन्दरूनी तौर पर बहुत से सम्पादक या सम्पादक क़िस्म के गम्भीर लेखक यह मानते रहे कि इनकी रचनाएँ केवल प्रवासी होने के कारण चर्चा में हैं। किसी भी चीज़ का उत्तर न केवल हाँ होता है न ना। कुछ लेखक वास्तव में उत्कृष्ट थे, उन्होंने हिन्दी साहित्य को नयी दिशा, नयी सोच, नयी संवेदनाएँ दीं। बहुत से लेखकों ने ब्रिटेन, अमेरिका और यूरोप के पते को ही भुनाया। प्रवासी साहित्य पर एक गम्भीर चर्चा, बहस और मीमांसा की सख्त ज़रूरत थी। यह पुस्तक उस सम्बन्ध में एक विनम्र प्रयास है।

ब्रिटेन में वर्ष 2000 में भारतीय उच्चायोग में हिन्दी और संस्कृति अधिकारी के रूप में मेरी नियुक्ति ने मुझे प्रवासी साहित्य के सक्रिय परिदृश्य से जुड़ने का मौक़ा दिया। स्वर्गीय लक्ष्मीमल्ल सिंघवी और मेरे पूर्ववर्ती अधिकारी सुरेन्द्र अरोड़ा के भागीरथ प्रयासों व 1999 के विश्व हिन्दी सम्मेलन ब्रिटेन में आयोजित होने के कारण ब्रिटेन में हिन्दी के लिए बहुत उर्वर वातावरण था। डॉ. सत्येन्द्र श्रीवास्तव, गौतम सचदेव, मोहन राणा, डॉ. पद्मेश गुप्त, दिव्या माथुर, उषा राजे सक्सेना, नरेश भारतीय, अचला शर्मा, तेजेन्द्र शर्मा, जया वर्मा, शैल अग्रवाल, निखिल कौशिक, उषा वर्मा जैसे लेखक–लेखिकाओं व तितिक्षा, डॉ. के.के. श्रीवास्तव, के.बी.एल. सक्सेना आदि के कारण साहित्यिक सरगर्मियाँ व भाषा सम्बन्धी गतिविधियाँ बहुत थीं। मुझे वहाँ कार्य करने में तत्कालीन मन्त्री (समन्वय) श्री पी.सी. हलदर का भी बहुत मार्गदर्शन व स्नेह मिला। उस समय वहाँ यू.के. हिन्दी समिति, गीतांजलि कथा, वातायन, कृति यू.के. आदि संस्थाएँ भी सक्रिय थीं। उधर भारत से भी कमलेश्वर, कन्हैया लाल नन्दन, नरेन्द्र कोहली, रामदरश मिश्र, सीतेश आलोक, अरुण कमल, अलका सरावगी आदि का आगमन हुआ। डॉ. पद्मेश गुप्त के सम्पादन में निकलने वाली पुरवाई, भारत से निकलने वाली अक्षरम् संगोष्ठी, प्रवासी संसार पत्रिकाओं से प्रवासी साहित्य के लिए उपयुक्त वातावरण बनने लगा।

भारत में वापस आकर अक्षरम् संस्था के प्रमुख के नाते हमने

अन्तरराष्ट्रीय हिन्दी सम्मेलनों के आयोजन की श्रृंखला शुरू की, यूरोप के विद्यार्थियों के लिए हिन्दी ज्ञान प्रतियोगिता भी तब तक हम लोगों ने शुरू कर दी थी। फिर तो भारत में यह बयार से तूफ़ान बन गयी। प्रमुख हिन्दी पत्रिकाओं ने भी प्रवासी विशेषांक निकाले। ऐसी ही एक पत्रिका 'हरिगन्धा' के सम्पादन का मुझे भी अवसर मिला। कमल किशोर गोयनका, हिमांशु जोशी, असग़र वजाहत, रवीन्द्र कालिया जैसे साहित्यकारों के सम्पादन और प्रेरणा से काफ़ी पुस्तकें प्रकाशित हुईं। वर्ष 2002 में वाणी प्रकाशन से प्रकाशित मेरे द्वारा सम्पादित ब्रिटेन के 23 कवियों की पुस्तक 'धरती एक पुल' प्रकाशित हुई। उस पुस्तक के माध्यम से मुझे सभी कवियों की कविताओं की अन्तर्दृष्टि, बुनावट पता चली और एक लम्बे सम्पादकीय में मैंने उनके विश्लेषण का प्रयास किया। मेरा यह प्रयास काफ़ी लोगों को पसन्द आया और 'धरती एक पुल' आज भी ब्रिटेन की कविता की प्रतिनिधि पुस्तक है। फिर तो ब्रिटेन, अमेरिका, कनाडा के लेखकों पर किन्हीं–किन्हीं सन्दर्भों में लिखने का मौक़ा मिलता रहा।

वर्ष 2005 में डॉ. पद्मेश गुप्त के साथ मिलकर हमने 'प्रवासी टुडे' का प्रकाशन शुरू किया। इसमें मेरा एक कालम 'दृष्टिकोण' नाम से छपता था। इसमें मैंने प्रवासी भाषा, साहित्य और संस्कृति सम्बन्धी मुद्दों पर लिखना शुरू किया। इस पुस्तक के पहले खण्ड सरोकार में मुख्य रूप से मेरे उसी स्तम्भ में प्रकाशित लेख हैं। दिल्ली आकर अक्षरम् संस्था के प्रमुख के नाते साहित्य अकादेमी और भारतीय सांस्कृतिक सम्बन्ध परिषद् के साथ मिलकर अन्तरराष्ट्रीय हिन्दी सम्मेलनों का दौर शुरू किया। अब मेरे दायरे में अन्य देशों के प्रवासी लेखक भी आने लगे। साथ ही भारत के प्रमुख लेखकों/विद्वानों के इस सम्बन्ध में विचार जानने का गहराई से मौक़ा मिला।

मेरा आलोचना में कोई विधिवत प्रशिक्षण नहीं है। मेरा बचपन से शौक़ है पढ़ना। जैसा मोहन राणा ने अपने बारे में कहीं लिखा था कि हालात यह थे कि मूँगफली के लिफ़ाफ़े पर दिखी किसी कविता ने उन्हें कविता लिखने की प्रेरणा दी। मैं भी उस पर लिखे समाचार पहले पढ़ता था मूँगफली बाद में खाता था। सामाजिकता और सक्रियता के चलते विभिन्न अभियानों/आन्दोलनों से भी केवल जुड़ा नहीं बल्कि कइयों के तो संयोजन में भी शामिल था। भाषा का प्रश्न मेरी सक्रियता के केन्द्र में रहा। इधर दिये गये सरकारी दायित्वों में भी बढ़ती ज़िम्मेदारी के नाते

अनुभव समृद्ध हो रहे थे। ब्रिटेन, दिल्ली, विश्व हिन्दी सम्मेलन–न्यूयॉर्क व सूरीनाम और फीजी के मेरे दायित्वों ने भारत से बाहर बसे भारतीयों को पास से देखने, उनके सरोकारों, उपलब्धियों, अन्तर्विरोधों को जानने का मौक़ा मिला।

मैं पेशे से अकादमिक आलोचक नहीं हूँ, पर मुझे पुस्तकों की समीक्षा करना और पढ़ना बहुत पसन्द है। मैं किसी भी पत्रिका में सबसे पहले पुस्तक समीक्षा स्तम्भ पढ़ता हूँ। मुझे प्रसिद्ध आलोचक डॉ. प्रभाकर श्रोत्रिय से विशेष स्नेह मिला। मेरी समीक्षाएँ उन्हें पसन्द थीं। उन्होंने मुझे बहुत प्रोत्साहन दिया। प्रवासी लेखन को आलोचनात्मक दृष्टि से देखने का काम बखूबी कमल किशोर गोयनका, हिमांशु जोशी, असग़र वजाहत आदि ने भी किया। यहाँ मुझे अपनी रोल मॉडल के रूप में हिन्दी के आलोचक इन्द्र नाथ मदान याद आते हैं, जिन्होंने सदा इस बात पर ज़ोर दिया कि आलोचना रचना से निकलनी चाहिए। मेरे प्रिय आलोचक प्रभाकर श्रोत्रिय और कवि–आलोचक कुँवर नारायण की आलोचना दृष्टि की भी यह विशेषता रही है कि रचना की रचनाशीलता से निहित सरोकारों और उसके उद्देश्यों की व्याख्या होनी चाहिए। मैंने पुस्तक में यही शैली अपनाई है। यद्यपि हिन्दी के ज़्यादातर प्रतिष्ठित आलोचक अपने राजनीतिक, विचारधारात्मक मानदंडों पर रचना का मूल्यांकन करते हैं और मेरी समझ में इसी कारण से रचना और रचनाकार के साथ न्याय नहीं कर पाते हैं। रचना से ही लेखक का परिप्रेक्ष्य, उसकी पृष्ठभूमि, रचना विशेष का मिज़ाज, उसकी बुनावट में से ज़रूरी सवाल और लेखक का नज़रिया सामने आता है। इसलिए कविता, कहानी, उपन्यास आदि का मूल्यांकन करते समय लेखक के साथ तादात्म्य कर लिखने की कोशिश की है। दिव्या माथुर द्वारा सम्पादित पुस्तक 'इक सफ़र साथ–साथ' में 31 विशिष्ट महिला रचनाकारों पर लिखना अपने आप में एक अनुभव था। प्रवासी लेखन की विशिष्टताओं को उनका होकर और साथ ही उनसे एक तटस्थता का भाव रखकर ही समझा जा सकता है।

इस पुस्तक में मैंने उन कहानीकारों की कहानियों पर भी लिखा है, जिनको मैं व्यक्तिगत रूप से नहीं जानता, कभी मिला नहीं, देखा नहीं। अमेरिका के शालिग्राम शुक्ल, सत्यपाल आनन्द, विजय चौहान, उमेश अग्निहोत्री, उषा प्रियंवदा, जापान के लक्ष्मीधर मालवीय को मैंने केवल उनकी रचनाओं के माध्यम से जाना। मुझे ऐसा लगा कि यह वे लोग

हैं जो अपने लेखन का कभी प्रचार नहीं करते हैं। पर इनकी कहानियाँ शायद प्रवासी विधा की सबसे सशक्त कहानियों में से हैं। जब अमेरिका के प्रसिद्ध लेखक उमेश अग्निहोत्री ने कहानी खण्ड पढ़ अपनी प्रतिक्रिया में लिखा 'लाजवाब' तो मुझे लगा कि प्रवासी साहित्य के इन अचर्चित, कुछ हद तक गुमनाम नायक लेखकों के साथ न्याय कर मैंने आलोचक के नाते अपना दायित्व पूरा किया है। यह पुस्तक मेरे लेखों का संकलन है, जब जब जहाँ जहाँ मुझे प्रवासी लेखन पर लिखने का मौक़ा मिला। इनमें कई महत्त्वपूर्ण लेखक छूट भी गये होंगे। यह मेरी सीमा हो सकती है, इस संकलन में उन पर सामग्री ना होना, उनके स्तर या महत्त्व पर कोई टिप्पणी नहीं है।

वर्ष 2014 में 'हरिगन्धा' के प्रवासी विशेषांक का सम्पादन करते हुए मैंने प्रवासी साहित्य को 'प्रवासी साहित्य और बहस के मुद्दे' शीर्षक लेख में प्रवासी साहित्य को प्रवासी साहित्य को कहने या ना कहने पर दस साल–पन्द्रह साल से चल रहे विवाद पर अपनी साफ़ राय दी जिसमें पुस्तकों / दस्तावेज़ों / प्रमाणों / तथ्यों / तर्कों का ऐसा सिलसिला था कि वह लेख बहुत चर्चा में रहा। वह लेख भी इस पुस्तक में है।

सुषम बेदी ने प्रस्तुत पुस्तक की भूमिका में लिखा है कि उन्हें प्रवासी लेखन पर विवेचना की पहली इस प्रकार की पुस्तक देखकर बहुत प्रसन्नता हुई है और उन्हें लग रहा है कि एकाएक प्रवासी लेखन सारी कक्षाएँ पास कर ग्रेजुएट हो गया है। उनके द्वारा इस पुस्तक को प्रवासी लेखन, आलोचना और चिन्तन की इस विधा की ऐसी पुस्तक मानना मेरे लिए बड़ा सम्मान है। प्रवासी लेखन मेरा प्रिय रुचि का विषय है। इसके माध्यम से भारत से बाहर रहने वाले लाखों भारतीयों के दिल की और मन की बात को समझने का और उन्हें भारत और भारतीयता से जोड़ने और उनकी विडम्बनाओं और अन्तर्विरोधों को समझने का एक प्रयास है। इसके लेखों को व्यक्तिगत रूप से पाठकों का विशेष स्नेह मिला है। यह पुस्तक भी आपसे स्नेह पाएगी। ऐसी आशा है।

फीजी मेरे व्यक्तित्व का हिस्सा बन गया है। फीजी को जो भी जानने, सोचने और काम करने का मौक़ा मिला है उसका बहुत हद तक श्रेय हमारे वर्तमान हाई कमिश्नर श्री विश्वास सपकाल को जाता है। उनका बहुत आभार। फीजी के भाषायी और सांस्कृतिक परिदृश्य से जुड़े कुछ लेख इस पुस्तक में शामिल हैं। कुछ और भी लिखा है पर मैं सोचता

हूँ कि फीजी पर स्वतन्त्र रूप से पुस्तक तैयार करेंगे। 'हज़ारों ख़्वाहिशें ऐसी कि हर ख़्वाहिश पे दम निकले...।' पुस्तक की भूमिका लिखकर और सम्मति देकर डॉ. कमल किशोर गोयनका, डॉ. सुषम बेदी, दिव्या माथुर, उमेश अग्निहोत्री, डॉ. पद्मेश गुप्त, 'गर्भनाल' के सम्पादक आत्माराम शर्मा जी ने जिस सहृदयता और सद्भावना का परिचय दिया है, उसका शब्दों में आभार करना कठिन है। ये सब लोग प्रवासी साहित्य के मर्मज्ञ हैं, उनका प्रेम और स्नेह मेरे लिए वरदान की तरह है। आलोक गुप्ता का विशेष आभार क्योंकि पुस्तक का आवरण पृष्ठ उन्हीं का बनाया गया है। पुस्तक के विचार पर चर्चा, प्रकाशन से लेकर उसके लोकार्पण तक ले जाने का काम पद्मेश जी ने सम्पन्न किया है, मैं उनका बहुत आभारी हूँ। दिव्या जी का व्यक्तित्व अद्वितीय है। मुझे गर्व है कि मैं उनके इतने स्नेह का भागी बना हूँ। भारत से पुस्तक के बारे में राय देने के लिए श्री नारायण कुमार जी, अलका सिन्हा, नरेश शांडिल्य ने बहुत सहयोग किया है। इसी प्रकार केन्द्रीय अनुवाद ब्यूरो के वर्तमान निदेशक श्री नारायण समीर व वर्तमान संयुक्त निदेशक व मित्र श्री विनोद कुमार संदेलश का व अन्य निकट साथियों का भी आभार व्यक्त करना चाहूँगा। इन अधिकारियों ने मुझे लेखन के लिए सदा प्रेरित किया और सहयोग दिया। केन्द्रीय अनुवाद ब्यूरो में भाषा और साहित्य रचना के लिए उर्वर परिवेश है। इस पुस्तक के प्रकाशन में मुझे पूरे परिवार बेटी कृति और पुत्र संकल्प का सहयोग मिला। दोनों ही बुद्धिजीवी–कलाकार हैं। पर इस किताब के प्रकाशन में जिसने दिन–रात मेहनत की, वह है मेरी पत्नी सरोज। इसलिए यह पुस्तक मैंने उन्हें और अपने ब्रिटेन के साहित्यिक परिवार को समर्पित की है। ब्रिटेन के साहित्यिक परिवार पद्मेश जी, दिव्या माथुर, तितिक्षा, के.के. श्रीवास्तव, निखिल कौशिक, नरेश भारतीय, जया वर्मा का मेरे प्रवासी जीवन में महत्त्वपूर्ण योगदान है। पुस्तक के प्रकाशक अरुण माहेश्वरी और अदिति का भी बहुत आभार है, जिन्होंने किताब को इतने कम समय में, इतने सुरुचिपूर्ण तरीके से प्रकाशित कर दिया। वे भी हमारी टीम के पुराने सदस्य हैं और इस समय भारत और भारत से बाहर वैश्विक परिदृश्य में हिन्दी के प्रचार–प्रसार को लेकर महत्त्वपूर्ण भूमिका अदा कर रहे हैं।

अनिल जोशी
anilhindi@gmail.com

प्रवासी समाज, भाषा और संस्कृति जैसे मुद्दों की गहरी आलोचनात्मक पड़ताल

अनिल जोशी से मेरा सम्बन्ध/सम्पर्क तीन दशक पुराना तो है ही। अनिल दिल्ली में साहित्यिक गतिविधियों के निष्ठावान आयोजक तथा काफ़ी बड़ी संख्या में लेखकों को साथ लेकर चलने में सक्षम रचनाकार हैं। अनिल के जीवन का बहुत बड़ा हिस्सा साहित्य, संस्कृति, भाषा, राष्ट्र और राष्ट्रीयता के प्रश्नों और उनके उत्तरों को तलाशने में व्यतीत हुआ है और साथ ही इंगलैंड, फीजी आदि देशों में भारतीय उच्चायोग में हिन्दी अधिकारी के रूप में कार्य करते हुए हिन्दी भाषा और साहित्य के विकास का महत्त्वपूर्ण कार्य भी किया है। मैंने कई बार महसूस किया है कि अनिल जोशी स्वयं में एक संस्था हैं और वे भारतीय संस्कृति एवं अस्मिता तथा राष्ट्र बोध के लिए समर्पित होकर कई पीढ़ियों को साथ लेकर चलने में सिद्धहस्त हैं। उन्होंने 'अक्षरम्' संस्था की स्थापना करके तथा उसकी निरन्तर होने वाली गतिविधियों से अपनी विशिष्ट पहचान बनायी है और अब फीजी में भारतीय उच्चायोग में रहते हुए वे हिन्दी भाषा व साहित्य तथा भारतीय संस्कृति के प्रचार–प्रसार के लिए उल्लेखनीय कार्य कर रहे हैं। अनिल जोशी ने काफ़ी लिखा है और प्रवासी साहित्य पर उनके आलोचनात्मक लेखन से वे विशेषज्ञ की स्थिति तक पहुँच गये हैं। हिन्दी में हमें अनिल जोशी जैसे समर्पित, निष्ठावान तथा निरन्तर कर्मशीलता वाले लेखक–आलोचक चाहिए जो हिन्दी को राष्ट्रभाषा तथा वैश्विक भाषा के रूप में स्थापित करने के लिए जीवन अर्पित कर दें।

प्रस्तुत पुस्तक के सरोकार खण्ड में प्रवासी समाज, भाषा और संस्कृति जैसे मुद्दों की गहरी आलोचनात्मक पड़ताल है। इस खण्ड की विशेषता वह संवेदनशीलता है जिसके साथ इन प्रश्नों को उठाया गया है।

उदाहरण के लिए विदेश में मृत्यु होने पर चिता जलाने की अनुमति देने की बात, या भारत से बाहर डिप्रेशन होने के कारणों की जाँच–पड़ताल, प्रवासी दिवस में निवेश सम्बन्धी चिन्ता की चकाचौंध में भाषा और संस्कृति को केन्द्र में रखने के प्रयास पर ज़ोर देना या प्रमुख प्रवासी लेखकों या रचनाओं पर एक आत्मीय संवेदनशीलता से विचार का प्रयास। सब लेख यह सिद्ध करते हैं कि प्रवासी समाज, भाषा, साहित्य और संस्कृति के साथ उन्होंने गहरा तादात्म्य विकसित किया है। उनका हाथ प्रवासी समाज की नब्ज़ पर है और इनमें प्रवासी समाज की सोच, संवेदना, सरोकार बख़ूबी व्यक्त हुए हैं।

वे स्वयं कवि हैं और प्रवासी कविता पर उनकी गहरी पकड़ है। ब्रिटेन में रहकर उन्होंने ब्रिटेन के 23 कवियों की कविताओं का संकलन 'धरती एक पुल' प्रकाशित किया था। पश्चिम में रहने वाले हिन्दी कवियों की यह प्रतिनिधि पुस्तक है। पुस्तक भारतीय मूल के पश्चिम में रहने वाले कवियों की कविताओं की आलोचनात्मक पड़ताल करती है पर उसके औजार भारत के आलोचना शास्त्र से नहीं निकले हैं, बल्कि पश्चिम के हवा–पानी में विकसित हुए भारतीय बीजों की विशिष्ट सुगन्ध को आँकते समय व्यापक और उदार दृष्टिकोण को आधार बनाया गया है। यह दृष्टि उन्हें ब्रिटेन के लम्बे प्रवास और डॉ. सत्येन्द्र श्रीवास्तव, मोहन राणा, दिव्या माथुर, सुषम बेदी, पद्मेश गुप्त, गौतम सचदेव, अचला शर्मा जैसे लेखकों के साथ साहित्यिक संसर्ग से मिली। कविता के शाश्वत तत्त्व को चीन्हने की क्षमता, उसके शिल्प की सुघड़ता का निश्चय, समकालीन सन्दर्भों से उसका जुड़ाव और समग्र रूप से उसका मूल्यांकन उनकी आलोचनात्मक क्षमता को एक विशिष्ट धरातल देता है।

कहानी, पुस्तकों, उपन्यासों, व्यक्तियों पर बातचीत से एक मुकम्मल चित्र बनता है। हम प्रवासी रचनाकारों को, उनके सरोकारों को, उनकी व्यक्तित्व की और रचना कर्म की संरचना, उसकी जटिलताओं, उसके सन्दर्भ, उसकी बुनावट, उसके खास किस्म के शिल्प, उसकी विशिष्टताओं को समझ सकते हैं। यह आकलन, मूल्यांकन, यह प्रस्तुति सबके बस की बात नहीं, इसके लिए प्रवासी मन की विशेष बुनावट को समझना पड़ता है। अनिल जोशी के लन्दन के पाँच साल के कार्यकाल और प्रवासी टुडे और अक्षरम् के कारण प्रवासियों से व्यापक और अन्तरंग सम्पर्क और फीजी के प्रवास ने एक विशिष्ट किस्म की अन्तर्दृष्टि दी। यह व्यापकता

और गहराई इस पूरे लेखन में दिखाई देती है। ब्रिटेन, यूरोप, अमेरिका, कनाडा, मध्यपूर्व, फीजी, ऑस्ट्रेलिया, न्यूजीलैंड में रहने वाला शायद कोई प्रमुख साहित्यकार हो जिससे अनिल व्यक्तिगत रूप से परिचित ना हों। यूरोप, अमेरिका, कनाडा आदि के साहित्यकारों का ऐसा विशद और गहरा मूल्यांकन आलोचना की पुस्तक के रूप में शायद ही कहीं उपलब्ध हो।

इस संकलन की विशेष उपलब्धि कहानी खण्ड है। प्रवासी लेखन की श्रेष्ठ चुनी हुई कहानियों का ऐसा विश्लेषण शायद ही कहीं उपलब्ध हो। इन कहानियों के माध्यम से प्रवासी जीवन के विविध पक्षों का जैसा सांगोपांग विश्लेषण किया गया है, वह दुर्लभ है। मज़ेदार बात यह है कि वह अपने आप में आलोचनात्मक लेखन से अधिक रचनात्मक लेखन लगता है। जैसे कहानी की कहानी कही जा रही हो। आलोचना और कहानी गुँथी हुई। प्रतिनिधि संवाद और कहानी की संरचना पर परत–दर–परत बात। इन आलोचनाओं के माध्यम से वे प्रवासी कहानियों को समझने के लिए आवश्यक टैम्पलैट देते हैं। इन कहानियों का चयन ही उनकी असाधारण दृष्टि को रेखांकित करता है।

अनिल की एक और विशेषता जटिल और विवादास्पद विषयों पर बचने की प्रवृत्ति के बजाय, बड़े साहस, तर्कों और तथ्यों, वस्तुनिष्ठता के साथ अपनी बात रखना है। पिछले कुछ वर्षों में प्रवासी साहित्य को प्रवासी साहित्य कहें या ना कहें को लेकर जो विवाद उत्पन्न हुआ, उस सम्बन्ध में हरियाणा साहित्य अकादमी की पत्रिका 'हरिगन्धा' में प्रकाशित लेख उनकी शोधपरक प्रवृत्ति, विचारों की तीक्ष्णता, विश्व साहित्य और प्रवासी साहित्य के विशद अध्ययन की जानकारी देता है। यह कम महत्त्वपूर्ण नहीं है कि इस लेख के बाद इस पूरी बहस को एक दिशा मिली और नकारात्मक प्रवृत्तियों को एक विराम मिला। यह लेख उनकी सशक्त लेखनी का प्रमाण है कि उनमें विचार प्रवाह की दिशा को समझने और मोड़ने की शक्ति है। अन्य आलोचनात्मक लेख भी प्रवासी साहित्य से व्यापक घनिष्ठ सम्पर्क का परिचय देते हैं।

एक लेखक के साथ–साथ अनिल एक विचारक, चिन्तक और सामाजिक कार्यकर्ता भी हैं, देश–विदेश में हिन्दी का प्रचार–प्रसार इनका जुनून है। यूरोप में स्थापित हिन्दी ज्ञान प्रतियोगिता इनकी दृष्टि और निरन्तर सक्रियता का एक प्रमाण है। इसी तरह अक्षरम् के अन्तरराष्ट्रीय हिन्दी सम्मेलनों के माध्यम से विश्व भर में हिन्दी के प्रचार–प्रसार का

प्रयास इनकी सक्रियता की उपज थी। पहले ब्रिटेन और अब फीजी में व 2005–2015 तक विश्वभर के सक्रिय हिन्दी कर्मियों के साथ जुड़ाव से इन्होंने एक विश्व दृष्टि विकसित की है, एक कार्य योजना का खाका खींचा है, कुछ व्यावहारिक कार्यक्रम सोचे हैं और क्रियान्वित किये हैं। यह सोच, यह विजन, यह अनुभव विश्व भर में हिन्दी प्रेमियों के लिए एक स्फुरण का काम कर सकता है। वैश्विक स्तर पर ऐसे कुछ लोगों की सक्रियता से वैश्विक हिन्दी का स्वरूप करवट ले सकता है। यह पुस्तक उनके इस सम्बन्ध में विचारों की प्रस्तुति करती है। इन विचारों में आग है, आशावादिता है, संकल्प है, परिपक्वता है और एक व्यापक जीवनदृष्टि है।

कुल मिलाकर यह संकलन प्रवासी साहित्य का एक महत्त्वपूर्ण दस्तावेज़ और वर्तमान प्रवासी रचनाकार और उनकी रचनाओं पर एक सार्थक, रचनात्मक गम्भीर टिप्पणी है, जो प्रवासी विमर्श का रास्ता खोलेगी, रचनाओं और रचनाकारों पर एक बहस की शुरुआत करेगी, व्यक्तियों, पुस्तकों और रचनाओं को देखने के लिए एक रचनात्मक नज़रिया देगी जो संकुचित नहीं है, व्यापक है, जिसमें भारतीय जीवनदृष्टि और मूल्य तो हैं ही पश्चिम की मूल्य प्रणाली की भी गहरी समझ शामिल है। यही चीज़ उनके रचनाकर्म को और पुस्तक को विशिष्ट बनाती है। पुस्तक को मेरी बहुत शुभकामनाएँ।

डॉ. कमल किशोर गोयनका
उपाध्यक्ष, केन्द्रीय हिन्दी संस्थान

पुस्तक से ऐसा लगा कि ग्रेजुएट हो गया है प्रवासी लेखन

प्रवासी साहित्य को लेकर ज़्यादातर विश्वविद्यालयों के छात्रों की शोध में रुचि तो अकसर सुनी जाती थी पर उसे लेकर स्वतन्त्र पुस्तक की रचना के बारे में नहीं सुना था। हाँ कुछेक लेख ज़रूर देखने को मिले पर लगता है किसी भी हिन्दी लेखक को वह इस लायक नहीं लगा कि उस पर पूरा एक ग्रन्थ लिखा जा सके। तभी जब अनिल जी ने कुछ शब्द लिखने के लिए अपनी पुस्तक 'प्रवासी साहित्य : नयी ज़मीन, नया आसमान' के अंश भेजे तो लगा कि अब प्रवासी लेखन बाकायदा सारी कक्षाएँ पास करके ग्रेजुएट हो गया है। अब उसे भी एक पढ़े–लिखे साहित्य समाज के सम्मानित सदस्य के रूप में स्वीकार कर लिया गया है। यूँ सच में इस साहित्य की यात्रा बेहद कठिन रही है। देखा जाय तो यह बहुत कुछ 21वीं सदी का ही फिनामना है। मुझे याद है आठवें दशक के अन्त और नवें दशक में जब मेरी कहानियाँ हिन्दी की मुख्य पत्रिकाओं (धर्मयुग, सारिका, हंस, साप्ताहिक हिन्दुस्तान, वागर्थ आदि) में छप रही थीं तो पाठकों का ध्यान तो ज़रूर उन पर जाता था, मुझे हर कहानी पर हिन्दुस्तान के अलग–अलग शहरों से ढेर सारी प्रशंसात्मक चिट्ठियाँ भी मिला करती थीं और 1988–89 में जब कमलेश्वर जी ने 'गंगा' में मेरे उपन्यास 'हवन' को धारावाहिक रूप से प्रकाशित किया तो उसके विषय की नवीनता को लेकर उन्होंने उसे नयी ज़मीन तोड़ने वाला उपन्यास कहा। 'हवन' की चर्चा ख़ूब हुई फिर भी किसी ने मुझे प्रवासी उपन्यासकार नहीं कहा। मज़ेदार बात है कि सबसे पहले जब 'हवन' 1993 में अंग्रेज़ी में 'द फायर सेक्रेफाइस' नाम से इंगलैंड से छपा वहाँ मुझे अमेरिका में रहने वाली हिन्दी कथाकार, यानी कि एक डायसपोरा हिन्दी लेखिका के रूप में देखा गया...ये मेरी

नयी पहचान थी, मेरे लिए नयी। मैं तब भी ख़ुद को हिन्दी की, भारत की कथाकार ही मानती थी, मेरी नागरिकता भी भारत की थी। 'हवन' के ऊपर लिखे गये श्री के.बी.एल. पाण्डेय और पुष्पपाल सिंह जी के समीक्षात्मक लेखों में मेरी गिनती उषा प्रियंवदा, निर्मल वर्मा, महेन्द्र भल्ला आदि भारत से बाहर रहकर लिखने वालों में की गयी पर ऐसा कोई वर्गीकरण नहीं किया गया कि मैं प्रवासी लेखिका हूँ। फिर पता नहीं कब यह मुहिम चल पड़ी कि प्रवासी साहित्य को मान्यता मिलनी चाहिए। मुझे अपना इस तरह कहलाया जाना अच्छा नहीं लगा था। पर मेरे लिए अहमियत मेरे लेखन की ही रही। कोई क्या कहता है इस पर कभी गौर नहीं किया। मैं हमेशा शमशेर बहादुर जी की कविता के शब्दों में कहती रही और आज भी कहती हूँ–'बात बोलेगी, हम नहीं, भेद खोलेगी, बात ही।'

मेरा इंगलैंड जाना होता रहता है। लन्दन का भी खास आकर्षण है। फिर वहाँ हिन्दी वाले भी ख़ूब मिले तो आकर्षण और बढ़ गया। हर ट्रिप में नेहरू सेंटर में दिव्या माथुर से ज़रूर मुलाकात होती थी। वहाँ हिन्दी साहित्य की सरगर्मी ख़ूब थी। धीर–धीरे दिव्या के ही जरिये दूसरे लेखकों से भी मुलाकात हुई। 2004–5 में मुझे अपने पति के साथ लन्दन में महीना–महीना बिताने का मौक़ा मिला। तभी मुलाकात हुई थी अनिल जोशी जी से। उन दिनों तो सचमुच हिन्दी की ख़ूब हलचल थी, कवि सम्मेलन, कहानी पाठ, कुछ न कुछ होता रहता। सिर्फ़ लन्दन ही नहीं, बर्मिंघम, न्यूयॉर्क में महेन्द्र वर्मा जी और उषा वर्मा ने मुझे कहानी की वर्कशाप देने के लिए बुलाया था। बर्मिंघम भी गयी भाषण के लिए। लन्दन के सारे लेखकों से मिली। तेजेन्द्र शर्मा का कथा यू.के. भी ज़ोर पर था। उनकी संस्था में भी कहानी पाठ किया। उषा राजे से भी लम्बी बातचीत। इस तरह इंगलैंड के साहित्यिक माहौल से मैं बहुत प्रभावित हुई थी। यूँ मैं न्यूयॉर्क में कहानी गोष्ठी करती रहती हूँ पर लगा कि यहाँ वैसा साहित्यिक माहौल नहीं बन पाया जैसा इंगलैंड में है। ख़ुद ही इस का जवाब यह भी देकर ख़ुद को बहला लिया कि यहाँ सब बहुत दूर–दूर है। कार से जाने के बजाय हवाई जहाज़ पर ही निर्भर करना पड़ता है, तभी बुलाओ तो भी कोई नहीं आता।

कहने का तात्पर्य यह है कि इंगलैंड से ही कहीं प्रवासी साहित्य का कारवाँ निकला और हिन्दी साहित्य के आसमान में गुबार की तरह फैल गया। हर तरह समर्थन हुए और विरोध भी। अनिल जी चूँकि इंगलैंड में

पोस्टेड थे, उन्होंने प्रवासी लेखकों का संघर्ष देखा और वे भी उस संघर्ष में जुड़ गये। मुझे याद है कि 2006 जनवरी में जब मैं भारत में थी तो वे दिल्ली में पोस्ट हो चुके थे और वहाँ भी उनकी प्रवासी साहित्य की स्थापना की लड़ाई चलती रही। साहित्य अकादेमी में उन्होंने प्रवासी साहित्य सम्मेलन का आयोजन किया था जिसमें हिन्दी साहित्य के विद्वानों को इस साहित्य पर बोलने के लिए बुलाया गया था। रामदरश मिश्र भी वहाँ थे। रोहिणी अग्रवाल ने मेरे उपन्यासों पर बात की थी। तब किसी ने यह सवाल उठाया कि चूँकि प्रवासी अहिन्दी भाषी देशों में बैठकर हिन्दी में लिख रहे हैं तो उनके साथ रियायत की जाय। जिसका मैंने डटकर विरोध किया कि अगर प्रवासी साहित्य अपने पैरों पर खड़ा नहीं हो सकता तो मरने दीजिए उसे। और देखिए खड़ा हो ही गया। बाकायदा स्वस्थ युवक या युवती, किसी का सहारा नहीं चाहिए उसे। अपने बूते जियेगा, फलेगा, फूलेगा। देखा जाय तो कभी–कभी यह भी लगता है कि जिस तरह अमेरिका और इंगलैंड–रिटर्न्ड भारतीयों को भारत में यूँ ही महत्त्व मिल जाता है वैसा ही कहीं इस साहित्य के साथ भी न हो रहा हो। पश्चिम की, दौलत की चमक आँखें चुँधिया तो देती ही है। खैर असलियत तो वक़्त ही बताता है–क्या रहेगा, क्या बेमौत मारा जायेगा!

तो अब बात करें 'प्रवासी लेखन : नयी ज़मीन, नया आसमान' की आलोचना खण्ड खोला तो एक ही बैठक में पूरा का पूरा पढ़ डाला। अनिल जी ने प्रवासी साहित्य को लेकर समय–समय पर उठे सभी सवालों को अपनी कलम में समेट लिया है। यहाँ तक कि प्रवासी नाम को लेकर भी लम्बी चर्चा की है कि प्रवासी लेखकों ने ही पहले नाम बनाने के लिए शोर मचाया और जब नाम बन गया तो ये रोना रोने लगे कि हमें मुख्य धारा में क्यों नहीं मानते, प्रवासी कह कर अलग क्यों कर दिया, दोयम दरजे पर धर दिया। विवाद सारा का सारा पढ़ने में दिलचस्प है। यूँ मैं ख़ुद इससे बाहर ही रही सो ज़्यादा कह नहीं सकती। यह सब भारत और इंगलैंड के बीच ही हुआ। अनिल जी चूँकि ख़ुद लन्दन के प्रवासी दृश्य का हिस्सा रहे हैं सो उन्होंने ब्रिटेन के लेखकों की विशेष चर्चा की है। उन्हीं की पुस्तकों की समीक्षाएँ हैं पर खास बात यह है कि उन्होंने इस बात पर ज़ोर दिया है केवल इंगलैंड, अमेरिका के लेखक ही प्रवासी साहित्यकारों की श्रेणी में नहीं हैं, मॉरिशस, फीजी इत्यादि के हिन्दी लेखकों को भी हिन्दी साहित्य जगत में पूरा स्थान मिलना चाहिए।

पूरी पुस्तक छह खण्डों में बँटी है। सरोकार खण्ड में प्रवासियों के सरोकार हैं, साक्षात्कार खण्ड में कुछ लेखकों से साक्षात्कार हैं, कहानी और कविता के अलग–अलग खण्ड हैं। सरोकार खण्ड में अगर प्रवासी लेखकों के कथ्य में किस तरह के सवाल और सरोकार उभरे हैं इसकी चर्चा होती तो अच्छा रहता। मूलतः यह ग्रन्थ समय–समय पर प्रवासी साहित्य के अलग–अलग मुद्दों पर जो लेख अनिल शर्मा लिखते रहे हैं, उन्हीं को व्यवस्थित, संयोजित करके प्रस्तुत किया गया है। पुस्तक ख़ूब पठनीय है। जिस–जिस हिस्से को भी मैंने पढ़ने के लिए उठाया, बड़े आराम से झटपट पढ़ गयी। अनिल जी को सराहती हूँ कि अपनी व्यस्त सरकारी नौकरी को निभाते हुए भी वे प्रवासी साहित्य से इतने सालों से जुड़े रहे, उनके मुद्दों पर सोचते रहे, लिखते रहे और आज उनकी सालों की मेहनत 'प्रवासी लेखन : नयी ज़मीन, नया आसमान' के आकार में हमारे सामने है।

सुषम बेदी
वरिष्ठ लेखिका व प्रोफ़ेसर एमेरिटस,
कोलंबिया यूनिवर्सिटी, न्यूयॉर्क

प्रवासी मनोविज्ञान और सरोकारों की गहरी समझ

एक समय था कि हिन्दी को लेकर हममें से अधिकतर प्रवासी बहुत ही निराशापूर्ण बातें करने लगे थे कि अनिल जी भारतीय उच्चायोग में हिन्दी एवं संस्कृति अधिकारी के रूप में प्रकट हुए। उन्होंने न केवल यू.के. में हिन्दी को स्थापित करने का मुहिम उठाया, वह तन–मन–धन से इस कार्य में जुट गये, उन्होंने बड़े विस्तार और बारीकी से प्रवासी भारतीयों की मानसिकता, सोच और संस्कारों का अध्ययन किया, वह सभी लेखकों से निजी तौर पर मिले। देखते ही देखते, उनकी जिजीविषा ने ब्रिटेनवासियों को एक झण्डे के तले ला खड़ा किया। उन्होंने कई योजनाओं की आधारशिला रखी, जैसे कि पाण्डुलिपि सहयोग योजना, प्रवासी–टाइम्स का प्रकाशन, दिल्ली में आयोजित प्रवासी फ़िल्म उत्सव, मैं हमेशा कहती हूँ कि उनका कार्यकाल भारतीय डायसपोरा के लिए वह स्वर्णिम–युग था।

प्रवासी टाइम्स पत्र में अनिल जी नियमित रूप से लिखते थे और हम सभी को उनके लेखों का बेसब्री से इन्तज़ार रहता था। ऐसा नहीं है कि उन्होंने सभी नये विषयों पर लिखा हो पर उनके लेखन में एक अजब कशिश है, एक जटिल विषय को सीधे सरल शब्दों में लिखने में वह निपुण हैं और उसका प्रतिपादन ऐसा कि कोई रो पड़े, उनकी बाल मज़दूर कविता मैं जब भी सुनती हूँ, भावुक हो जाती हूँ। दूसरी ओर यदि आध्यात्मिकता की बात करें तो उनकी 'नींद कहाँ है' की कई कविताएँ झकझोर के रख देती हैं–अब मैं हूँ/और मेरा सुख है/अब मैं हूँ/और मेरा दुख है/अब मैं हूँ/और मैं ही मैं हूँ।

कह सकती हूँ कि अनिल जी एक कहानी विशेषज्ञ हैं, जो कहानी की सूक्ष्म पड़ताल करते हैं जबकि पाठक को लगता है कि वह एक साधारण–सी बात कह रहे हैं। कहानी में सिर्फ़ एक संवाद को चुन कर वह रख देते हैं जो अक्सर कहानी का सार होता है, उदाहरण के लिए विजय चौहान

की कहानी 'शाम के वक़्त' ले लीजिए–'क्या सन्तुलित है, और क्या नहीं! भावनाओं का दमन कर सदा उपयुक्त बातें करना मेरी समझ में सन्तुलन नहीं।... मेरे दरवाज़े पर दस्तक दो। मैं दरवाज़ा खोल तुम्हें अपनी बाँहों में ले लूँगा। तुम्हारा एकाकीपन और मेरी दिशा–विहीनता एक–दूसरे को निरस्त कर देंगी। हम दोनों को साथ–साथ ज्ञान होगा कि हमारे जीवित रहने के पीछे कौन–सा तर्क है। तुम बहुत अकेले हो। इस समय और कुछ नहीं, तुम मेरे शरीर का सम्भोग करना चाहते हो। मुझे तुमसे सहानुभूति है, लेकिन मैं तुम्हारे लिए गिनी–पिग नहीं बनना चाहती। मैं प्यार चाहती हूँ और तुम अपने शरीर के तनाव से छुटकारा।'

ऐसे ही लक्ष्मीधर मालवीय की कहानी–'छुट्टी का दिन–' सिफ़ एक दिन, बल्कि एक दिन भी नहीं, आधा दिन। सेक्स कंप्लीट विद डिनर, उसी ने कहा था। क्या यह आश्चर्यजनक नहीं है कि सारी दोपहर नर–मादा खरगोशों की तरह एक–दूसरे की देह से लड़ने–भिड़ने के बाद, पेट भर खाना खाकर, स्टेशन प्लेटफॉर्म पर होंठ गोल कर हवा में चूमने के तीस मिनट बाद पूछने को यह सवाल उसके मुँह में आया–इनके तीस मिनट पहले नहीं कि क्या मैं उससे प्रेम करता हूँ? मैं, वह, हम सब एक–दूसरे को छूते हैं तो मुलायम और गुनगुने स्पर्श के साथ पत्थर बन जाते हैं। हम सब लोग ईश्वर के विलोम नहीं तो क्या हैं!, एक और उदाहरण है–डॉ. शालिग्राम शुक्ल की कहानी–'अरक्षित'–'यों होता तो क्या होता–बकवास नहीं तमारा। सारे सहवास के दिन मैं नाटक करता रहा, फिर मैंने उस नाटक में विश्वास कर लिया, और अब उसका आखेट बना जाल में फँसे वृद्ध पशु सा निरीह हो चला हूँ।' उसने तमारा को भी मुक्ति का अवसर दिया।

जहाँ तक डायसपोरा लेखन की बात है, इस 'प्रवासी लेखन : नयी ज़मीन, नया आसमान' में आधी दुनिया को समेट लिया गया है। शायद ही कोई प्रमुख प्रवासी लेखक हो जिसके बारे में अनिल ने ना सोचा हो, और लिखा ना हो। इसमें कई ऐतिहासिक लेख हैं जिनकी हिन्दी जगत में भूरि–भूरि प्रशंसा हुई है। जहाँ तक डायसपोरा लेखन की बात है और भारत में चल रहे घटनाक्रम की बात हो, शायद ही कुछ ऐसा है जो उनकी आँख से छूटा हो। उनके पास एक यात्री का कैमरा और कवि की दृष्टि है, इतनी अच्छी आलोचना कर सकने का एक महत्त्वपूर्ण कारण यह है कि वे स्वयं एक बहुत अच्छे लेखक और कवि हैं। एक लम्बा समय

विदेशों में रहने के कारण वे प्रवासियों के मनोविज्ञान और सरोकारों को गहरे से समझते हैं। उनके विश्लेषण की विशेषता यह है कि वे बहुत वस्तुनिष्ठता से रचनाओं का मूल्यांकन करते हैं, ना कि व्यक्तिनिष्ठ तरीके से। वो रचनाओं में ऐसी चीज़ें ढूँढ़ लाते हैं जिनका स्वयं लेखकों को नहीं पता होता है। आलोचना को लेकर उनका एक स्वस्थ दृष्टिकोण है, और लेखकों को आलोचना की यह शैली अच्छी लगती है, चाहे उनकी पुस्तक या रचना की कमियाँ या सीमाएँ बताई गयी हों। वे पूरे शोध के साथ लेख लिखते हैं, जिससे उनके लिखे हुए की विश्वसनीयता पर कोई प्रश्नचिह्न नहीं उठाया जा सकता।

जब वे लन्दन में थे तो हम लोग उनसे 24 घण्टे सम्पर्क कर सकते थे, मिल सकते थे। अपने चिन्ताएँ और योजनाएँ उनसे बाँट सकते थे। और वे बड़ी सकारात्मकता के साथ हमें बताते थे कि सीमित साधनों में हम क्या कर सकते हैं? उन्होंने किसी योजना को ना नहीं कहा। वे और उनकी पत्नी सरोज अपनी मेहमाननवाज़ी के लिए मशहूर थे और उन्होंने सभी लेखकों और हिन्दी सेवियों की ख़ूब आवभगत की। इसीलिए हम उन्हें अक्सर याद करते हैं। हम हमेशा कहते हैं और विश्वास करते हैं कि लन्दन में उनका कार्यकाल हिन्दी का स्वर्ण काल था।

दिव्या माथुर
प्रतिष्ठित लेखिका,
अध्यक्ष, वातायन, ब्रिटेन

प्रवासी लेखन के बहाने इंसान की मन:स्थिति का विवेचन

आज का विश्व आर्थिक रूप से जिस गति से जुड़ता चला जा रहा है, वह आज की मानव जीवनशैली को तेज़ी से प्रभावित कर रहा है। यह हमारे देखे की बात है कि पहले विभिन्न देशों के बीच एक–दूसरे के साथ उत्पादों का आयात–निर्यात होता था, लेकिन अब आयात–निर्यात की बात तो दूर रही, पहले की तुलना में कहीं बड़ी संख्या में एक देश के नागरिक स्वेच्छा से अपना सबकुछ छोड़–छाड़ कर किसी दूसरे देश में जा बसने लगे हैं, और वहाँ की नागरिकता तक ग्रहण करने लगे हैं। विश्व के राजनीतिक क्रिया–कलाप और घटनाचक्र उनकी सोच–समझ पर असर डाल रहे हैं। एक ओर अगर वे उनकी विचारधारा को संकीर्ण और नॉस्टैल्जिक बना रहे हैं तो दूसरी ओर वे उनके दिमाग़ के कपाट भी खोल रहे हैं। आज के मानव की इस स्थिति को हम आधुनिक कह सकते हैं जिसका स्पन्दन हम आज की संस्कृति और साहित्य में महसूस कर सकते हैं। और उसमें भी विशेषरूप में आज के साहित्य में, जो समाज और संस्कृति का सही प्रतिबिम्ब भी माना जाता है।

और चूँकि यह कहानियाँ प्रवासी लेखकों की कलम से निकली हैं, जो इस तेज़ी से बदलती दुनिया के ठीक भँवर में हैं, हर तरफ़ से आ रही हवाओं के चक्रवात में हैं, इनका महत्त्व मेरी नज़र में और भी अधिक है। इन लेखकों को मैं साहित्य की दुनिया में अग्रिम पंक्ति के लेखकों में रखूँगा क्योंकि इनकी कहानियाँ हमें उस वस्तुस्थिति का अनुभवजन्य वास्तविक बोध कराती हैं। यह दुनिया किधर जा रही है, इंसान पर वह किस–किस तरह के अच्छे–बुरे प्रभाव डाल रही है, जानने के लिए यह कहानियाँ मानो थर्मामीटर हैं, जो पाठकों के साथ लेखकों को भी यह

सोचने के लिए मजबूर कर सकती हैं कि लेखन की मूलधारा और दिशा क्या हो, और उसमें लेखक का दायित्व क्या हो...।

पुस्तक के कहानी खण्ड के बारे में एक शब्द में कहना हो तो मैं कहूँगा 'लाजवाब'। यह अकारण नहीं लगता कि अनिल जोशी ने कहानी खण्ड को, सरोकार, साक्षात्कार, और कविता खण्ड के बाद रखा। ऐसा प्रतीत होता है कि प्रवासी विमर्श के बाद वह पाठक को ज़मीन पर उतारना चाहते हैं, साथ ही यह दिखाना चाहते हैं कि विचारों की दुनिया में जो बहस हो रही है, वास्तविकता में वह क्या रूप ग्रहण कर रही है। कुछ कहानियों के अंशों के साथ–साथ उनकी समीक्षा, और नये सन्दर्भों में उसे समझने–समझाने की विधा पाठक के साथ संवाद स्थापित करती है, और प्रवास के कुछ पहलुओं को, जो पाठक के लिए नये भी हो सकते हैं, बोधगम्य भी बनाती है।

प्रवासी महिला कथाकारों के कहानी संकलन (दिव्या माथुर) पर उनका लेख विशेषरूप से गौरतलब है। यह इसलिए कि प्रवास और प्रवासी जीवन को जितनी शिद्दत से एक महिला समझ सकती है, शायद पुरुष के बस का नहीं है। ऐसा मैं किस आधार पर कह रहा हूँ यह बताने के लिए महिलाओं के जीवन पर एक नज़र डालना ज़रूरी है।

महिलाओं के जीवन में एक दिन घर को छोड़ना तो मानो निश्चित ही होता है। यह क़दम उठाना उनके लिए पुरुषों की तरह कोई एडवेंचर नहीं होता, जो खुली सड़क पर अपना सीना तान के निकल पड़ते हैं। इसलिए अधिकतर भारतीय महिलाओं के बारे में यह कहना कि वह अपना घर या देश छोड़ने का क़दम मन से उठाती हैं, और सोचती हैं ससुराल में जाकर मज़े करेंगी, इस बात से सहमत होना कठिन है।

विवाह के बाद उसके लिए अपने ही घर का एकाएक 'मायके' के रूप में परिवर्तित हो जाना, और फिर जिस घर में जा कर वह अपना शेष जीवन बिताती है, उस घर को आजीवन ससुराल, या पिया के घर के रूप में, स्वीकार करते चले जाना उसकी नियति है।

एक स्थिति यह भी है कि एक बार ससुराल गयी लड़की को विवाह के बाद मायके आना नसीब ही नहीं होता। और वह ससुराल में अपने मायके की छोटी–छोटी बातों को, सखी–सहेलियों को बड़ी हसरत से याद किया करती है। और वह दिन भी आता है कि ससुराल में रहने, पिया के रंग में रंग जाने और नये नाते–रिश्तों में जुड़ जाने के बाद वह सोचती है

कि काश यह आराम मायके में उसके भाई–बहनों को भी मिले...

प्रवासी जीवन की बात पर लौटें तो हम देखेंगे कि यही स्थिति आज के प्रवासियों की भी है। उनके भी दो घर होते हैं। जिस देश में वह प्रवास करते हैं...वह होता है उनका ससुराल, और जिस देश को छोड़ कर वे जाते हैं...वह होता है उनका मायका। दोनों से ही वह जुड़े रहते हैं, और उनका जीवन इन्हीं दो धुरों के बीच झूलता रहता है। और इन्हीं के बीच से प्रवासी जीवन के कई रूप उभरते हैं। और जैसा कि पहले कहा कि प्रवास के अनुभव को बखान करने के लिए महिला–कथाकारों जैसे सुपात्र दूसरे नहीं हो सकते, पुरुष तो बिल्कुल नहीं, क्योंकि ससुराल में उनकी काफ़ी आवभगत होती है, और अक्सर वहाँ खुश ही रहते हैं। महिला–कथाकारों की कहानियों में नये आयाम ग्रहण करते हैं।

निस्सन्देह, अनिल जोशी जी के लेख, प्रवासी कहानी लेखन के बहाने आज के इंसान की मनःस्थिति का विवेचन करने में महत्त्वपूर्ण योगदान करते हैं।

उमेश अग्निहोत्री

वरिष्ठ लेखक, अमेरिका

प्रवासी लेखन : नयी ज़मीन, नया आसमान रचनात्मक दृष्टि का दस्तावेज़

अनिल शर्मा जी द्वारा लिखित पुस्तक 'प्रवासी लेखन : नयी ज़मीन, नया आसमान' उनके प्रवासी जीवन का यात्रा–वृत्तान्त है। एक ऐसा यात्रा वृत्तान्त जिसमें बात जगह की नहीं, जगह के मौसम, इमारत, नदियों और वादियों की नहीं बल्कि विश्व के विभिन्न भागों में प्रवास कर रहे लोगों की है, लोगों के मन में बस रहे विचारों, उनकी संवेदनाओं की है, भारतीय डायसपोरा के परिवेश को रेखांकित करती, हिन्दी साहित्य को सच्चे मायने में वैश्विक करती उत्कृष्ट कृति है। जहाँ तक मैं जानता हूँ अनिल जी सन् 2000 में पहली बार लन्दन भारतीय उच्चायोग में हिन्दी एवं संस्कृति अधिकारी के रूप में आये, जहाँ से उनका प्रवासी जीवन आरम्भ हुआ। मुझे हिन्दी के इस महान योद्धा के मार्गदर्शन में काम करने का अवसर मिला। लोगों को जोड़ने की अभूतपूर्व शक्ति, एक सशक्त टीम बनाने और उसका नेतृत्व करने की कला, लोगों की रचनात्मकता को पहचानना और फिर उसे सँवारने का काम–यह सब कहने सुनने में बड़ी–बड़ी बातें लगती हैं, परन्तु अनिल जी के स्वभाव और व्यक्तित्व का महज एक रंग है। आपका यू.के. और फीजी प्रवास हो, सुरीनाम, त्रिनिदाद, यूरोप और अमेरिका की यात्राएँ या फिर भारत में प्रवासी भारतीयों के लिए पत्रिका प्रकाशन और प्रवासी उत्सवों के आयोजन; अनिल जी कहीं न कहीं कुछ न कुछ लिखते रहे–कभी कविताओं में तो कभी आलेखों में। यह पुस्तक उनकी इसी जागरूकता का प्रमाण है। मेरा मानना है कि आज हिन्दी भाषा और साहित्य के वैश्वीकरण में प्रवासी लेखन का बहुत बड़ा योगदान है। उसका कारण यह है कि आज विश्व में जो कुछ हो रहा है, अच्छा–बुरा जो भी घट रहा है, उस घटनाक्रम को अपने अनुभवों में जीते

हुए अनेक प्रवासी भारतीय लेखक हिन्दी में लिख रहे हैं। उनका यही लेखन हिन्दी साहित्य को वैश्विक स्तर पर समृद्ध कर रहा है। 'प्रवासी लेखन : नयी ज़मीन, नया आसमान' पुस्तक भारतीय डायसपोरा पर एक संवेदनशील लेखक की रचनात्मक दृष्टि का दस्तावेज़ है, उन पाठकों के लिए विशेष पुस्तक है जो भारतीय डायसपोरा को एक रचनात्मक दृष्टि से देखना और समझना चाहते हैं तथा यह पुस्तक हिन्दी के वैश्वीकरण के इतिहास में महत्त्वपूर्ण रचनात्मक क़दम है!

अनिल जी के साथ इस यात्रा में पूरी सक्रियता से उनका साथ निभाती उनकी सहयात्री सरोज जी को भी बधाई!

डॉ. पद्‌मेश गुप्त

संस्थापक : यू.के. हिन्दी समिति, पुरवाई और प्रवासी टुडे पत्रिका, हिन्दी ज्ञान प्रतियोगिता

निदेशक : ऑक्सफ़र्ड बिजनेस कॉलेज, ऑक्सफ़र्ड, यू.के.

प्रवासी-सन्दर्भ पर बहुआयामी चिन्तन

सत्तर और अस्सी के दशक में इंगलैंड, अमेरिका, यूरोप और ऑस्ट्रेलिया जैसे देशों में जीवनयापन के लिए पहुँचे आधुनिक प्रवासी भारतीयों ने भी साहित्य सृजन के जरिये अपनी महत्त्वपूर्ण उपस्थिति दर्ज करवाई है। हालाँकि हिन्दी साहित्य में 'प्रवासी' वर्गभेद की नयी श्रेणी अभी ताज़ा–ताज़ा ही कही जायेगी, पर 'प्रवासी' शब्द साहित्य के बाज़ारवाद के लिए नवागत है, इसके वजूद की ताकत अभी और अधिक स्पष्ट होना बाकी है। लेकिन सौभाग्य से प्रख्यात कवि, व्यंग्यकार, लेखक, चिन्तक तथा प्रवासी साहित्य के विशेषज्ञ अनिल जोशी की किताब 'प्रवासी लेखन : नयी ज़मीन, नया आसमान' प्रवासी–शब्द सन्दर्भ की जानकारियों, जिज्ञासाओं और हिन्दी के आधुनिक प्रवासी साहित्यिक संसार की गतिविधियों पर बेबाक नज़र डालती है। छह खण्डों में विस्तार से फैली यह किताब एक तरह से प्रवासी साहित्यकारों के सृजन–संसार को न केवल रेखांकित करती है, बल्कि शोधार्थियों के लिए यह उपयोगी सन्दर्भ–ग्रन्थ के तौर पर प्रस्तुत होती है। इसमें उठाये मुद्दे और प्रश्नों का दायरा व्यापक है और एक तरह से यह वाद–विवाद–संवाद की परम्परा को आगे बढ़ाने में सार्थक भूमिका का निर्वाह करती है।

यूँ तो हरेक खण्ड की सामग्री संयोजन में गहरी समझ के साथ विषय प्रवर्तन में भी व्यापक दृष्टिकोण प्रदर्शित किया गया है तथापि प्रवासी–साहित्य को लेकर उठाये जाने वाले भाँति–भाँति के सवालों के भी इसमें प्रकारान्तर से समाधान खोजे जा सकते हैं। हिन्दी साहित्य की प्रमुख विधाओं का इसमें न केवल प्रतिनिधित्व किया गया है, बल्कि आलेखों के चयन को इस क्रम से रखा गया

है कि किताब में शोधार्थियों के नज़रिये से पुष्ट किया जा सके। किताब के कुछ रोचक अध्यायों में 'प्रवासी सरोकार', 'व्यक्ति चित्र', 'साक्षात्कार', 'कविता', 'कहानी' प्रमुख हैं, जो किताब को सर्वांग बनाते हैं।

आत्माराम शर्मा

संस्थापक–सम्पादक, गर्भनाल

अनुक्रम

प्रवासी सरोकार

व्यक्ति चित्र

साक्षात्कार

पुस्तक/पत्रिका/समाचार-पत्र

कविता

कहानी

आलोचना

प्रवासी सरोकार

एक बहस 'प्रवासी' शब्द पर

जिस समय मैं लन्दन में भारतीय उच्चायोग में काम करता था, नेहरू केन्द्र की कार्यक्रम अधिकारी दिव्या माथुर का फ़ोन आया कि एक व्यक्ति जानना चाहता है कि ओवरसीज़ मिनिस्ट्री का नाम प्रवासी मन्त्रालय है या आप्रवासी मन्त्रालय। मैंने जानकारी दी आप्रवासी मन्त्रालय। यह सूचना दिव्या जी ने आगे बढ़ा दी। वह व्यक्ति सन्तुष्ट नहीं था प्रवासी और अप्रवासी को लेकर असमंजस की स्थिति में था। यही स्थिति कमोबेश बहुत से लोगों की है यहाँ तक कि उनकी भी जिनकी हिन्दी अच्छे स्तर की है। वे लोग इस 'आप्रवासी' को 'अप्रवासी' समझते हैं और हिन्दी में 'अ' प्रत्यय लगने पर नकारात्मक शब्द जैसे असावधान, असन्तोष बनने की प्रवृत्ति के कारण सोच में पड़ जाते हैं कि आप्रवासी का अर्थ तो यह हुआ कि जो प्रवास में ना हो। फिर यह सोचते हैं कि सरकार ने रखा है तो सोच–समझकर रखा होगा।

इस विषय पर चर्चा होने पर हिन्दी–संस्कृत के विद्वान दया शंकर पांडेय ने स्पष्ट किया कि आप्रवासी शब्द नकारात्मक नहीं है। यह 'आ' प्रत्यय तो 'से' 'तक' यह पूर्णता के भाव को अभिव्यक्त करता है जैसे आजन्म में 'से' का भाव अखण्ड में 'तक' का भाव। वे इसे और स्पष्ट करने के लिए दीनानाथ शब्द का उदाहरण देते हैं जिसमें सन्धि विच्छेद दीन+आ+नाथ है इस शब्द में 'आ' का प्रयोग पूर्ण रूप से नाथ होने के भाव में किया गया है। इसी तरह प्रवासी में प्र उपसर्ग विशेषता का द्योतक है। जैसे प्रबल, विशेष बल, प्रदान, विशेष दान आदि, तो प्रवासी यानी विशेष प्रकार का वासी। अर्थात आप्रवासी यानी पूर्ण रूप से प्रवासी जैसे मैं और मेरे कुछ मित्र जो कुछ समय के लिए विदेश जाते हैं वह तो प्रवासी हुए, पर जो सदा के लिए वहीं रह गये वे आप्रवासी हुए। तो आंशिक अर्थ हुआ पर जनसामान्य प्रत्यय और उपसर्ग आदि झंझटों में

कहाँ पड़ता है उसे प्रवासी अच्छा लगा तो सरकार को भी प्रवासी दिवस घोषित करना पड़ा।

आज़ादी के बाद सरकार फॉरेन मिनिस्ट्री के लिए शब्द ढूँढ़ रही थी, बच्चन जी के मन में नज़ीर का शेर गूँज रहा था 'टूक हिर्स हवा को छोड़ मियाँ, क्यों देश–विदेश फिरे मारा'।

उन्होंने इस तर्ज पर विदेश मन्त्रालय का सुझाव दिया। पर परराष्ट्र मन्त्रालय शब्द भी चल रहा था। जहाँ होम मिनिस्ट्री में गृह शब्द से आशय अपने राष्ट्र से था वहीं परराष्ट्र के पर में अन्य का भाव था। परन्तु परराष्ट्र और विदेश की रस्साकशी में छोटा नाम विदेश पर भारी पड़ा।

पिछले दिनों डॉ. लक्ष्मीमल्ल सिंघवी के सम्मान में कार्यक्रम के अध्यक्ष गोविन्द व्यास उस समय पुलिस से 26 जनवरी की रिहर्सल के चलते प्रवासी कवि सम्मेलन की अनुमति लम्बी–चौड़ी बहस के बाद लेकर आये थे उन्होंने पुलिस स्टेशन में कई बार प्रवासी शब्द का उपयोग किया पर वरिष्ठ पुलिस अधिकारियों ने कोई आत्मीयता नहीं दिखाई तो कार्यक्रम में उन्होंने कहा कि प्रवासी शब्द में आत्मीयता का अभाव है इसके स्थान पर कोई नया शब्द ढूँढ़ा जाए। प्रवासी हिन्दी उत्सव के आयोजकों से मिली आत्मीयता से सराबोर प्रवासी रचनाकारों को यह सब समझ में नहीं आ रहा था। डॉक्टर गोविन्द व्यास हिन्दी के विद्वान हैं शब्दों के पारखी हैं, वह कुछ जोड़ना चाहते थे जिससे व्यवहार की आत्मीयता शब्द में भी दिखाई दे, इस बीच डॉ. लक्ष्मीमल्ल सिंघवी द्वारा दिये शब्द भारतवंशी पर भी चर्चा हुई। इस शब्द में एक परम्परा, इतिहास बोध और भारत के साथ गर्भनाल सम्बन्ध की अभिव्यक्ति है। धन्यवाद ज्ञापन करते समय प्रख्यात कवि अशोक चक्रधर का कहना था कि 'प्रवासी' शब्द से छेड़छाड़ ना करें अशोक जी शब्दों के जादूगर हैं और शब्दों के खेल में उन्हें महारत हासिल है। उनकी दृष्टि में प्रवासी शब्द रूढ़ हो गया है और इसमें जहाँ आत्मीयता का पुट है वहाँ एक ऐतिहासिकता भी है। हाँ, वह इस शब्द से पहले या बाद में कुछ भी लगाये जाने के ख़िलाफ़ नहीं थे।

प्रवासी कवि सम्मेलन में 'प्रवासी टाइम्स' के सम्पादक पद्मेश गुप्त ने यह कहकर सबका मन जीत लिया कि प्रवासियों को धन निवेश के उपक्रम के रूप में देखने वाले परिवेश में 'प्रवासी हिन्दी उत्सव' में भाषा और संस्कृति की संवेदनाएँ झंकृत होने पर ऐसा लग रहा है कि हम प्रवासी नहीं प्रथम वासी या प्रियवासी हों। तालियों की गड़गड़ाहट से ऐसा

लगा कि प्रवासी शब्द की व्याख्या स्वीकार कर ली गयी।

परन्तु आप्रवासी और प्रवासी का मामला सुलझा नहीं। जहाँ मन्त्रालय का नाम आप्रवासी मामलों का मन्त्रालय है वहाँ सम्मेलन का नाम प्रवासी सम्मेलन है। आप्रवासी और प्रवासी की रस्साकशी में आकर आप्रवासी शब्द के धराशायी होने के पूरे आसार हैं क्योंकि भाषा की प्रवृत्ति सरलता की ओर जाने की है और हिन्दी के और 'आ' प्रत्यय लगाने पर अर्थभेद करना जनता के लिए मुश्किल है।

प्रवासी टाइम्स, फ़रवरी 2006

प्रवासी युवा

कैसा है प्रवासी युवा? उसके विचारों में भारत का स्थान कहाँ है? उसके जीवन में क्या संस्कृति का क्या कुछ महत्त्व है? पश्चिम में हुई शिक्षा ने उसके जीवन पर क्या प्रभाव डाला है? क्या उसने पश्चिम के रंग–ढंग को पूरी तरह आत्मसात कर लिया है? हमारे दिमाग़ में प्रवासी युवाओं की एक स्टीरियो टाइप इमेज है। आइए दो युवाओं के जीवन के माध्यम से इसे स्पष्ट करने की कोशिश करें।

'क' पश्चिमी शिक्षा पद्धति से निकले, आत्मविश्वास से लबरेज प्रवासी युवा है। सिटी बैंक के शीर्ष पदों के लिए हुए साक्षात्कार में ऑक्सफोर्ड, कैम्ब्रिज के विद्यार्थियों को पछाड़ा। अपनी से अधिक उम्र की उच्च एक्जीक्यूटिव लड़की से शादी, तलाक, मॉडल्स के साथ डेटिंग, यहूदी लड़की से प्यार, उसके घर वालों का इन्कार, रविवार को खेल, स्विमिंग का निर्धारित समय। आपको लगेगा कि पूरी तरह पश्चिम में रंगा व्यक्तित्व है।

वहीं यही शख़्स हर सप्ताह गुरुद्वारे जाता है। दुनिया में सबसे ज़्यादा अपनी माँ को प्यार करता है। कुछ दिन पहले कहीं से प्रेरणा मिली तो हिन्दी भी सीखने लगा। हिन्दी फ़िल्में बहुत पसन्द हैं, धीरे–धीरे भारतीय चिन्तन और दर्शन में रुचि विकसित हुई। गुरु ग्रन्थ साहब, उपनिषद् वगैरह पढ़ते–पढ़ते अब वह कृष्णमूर्ति तक पहुँच गया। अब आप घण्टों उससे कृष्णमूर्ति की चर्चा कर सकते हैं। भारत, भारतीय दर्शन, भारतीय चिन्तन, भारतीय राजनीतिक जीवन, भारत के श्रेष्ठ आध्यात्मिक व्यक्तित्व में रुचि, सत्य और उसके स्वरूप, जीवन और समाज के प्रति दृष्टिकोण, आध्यात्मिकता को लेकर उसकी जिज्ञासा कृष्णमूर्ति, नानक, कबीर के सैकड़ों उदाहरण (अंग्रेज़ी में) बता सकता है। पूरा जीवन अन्तर्विरोधों से भरा। एक तरफ़ पश्चिमी युवा की सारी विशेषताएँ, दर्जनों

प्रेम सम्बन्ध, महत्त्वाकांक्षाओं से भरा जीवन, पर दूसरी तरफ़ अपनी जड़ों को जानने–चाहने की प्यास, अपनी आध्यात्मिक विरासत से जुड़ने की आकांक्षा। भारत के प्रति अपना योगदान देने की इच्छा।

एक मेडिकल विद्यार्थी है। सब भारतीय माँ–बाप की तरह उसके माँ–बाप भी उसे डॉक्टर बनाना चाहते हैं। बीच में एक साल की छुट्टी लेकर विश्व यात्रा पर चला गया। दुनिया को अपने ढंग से देखने की कोशिश। कहीं अभिनय सीखा तो कहीं अपनी रचनात्मकता की अभिव्यक्ति के लिए फ़िल्म निर्माण से जुड़ने का प्रयास किया। एक विदेशी लड़की से दोस्ती भी हो गयी इस बीच। माता–पिता की इच्छा के चलते डॉक्टर बन गया पर अन्दर का भारतीय मन जाग चुका था। पश्चिमी चिकित्सा पद्धति पर सवाल उठाना शुरू कर दिया। डिलीवरी के समय इतने सिजेरियन केस क्यों होते हैं? क्या यह चिकित्सा पद्धति सम्पूर्ण है? भारतीय साहित्य के प्रति जिज्ञासा निरन्तर बढ़ती चली गयी।

यहाँ तक कि वह टूटी–फूटी हिन्दी में कविता भी लिखने लगा। भारतीय साहित्यकारों से मित्रता होने पर जीवन के मूलभूत सवाल उठाने लगा, पर दृष्टिकोण भारतीय या भारतीयों से ज़्यादा भारतीय।

ये दोनों मामले ऐसे थे कि दोनों की शिक्षा, कैरियर और मेधावी विद्यार्थियों से टक्कर की नहीं, अपितु उनसे बेहतर हैं, आत्मविश्वास अत्यधिक है, उपलब्धियों की संख्या है। पर इस सबने भारत से दूर नहीं किया। अपनी सांस्कृतिक विरासत के प्रति अपमान और हिकारत का दृष्टिकोण नहीं दिया। बल्कि अस्मिता की तलाश के लिए प्रेरित किया। कहीं धर्म उनका माध्यम बना, कहीं भाषा, कहीं परिवेश। परन्तु अपनी जड़ों से जुड़ने का प्रयास तीव्र से तीव्र होता गया। क्या यह भविष्य का मॉडल है? एक प्रवृत्ति है? यदि है तो यह भविष्य का सुनहरा सपना है, भारतीय डायसपोरा की स्वर्णिम आशा है।

प्रवासी टुडे, जुलाई 2006

भारत-मॉरिशस : साझा इतिहास, साझा भविष्य

प्रत्येक देश का इतिहास होता है। जिसमें उसकी जय–पराजय, वीरगाथाएँ, संघर्ष, अवसाद, सुनहरे क्षण दर्ज होते हैं। कई देशों के इतिहास साझे होते हैं। साझे इस तरह भी हो सकते हैं–जैसे भारत और ब्रिटेन का। जिसमें दोनों देश एक–दूसरे के आमने–सामने विरोध में खड़े रहे हों। पर कई देशों का इतिहास इस तरह से साझा है और गुँथा हुआ है कि इतिहास की घटनाएँ एक–सी प्रतिक्रिया उत्पन्न करती हैं।

1834 में मॉरिशस में पहली बार भारतीय गये–बँधुआ मज़दूर के रूप में। अपनी नियति से जूझते। घर से हज़ारों मील दूर निर्दयी, आतंकी, खेतों के मालिकों के चंगुल में। उनकी स्थिति गिद्ध के हाथों आयी चिड़िया से कम नहीं थी। एक दस्तावेज़ में उन्हें एक वर्ष में दी जाने वाली सुविधाओं का उल्लेख है–एक धोती, एक कमीज़, दो टोपी, दो कम्बल, पाँच रुपये वेतन। ऐसी घोर अमानुषिक शर्तें। पर उस पर तुर्रा यह है कि उन शर्तों का भी पालन नहीं किया गया। खेतों के मालिक अपनी शर्तों पर काम करवाते थे और दूसरी जगह जाने नहीं देते थे। इन मज़दूरों के लिए दुनिया एक बड़ा जेलखाना थी। शोषण इतना अधिक था कि 1834 में गये इन मज़दूरों पर होने वाले अत्याचारों की जाँच के लिए 1838 में ही जाँच कमीशन बैठाना पड़ा। भारत और ब्रिटेन में विरोध के स्वरों के चलते मज़दूरों का भेजा जाना रूक गया। पर शक्तिशाली मालिकों की चालबाजियों के चलते दुबारा से प्रक्रिया शुरू हो गयी। बार–बार जाँच आयोग बनते। बार–बार यह लोग रास्ते निकाल लेते। मज़दूरों को फ़ोटो पास इसलिए दिया गया था कि इन मज़दूरों की सुरक्षा हो सके। पर फ़ोटोपास के गुम जाने या नवीकरण की कार्यवाही में बाधाएँ खड़ी कर दी जाती थीं। कितने ही मज़दूरों को फ़ोटोपास ना होने के कारण जेल में जाना पड़ा, कितनों ने पुलिस की मार सही। एक लम्बे संघर्ष के बाद

धीरे–धीरे सामाजिक और राजनीतिक जागृति की मंज़िलें पार की गयीं।

गाँधी जी ने न केवल भारत के स्वतन्त्रता आन्दोलन का नेतृत्व किया था बल्कि मॉरिशस के स्वतन्त्रता आन्दोलन में उनकी प्रत्यक्ष व अप्रत्यक्ष महत्त्वपूर्ण भूमिका रही थी। गाँधी जी 1901 में मॉरिशस गये थे। वे वहाँ पर 15 दिन रहे। उनकी यात्रा की अमिट छाप वहाँ के जनमानस पर पड़ी। उन्होंने मणिलाल जैसे योग्य कार्यकर्ता को वहाँ की ज़िम्मेदारी दी। जिस तरह से भारत में हिन्दू–मुसलमानों को आपस में लड़ाने की कोशिश की गयी उसी तरह के प्रयास मॉरिशस में भी किये गये। सर शिवसागर रामगुलाम की मॉरिशस के स्वतन्त्रता आन्दोलन में सबसे महत्त्वपूर्ण भूमिका रही। वे भी भारत के स्वतन्त्रता सेनानियों की तरह ब्रिटेन से कानून की पढ़ाई कर के आये थे और उनकी संघर्ष की कार्यशैली भारतीय नेताओं से प्रेरित थी। यह भी इतिहास का सच है कि जब 1968 में मॉरिशस की आज़ादी का समय आया तो उन्होंने 12 मार्च का समय इसलिए चुना कि इसी दिन गाँधी जी ने भारत में असहयोग आन्दोलन प्रारम्भ किया था। यह साझा इतिहास साझे भविष्य का आधार है। आइए लघु भारत और भारत में मॉरिशस के राजदूत मुकेश्वर चुन्नी के शब्दों में भारत की डायसपोरा राजधानी मॉरिशस को स्वतन्त्रता की बयालीसवीं वर्षगाँठ के अवसर पर हार्दिक शुभकामनाएँ दें।

प्रवासी टुडे, मार्च 2010

क्या यह डिप्रेशन सामाजिक है?

आप यहाँ दिल्ली में ? 'हाँ' 'आप तो लन्दन में सेटल होने चले गये थे?' 'गया तो था पर'...पर क्या? पत्नी का दिल नहीं लगा। उसे डिप्रेशन हो गया। बीमार रहने लगी और डॉक्टर की सलाह पर भारत आना पड़ा।

सवाल यह है कि वह कौन–सा डिप्रेशन है जो भारत में ठीक हो जाता है। अगर लोग कैंसर, लीवर और दिल की बीमारियों के इलाज के लिए पश्चिमी देशों में जाते हैं तो यह रोग कैसा है जो भारत में आकर ठीक होता है।

शानदार सड़कें, बढ़िया आधारभूत संरचना, सब प्रकार की सुविधाओं के बाद भी क्या है जो पश्चिम में नहीं है! पश्चिम की एक प्रमुख विशेषता व्यक्ति केन्द्रित होना है। परिवार, समुदाय, समाज यह सब बाद में आते हैं। कुछ लोगों के जीवन में तो आते भी नहीं। इसी बात को 'नीं ़ कहाँ है' संकलन में मैंने कुछ यूँ लिखा था :

अब मैं हूँ
और मेरा सुख है,
अब मैं हूँ
और मेरा दुख है,
अब मैं हूँ
और मैं ही मैं हूँ

यह मैं कैसा है? व्यक्ति और समाज का क्या रिश्ता है? व्यक्ति के जीवन में समाज का क्या महत्त्व है? अगर सब कुछ स्वयं अर्जित करने के बाद, घर में आराम से टाँगें पसारकर टेलीविज़न देखने से व्यक्ति का काम चल सकता है तो समाज उसके जीवन में है कहाँ? शादी, परिवार, यह सब, क्या फूहड़ता है? थोड़े से सेक्स के लिए क्यों यह ज़िम्मेदारी का भार जीवन भर के लिए उठाया जाए? ऐसा कोई सम्बन्ध है तो उसमें

आसमंजरय की समस्या। मेरे परिचय की लन्दन स्थित एक अध्यापिका ने बताया कि उनके स्कूल में एक परिवार के तीन बच्चे पढ़ते हैं तीनों के अलग–अलग पिता हैं। वैवाहिक सम्बन्ध कच्चे धागों की तरह।

ऐसे में किससे जुड़े? कैसे जुड़े? यह समस्या प्रवासी भारतीयों के लिए और ज़्यादा है। जिन्होंने जीवन का एक हिस्सा विशेषकर बचपन भारत में बिताया। जहाँ अपना कुछ भी अपना नहीं था। जहाँ समाज हर घटना में शामिल है। जहाँ उत्सव, धार्मिकता रग–रग में है, हर दिन कोई व्रत है, उत्सव है। वह है जो व्यक्ति को समष्टि से जोड़ता है। वह है, जो आप टूटते हैं तो आधार देता है। जो आपकी सफलता में हर्षित होता है। अगर सफलता में हर्षित होने वाले आत्मीय आपके साथ नहीं हैं। दुःख में आपके साथ सहानुभूति और संवेदना के स्वर नहीं हैं, तो सुख सुख नहीं रहता और दुख तो पहाड़ बन जाता है। जीवन के अर्थ बिखरने लगते हैं और अगर कोई बाँटने वाला ना हो तो दुख उदासी में परिवर्तित होने लगता है। उदासी और अकेलेपन के कीटाणु अन्ततः अवसाद से परिवर्तित हो जाते हैं। यह अकेलापन शारीरिक है, मानसिक है, आध्यात्मिक है।

ऐसी एक मनःस्थिति को डॉक्टर सत्येन्द्र श्रीवास्तव ने अपनी कविता में अभिव्यक्त किया है :

जब अँधियारा गहराता है
सन्नाटा ही बतियाता है
आँखों में आँधी आती है
मन का ताप उफन जाता है।

पर इस कविता को आगे बढ़ाते हुए वे एक दूसरे आयाम की ओर इशारा करते हैं :

खुद का साथ नहीं अन्तिम है
बस एहसास देश मद्धिम है
जिस थल हो वो है उत्तर
दक्षिण पूरब और पश्चिम है
जीवन जीना एक नशा है
नयी बोतलों में ढलता है
नहीं अकेला हो पाता हूँ
कोई सदा साथ चलता है

या फिर अकेलेपन को दूर करने का एक रास्ता निकला है–कम्प्यूटर।

जो व्यक्ति से सजीव सम्पर्क पसन्द नहीं करते थे। बात करना पसन्द नहीं करते थे, वे चैट करने लगे। घण्टों–घण्टों चैट। बिल्कुल अपरिचित लोगों से आत्मीय सम्बन्ध बनाने का प्रयास। घण्टों–घण्टों सामने रहता है टेलीविज़न का स्क्रीन, कम्प्यूटर का स्क्रीन। ढेर सारी असम्बद्ध तस्वीरें पर जीवन्तता कहाँ है, सजीव सम्पर्क कहाँ है? भावनाएँ कहाँ हैं? किसी के साथ हँसने, किसी के साथ होने का भाव कहाँ है? ऐसे में उदासी विषाद बन जाती है और अकेलापन नहीं लगता है और ऐसी मनःस्थिति बन जाती है, जिसे डिप्रेशन कहते हैं। क्या इस डिप्रेशन का इलाज भी नरेश शांडिल्य की कविता 'सिर में हुआ कृष्ण के दर्द' में प्रस्तुत सिरदर्द की तरह है :

उद्धव बृज में सखियों की अदरक ले आओ
मेरे सिर का खोया चैन–अमन ले आओ
किसी दवा का, किसी दुआ का असर ना होगा
एक छछिया भर छाछ की खातिर
मैं नाच जिनकी उँगली पर
उनके कुछ सूखे कुछ गीले
कुछ हटके आँसू ले आओ
मेरी कोई बंसी का सरगम ले आओ
उद्धघ बृज से सखियों की पदरज ले आओ
मेरे सिर का खोया चैन–अमन ले आओ

और अगर वह बार–बार होने वाला सिरदर्द बृज की रज से ही दूर होने वाला है तो क्या कृष्ण वापस बृज में आकर बस जाएँ? यानी क्या प्रवासी लौटकर भारत में आ जाएँ?

प्रवासी टाइम्स, दिसम्बर 2005

मुक्ति की कामना

आई एम किरण खरबन्दा...आई हैव ए बैड न्यूज़ टू गिव टू यू! माय फादर हैज पास्ड अवे...। इन शब्दों से मुझे खरबन्दा जी, जिनका पूरा नाम जगन्नाथ खरबन्दा था, की मृत्यु का समाचार मिला। एकाएक बहुत–सी स्मृतियाँ मन में दौड़ गयीं। वह इन दिनों भारत यात्रा पर थे। मसूरी में एक होटल में ठहरे हुए थे कि रात को ही हृदय गति रुकने से उनका देहान्त हो गया।

लन्दन में हिन्दी एवं संस्कृति अधिकारी बनने के लगभग दो–तीन साल बाद उनसे पहला परिचय हुआ था। उन्हें मेरे द्वारा किये जा रहे कार्यों की जानकारी मिलती रहती थी। वे उसके प्रशंसक थे। वे यू.के. हिन्दी सेवियों की सबसे पहले की पीढ़ी से थे। जहाँ भी लन्दन में हिन्दी की शुरुआत की बात होती उनका नाम आता। वे ब्रिटेन में हिन्दी के सबसे पुराने शिक्षकों में से थे। उन्होंने हिन्दी शिक्षण की एक पुस्तक भी लिखी थी। ज्योग्राफी उनका विषय था। वे बच्चों को भारत यात्रा पर भी लाते थे। महात्मा गाँधी के अनन्य भक्त थे। ब्रिटिश सरकार द्वारा उन्हें एम. बी. ई. सम्मान भी दिया गया था। वास्तव में उन्हें नौकरी ज्योग्राफी पढ़ाने के कारण मिली थी पर उन्होंने स्वेच्छा से हिन्दी शिक्षण का जिम्मा लिया। लन्दन की पुरानी पीढ़ी में उनके शिष्य बहुतायत में हैं।

सम्पर्क में आने के बाद यदाकदा फ़ोन करते थे। मुझे उनका जीवनवृत्त जानने का मौका मिला। अविभाजित हिन्दुस्तान में जन्म–शिक्षा के लिए लाहौर जाना–कम आयु में पिता की मृत्यु–माँ द्वारा कपड़े सिल–सिल पढ़ाना, असफल विवाह, भारत सरकार में नौकरी, ज्योग्राफी विषय के नाते विदेशों में भ्रमण के अवसर–ब्रिटेन में ज्योग्राफी शिक्षक के रूप में नियुक्ति–आयरिश महिला से विवाह–ब्रिटेन में सेटल होने के बाद हिन्दी, भारत, भारतीयता के प्रति पागलपन की सीमा तक प्रेम। यह उनकी

असाधारण कहानी है या प्रवासी भारतीयों का एक पैटर्न है।

दीपावली वाले सप्ताह में उनका फ़ोन आया कि वह भारत आये हुए हैं और मिलना चाहते हैं। मैंने हाँ कह दी, निर्धारित समय से पूर्व फ़ोन आया कि वह स्वस्थ नहीं हैं आज नहीं आ पाएँगे। अगले दिन मिलने की बात हुई, फिर टलती चली गयी। अन्ततः यह दुखद समाचार।

जितना मैं उन्हें जानता था स्पष्ट था कि उनका शरीर कहीं भी हो, आत्मा सदा भारत में ही में रही।

60–70 के बाद मृत्यु का भय, आशंका, चिन्ता। कुछ करने की, पाने की या किये हुए को बताने की इच्छा। अपनों में, अपनी तरह से अन्तिम साँस लेने की बलवती भावना। यही भावना शायद उन्हें इस बीमारी में भारत खींच लायी थी। उनका अन्तिम संस्कार और चौथा दोनों हरद्वार में हुआ। मैं जानता हूँ कि उनकी अन्तिम इच्छा भी यही थी। विदेशों में फूलगाड़ी में लगी हुई अर्थी और अत्यन्त औपचारिक प्रक्रिया को देखकर कभी भी अच्छा नहीं लगा। मेरे माता–पिता तो एक अन्तिम क्रिया में भाग लेने के बाद इतना घबरा गये थे कि भारत लौटने की ज़िद करने लगे उन्हें यह लग गया था कि यदि दुर्भाग्य से उनकी मृत्यु वहाँ हो गयी तो उनकी अन्तिम क्रिया ऐसे औपचारिक विदेशी माहौल में ना हो। ऐसी ही भावनाओं की अभिव्यक्ति देता है शशिकान्त का यह शेर–

जिस ठौर की मिट्टी से बने हैं ये जिस्म–ओ–जां
अए काश वहीं जाकर ठिकाने लगे मिट्टी

ऐसे में सुषम बेदी की कहानी 'अवसान' की याद आना भी स्वाभाविक है...एक भारतीय व्यक्ति अमेरिकी महिला से शादी करने के बाद भारत से कटता गया। व्यक्ति के अन्तिम संस्कार में गये मित्र को याद आता है कि मृत व्यक्ति भारतीय सन्दर्भों से कितना जुड़ा था। पश्चिमी ढंग से चर्च में क्रिश्चियन रीति–रिवाजों में होते अन्तिम संस्कार को वह सह नहीं पाता है। मृत व्यक्ति की हिन्दू पद्धति से जुड़ी यादें उसे झकझोरती रहती हैं और वह औपचारिकता के खोल को तोड़कर मंच तक पहुँचता है और गीता के श्लोकों का पाठ कर मित्र को अन्तिम श्रद्धांजलि देता है। प्रवासी भारतीयों के जीवन पर लिखी यह कहानी मृत्यु के प्रति उनके भावों का गहन विश्लेषण प्रस्तुत करती है। साथ ही मुझे एक कविता याद आती है जो मैंने रसेल स्क्वायर के एक बार में एमविट द्वारा आयोजित अंग्रेज़ी कविता गोष्ठी में सुनी थी। कविता एक ब्रिटिश महिला ने लिखी

थी जिसमें भारतीय मूल के पति की मृत्यु पर उसकी अस्थियाँ भारत ले जाने सम्बन्धी संस्मरण भाव थे। पति की अन्तिम इच्छा पूरी करने के लिए बनारस के घाटों पर उसकी अस्थियाँ वह जिस बैग में लायी थी वह सेन्सवरी का बैग था ज़िस पर लिखा था 'बैग फॉर लाइफ'। बनारस के घाट पर अपने पति का अन्तिम संस्कार करते हुए उस महिला ने पति की इच्छा पूरी की। क्या भारत में अपनों के बीच देह त्याग करना, अपनी धार्मिक पद्धति से संस्कार किये जाने की भावना सभी प्रवासी भारतीयों में पल रही है। हरद्वार या गया अभी भी उनकी अन्तिम यात्रा की मंज़िल है। भारतीय उच्चायोग में बड़ी संख्या में अस्थियाँ प्रवाहित करने के लिए किये जाने वाले वीज़ा आवेदन इसके प्रमाण है, क्या प्रवासी भारतीयों को वहीं कहीं अपनी गंगा बनानी होगी? जैसा कि त्रिनिदाद में बनाई भी गयी है। वहीं अपनी मुक्ति खोजती होगी? या मुक्ति की चाह उन्हें भारत बुलाती रहेगी? जो हो, मैं खरबन्दा जी को और उनके पुण्य कर्मों को नमन करता हूँ और ब्रिटेन के वरिष्ठ कवि सोहन राही को इन पंक्तियों से उन्हें श्रद्धांजलि देता हूँ :

'जिसकी धूल में बचपन खोया
जिससे मिली जवानी...
उस घर की हर पगडंडी
बाँहें फैला दी है
कोई आवाज़ आती है
दूर बहुत ही दूर...'

प्रवासी टाइम्स, नवम्बर 2005

प्रवासी भारतीय दिवस बढ़ती अपेक्षाएँ

प्रवासी भारतीय दिवस से अपेक्षाएँ बढ़ती जा रही हैं। प्रवासी भारतीय दिवस वर्ष 2002 में जिस समय प्रारम्भ किया गया था। उस समय से इसके स्वरूप में निरन्तर परिवर्तन हो रहा है। प्रारम्भ में मिलने–जुलने और नेटवर्किंग का स्थान होने के स्थान पर आज यह ठोस उपलब्धियों और निश्चित दिशा की ओर जाता एक अभियान बन गया है। विश्व बैंक की रिपोर्ट में प्रवासी रिमेंटेस सम्बन्धी आँकड़ों ने सिद्ध कर दिया है कि प्रवासियों का जुड़ाव जो प्रारम्भ में सांस्कृतिक चेतना से अनुप्राणित था अब व्यापक रूप ले व्यावसायिक और ज्ञान–विज्ञान के क्षेत्रों में भी परिलक्षित हो रहा है। प्रवासी भारतीयों की लॉबी अमेरिका, यू.के. आदि देशों में अत्यन्त सक्रिय है और वहाँ के राजनीतिक–सामाजिक–शैक्षणिक और सांस्कृतिक परिदृश्य पर उसका प्रभाव स्पष्ट नज़र आता है। प्रवासी भारतीयों की विभिन्न क्षेत्रों में सफलताएँ भारतीयों को उत्साहित और प्रेरित करती हैं तथा एक ठोस आकार लेता बृहत्तर भारत दिखाई देता है। ग्लोबलाइजेशन ने समय और स्थान की दूरियाँ समाप्त कर दी हैं तथा प्रवासी भारतीय वर्ष–दो वर्ष कभी–कभी दशकों में भारत आने वाले नहीं रहे। इंटरनेट और सूचना क्रान्ति से वह हर समय–हर पल अपने मातृदेश से जुड़ रहे हैं, जुड़ गये हैं।

प्रवासी भारतीयों की प्रारम्भिक माँग वीज़ा, इमीग्रेशन की सुविधाओं में बढ़ोतरी और भारत में उनकी ज़मीन–जायदाद और सम्पत्ति के मामले में सरकार से सहयोग माँगने और कानूनी सहायता की थी। परन्तु अब वे चाहते हैं कि इक्कीसवीं सदी के राजनीतिक–सामाजिक–आर्थिक भारत के निर्माण में उनकी भूमिका केवल दर्शक की ना हो अपितु उनकी इसमें सक्रिय भागीदारी हो। इसलिए उनकी तरफ़ से वोट के अधिकार की बात उठी। कई देशों में दोहरी नागरिकता का दृष्टान्त दिया गया। भारत

सरकार ने इस सम्बन्ध में सैद्धान्तिक सहमति तो दी और एक सीमा तक वोट के अधिकार के सम्बन्ध में दिये गये आश्वासन का कार्यान्वयन भी किया परन्तु प्रवासियों की अपेक्षा सम्भवतः इससे अधिक है। प्रधानमन्त्री द्वारा गठित परिषद् के माध्यम से ज्ञान–विज्ञान के विभिन्न क्षेत्रों में उनके ज्ञान के उपयोग की सम्भावनाएँ तलाश की जा रही हैं।

समय आ गया है कि एक नये फोरम–नये मंच इस कार्य के लिए तलाशे जाएँ और ना केवल वी.आई.पी. देशों और प्रवासियों पर ध्यान दिया जाए। बल्कि दो करोड़ से अधिक समृद्ध, ज्ञानशील और अपने मातृदेश के विकास के लिए प्रेरित इन प्रवासियों को देश की मुख्य धारा से जोड़ने के अधिकाधिक अवसर प्रदान किये जाएँ।

प्रवासी टुडे, जनवरी–मार्च 2011

प्रवासी दिवस : संस्कृति का सवाल

डॉक्टर लक्ष्मीमल्ल सिंघवी की अध्यक्षता में बनी समिति की सिफ़ारिशों के चलते भारत सरकार ने प्रवासी दिवस की शुरुआत की और प्रवासी भारतीयों को जोड़ने का तन्त्र विकसित होना शुरू हो गया। प्रवासी भारतीयों की वर्षों से प्रमुख इच्छा भारत की नागरिकता लेने की थी। प्रवासी भारतीय दिवस कुछ–कुछ चुनाव जैसी चीज़ होता जा रहा है जैसे नेता लोग हर चुनाव के आसपास कुछ वादे पूरे करते हैं उसी तरह प्रवासी दिवस आते ही चर्चा शुरू हो जाती है कि इस बार प्रवासियों के लिए सरकार क्या घोषणा करने वाली है–पहले दोहरी नागरिकता, फिर मताधिकार तो अब क्या होगा? दरअसल राष्ट्रीयता धीरे–धीरे अपना जादू खोने लगी है। अगर उन्नीसवीं और बीसवीं शताब्दी राष्ट्रीयता के उफान की थी तो इक्कीसवीं शताब्दी में वह जादू फीका पड़ने लगा है। बहुत से परिवारों के सदस्य कई देशों में निवास कर रहे हैं। पासपोर्ट गौरव के बजाय सुविधा की चीज़ बन गयी है क्योंकि बहुत से लोगों के पास विकल्प विद्यमान है। विकासशील देशों के लोगों ने ब्रैन–ड्रेन का रोना छोड़ दिया है। अब तो वे उसके फल खाने में मगन हैं। भारत, चीन, पाकिस्तान, बांग्लादेश, नेपाल, श्रीलंका आदि एशिया के इन देशों में प्रवासी होना ही स्टेटस सिम्बल हो गया है। मेजबान देशों को भी इनकी मेहनत और उद्यमशीलता का लाभ मिला है, वहाँ इनका मान–सम्मान बढ़ा है अगर किसी को शक हो तो पिछले सालों में ब्रिटेन की महारानी द्वारा सम्मानित किये लोगों की सूची देख लें। प्रवासियों की योग्यता, मेधा और कर्मठता को मेहमान और मेजबान दोनों देशों में सम्मान मिला है। यह दोनों ही देशों के सम्मानित नागरिक हैं परन्तु फिर एकनिष्ठ राष्ट्रीयता की अवधारणा का क्या होगा? प्रवासी भारतीयों के सम्बन्ध में लिखी मेरी एक कविता है, गर भारत ना जा सकते हो/भारत यहाँ बना सकते हो/भारत बस

एक देश नहीं है/भारत तो एक कस्तूरी है/सबके हृदय में वह रहता है। प्रवासियों को देश सांस्कृतिक और जीवन–शैली के सन्दर्भों के रूप में अधिक याद आता है। गोलगप्पे, पापड़, पान, पतंग, विवाह, मस्ती, रिश्ते–नाते यह सब उन्हें उद्वेलित करते हैं। वे नॉस्टेल्जिया को जाग्रत करते हैं, उनको देश की याद दिलाते हैं और इसी बहाने अपने मूल देश से जोड़ते हैं। अपने देश के गाने, साहित्य, संगीत किस सीमा तक किसी को कितना उद्वेलित कर सकता है यह मैंने स्वयं ब्रिटेन के प्रवास में देखा था। चिट्ठी आयी है, जैसे गीत पर लोग रो पड़ते हैं। बॉलीवुड के गीत मन्दिरों में भजनों की तरह गाये जाते हैं तो 'सुहानी रात ढल चुकी' राष्ट्रीय गीत जैसा बन चुका है। उसे हर कार्यक्रम से पहले गाया जाता है परन्तु राष्ट्रीयता का यह मनोहारी सांस्कृतिक स्वरूप नीति–निर्धारकों के फोकस में नहीं है, उनके लिए एफ.डी.आई का कुबेर मन्त्र गीता ज्ञान का पर्याय है। उनके ख़याल से इसी से ही नैया पार लगेगी। भाषा और संस्कृति डिप्लोमेसी के पिछले पायदान पर है। चीन ने इस सम्बन्ध में पहल दिखाई है। विदेशों में अपने सांस्कृतिक केन्द्रों पर अरबों रुपये खर्च करने का निर्णय कर संस्कृति के महत्त्व को पुनः केन्द्र में लिया है। आज स्वामी रामदेव योग में इंटरनेशनल ब्रांड बन गये हैं। आर्युवेद की ओर वैकल्पिक थेरेपी के रूप में आकर्षण बढ़ रहा है। बॉलीवुड–हॉलीवुड के बरअक्स आकर खड़ा हो गया है। उसके माध्यम से भारतीय गीत–संगीत दुनिया में अपनी जगह बना रहे हैं। एशिया और अफ्रीका के लोग हॉलीवुड की तुलना में बॉलीवुड से अपने को ज़्यादा निकट पाते हैं। इन सब बाज़ार को समझना और नीतियों के धागे में पिरोना समय की आवश्यकता है। आशा है हमारे नीति निर्धारक एफ.डी.आई के कुबेर मन्त्र के साथ सरस्वती मन्त्र का भी जाप करना सीखेंगे।

प्रवासी भारतीय दिवस : शैक्षिक, सांस्कृतिक, साहित्यिक आयाम भी केन्द्र में रहें

जब भी हम प्रवासियों की बात करते हैं तो हमारे दिमाग़ में कौन–सा चित्र उभरता है? आज से 30–35 साल पहले तक हमारे दिमाग़ में डायसपोरा का जो चित्र उभरता था वह मॉरिशस और सूरीनाम के भारतीय मूल के लोगों का था। वह रामचरितमानस का सन्दर्भ लिए हुए था जिसने उन्हें अपनी जड़ों से जोड़े हुए था। परन्तु अस्सी के दशक से भारत छलाँग लगाने लगा। भारत के प्रोफेशनल ब्रिटेन और अमरीका पहुँचे। उनमें विश्वविजय का आत्मविश्वास था। उनके हृदय में भारत बसा था। नब्बे के दशक में भारत पर आये आर्थिक संकट के समय उन्होंने देश की मदद की। भारत सरकार ने भी उनके महत्त्व को समझते हुए उन्हें देश से जोड़े रखने का मेक्निज्म विकसित करने की आवश्यकता महसूस की और इस दृष्टि से डॉ. लक्ष्मीमल्ल सिंघवी की अध्यक्षता में एक समिति का गठन किया गया। समिति की सिफ़ारिशों के आधार पर प्रवासी भारतीय दिवस का आयोजन प्रारम्भ हुआ।

आज जब हम प्रवासी भारतीयों की बात करते हैं तो हमारे ध्यान में लक्ष्मी मित्तल और स्वराज पाल ही आते हैं और सारे कार्यक्रमों, सम्मेलनों और आयोजनों का फोकस उन्हीं पर रहता है। परन्तु इस वित्तीय चकाचौंध में हमें प्रवासियों के साथ शैक्षिक, सांस्कृतिक, साहित्यिक सम्बन्धों के महत्त्व को नहीं भूलना चाहिए। प्रायः प्रवासी यह चाहते हैं कि उनके बच्चों को भारतीय मूल्य संस्कार में मिलें और इसके लिए वह भारत में उपयुक्त शिक्षा संस्थानों की तलाश करते हैं। आज जब भारत के आई.आई.टी. आदि तकनीकी संस्थान दुनिया में अपनी श्रेष्ठता का लोहा स्थापित कर चुके हैं। प्रवासी अपने बच्चों को उनमें पढ़ाने की ललक

पालने लगे हैं। इस दृष्टि से प्रवासी विद्यार्थियों को भारत यात्रा पर बुलाने की प्रवासी मन्त्रालय की योजना प्रशंसनीय है। इसी कड़ी में यू.के. हिन्दी समिति और अक्षरम् द्वारा आयोजित हिन्दी ज्ञान प्रतियोगिता भी सराहनीय है। प्रवासी कार्य मन्त्रालय द्वारा डायसपोरा विश्वविद्यालय खोला जाना एक उल्लेखनीय क़दम होगा। इसे ठोस धरातल पर लाने के लिए सरकार को तत्काल क़दम उठाने चाहिए।

आज संस्कृति का अर्थ बॉलीवुड तक सिमट गया है। भारत के शास्त्रीय संगीत और शास्त्रीय नृत्य न केवल प्रवासियों बल्कि विदेशियों में भी काफ़ी लोकप्रिय हैं। भारतीय सांस्कृतिक सम्बन्ध परिषद् डॉ. कर्ण सिंह और पवन वर्मा के नेतृत्व में प्रशंसनीय कार्य कर रही है, उसे संसाधनों की दृष्टि से और मज़बूत करने की आवश्यकता है। विश्वभर में फैले भारतीय डायसपोरा की सांस्कृतिक आवश्यकताओं को समझने और उनकी आवश्यकताओं के अनुरूप संसाधन और नेटवर्क विकसित करना एक महत्त्वपूर्ण आवश्यकता है।

प्रवासी भारतीय दिवस पर हिन्दी और भारतीय भाषाएँ ग़ायब हैं। भाषा, संस्कृति और अस्मिता आपस में गुँथे हुए हैं। इसलिए विदेशों में लिखे जाने वाले हिन्दी और भारतीय भाषाओं के साहित्य को आवश्यक महत्त्व दिया जाना चाहिए। आठवें विश्व हिन्दी सम्मेलन में प्रसारित प्रधानमन्त्री के भाषण में प्रवासी साहित्य के महत्त्व को रेखांकित किया गया था साथ ही विश्वविद्यालयों के पाठ्यक्रम में इसे रखने की बात कही गयी थी। भारत सरकार और विश्वविद्यालय अनुदान आयोग को इस सम्बन्ध में तत्काल कार्यवाही करनी चाहिए।

शैक्षिक, सांस्कृतिक, साहित्यिक आयामों पर निवेश एक दीर्घकालिक निवेश है इनको विचार के केन्द्र की परिधि में से बाहर करना जड़ों के बजाय पत्तों को सींचने जैसा होगा

विक्रम सेठ की विश्व दृष्टि

समय बाज़ार का है और बाज़ार अंग्रेज़ी का है; अंग्रेज़ी में ही देश की समस्याओं का स्तरीय विश्लेषण होता है; वैसे भी चिन्तन और विश्लेषण की भाषा अंग्रेज़ी ही है। भारत के ब्रांड के रूप में विश्व बाज़ार में परोसने का काम उसी के माध्यम से सम्भव है। यह सब बातें एक सन्दर्भ में जुड़ी हैं और वह सन्दर्भ है हाल में ही एक दिन के लिए 'टाइम्स ऑफ़ इंडिया' का सम्पादन विक्रम सेठ को सौंपना।

भारत के लिए कौन–सा समाचार महत्त्वपूर्ण है, किन समाचारों को प्रमुखता देनी चाहिए, समाचार छाँटने और उन्हें उचित स्थान देने के पीछे क्या दृष्टि होनी चाहिए, इस पर 'टाइम्स ऑफ़ इंडिया' ने अतिथि सम्पादक की दृष्टि का विश्लेषण करते हुए एक पूरा पृष्ठ उन्हें समर्पित कर दिया और प्रशंसा के पुल बाँध दिये। उनकी मेधा के बारे में क्या सवाल हो सकते हैं, परन्तु उनकी दृष्टि पर विचार करना आवश्यक है। यह भारत के बारे में अंग्रेज़ी बुद्धिजीवियों की सोच के ताले खोलती है।

जिस समाचार को उन्होंने सबसे अधिक प्रमुखता दी, वह है डॉ. अम्बेडकर द्वारा बौद्ध धर्म में धर्मान्तरित होने के 50 वर्ष बाद दलितों की बड़ी संख्या में बौद्ध धर्म में धर्मान्तरण की तैयारी। क्या आज भी भारत में दलितों की यही स्थिति है, जो अम्बेडकर द्वारा 50 वर्ष पूर्व धर्मान्तरण, जो भारतीय सन्दर्भ में सम्प्रदाय परिवर्तन से अधिक नहीं था, से ज़्यादा नहीं है। भारतीय संविधान में प्रदान आरक्षण व्यवस्था ने एक तरफ़ दलितों को सरकारी ताकत, सत्ता व प्रभुत्व प्रदान किया, वहीं लोकतन्त्र में संख्या बल के आधार पर उत्तर प्रदेश जैसे राज्य में दो–दो बार दलित मुख्यमन्त्री बना। यह अमेरिका के कालों द्वारा इस्लाम स्वीकार करने के समानान्तर विरोध का प्रदर्शन है या सांस्कृतिक अस्मिता की अभिव्यक्ति है, समाचार

का यह दृष्टिकोण क्या तर्कसंगत है। समाचार भी समाचार की तरह नहीं स्वागत योग्य घटना के रूप में दिया गया है। भारतीय समाज और विभिन्न जातियों–सम्प्रदायों व धर्मों में वैमनस्य बढ़ाने में धर्मान्तरण जैसा शब्द या उसे केन्द्र मान लिखी गयी, गढ़ी गयी रिपोर्ट क्या असर कर सकती है, क्या इसका अन्दाज़ा विदेश में बैठे इस 'सूटेबल ब्वॉय' को है। दलित विमर्श आवश्यक है परन्तु उसकी दशा और सरोकार क्या है? इस पर विचार अवश्य हो। परन्तु यह वह ऑक्सफर्रडी नुस्खे हैं जो भारत को प्रयोगशाला की तरह देखते हैं, जो निश्चित रूप से भारत के हित में नहीं है।

अब करवा चौथ पर एक स्टोरी करनी चाहिए। जिसे के.सी. लिखा गया। उन्हें यह फिनामिना समझ नहीं आ रहा है कि रूढ़िवादी सोच से अधिक अभी तक उनके परिवार की (भारत के पूर्व मुख्य न्यायाधीश की पत्नी) क्यों चिपकी है? और कार्यक्रम में चाँद देखने के लिए चलनी क्यों ली जाती है? तो क्या करवा चौथ को दलित भी मनाते हैं? हाँ में जवाब मिलने पर धारणाओं के ढाँचे को चोट लगती है। लिव–इन रिलेशनशिप, गे और लेस्बियन सम्बन्धों में विश्वास रखने वालों को इस युग में के.सी. का बड़े पैमाने पर मनाया जाना आश्चर्यजनक, रूढ़िवादी और पिछड़ापन लगे तो आश्चर्य क्या? उनकी जिज्ञासा और कौतूहल समझ में आता है।

भारत में चिन्ता उन्हें मुम्बई की बार–बालाओं की है। सवाल है कि उनके लिए क्या कर सकते हैं? अंग्रेज़ी के सम्पादकों ने उन्हें बताया कि यह तो उन्हें बताने की ज़रूरत ही नहीं थी! इस पर तो अंग्रेज़ी के अख़बार पहले ही बहुत–कुछ लिख चुके हैं! विक्रम सेठ को दुख हुआ, यह क्या हुआ, यह भारतीय अंग्रेज़ मुझसे आगे कैसे निकले? क्या बार की आड़ में चल रही वेश्यावृत्ति को रोकना मोरल पुलिसिंग है? आज समाज या सरकार की ऐसे मामलों में कोई भूमिका है, क्या सरकारों को मूल्यहीन होना चाहिए? क्या भारत को पश्चिम को रोल मॉडल स्वीकार करते हुए उनका अन्धानुकरण करना है या जिन मूल्यों, आदर्शों से उनकी पहचान है उसे बनाये रखना है। मूल्यविहीन नैतिकता विहीन समाज बनाने से क्या साध्य होगा?

भारत में परिवर्तन की सैकड़ों महाधाराएँ बह रही हैं! शिक्षा ने जाति, सम्प्रदाय और धर्मों के बन्धन तोड़ भारतीयता को न केवल एक पहचान

दी है, उसे विश्व स्तर पर स्थापित किया है! इस बदलाव को भारतीय भाषा के लेखकों ने समझा, महसूस किया, जिया और सम्प्रेषित किया है! परन्तु राज अभी 'राज' का ही है! 'भाषा' के लेखक को इस लायक भी नहीं समझा जाता कि उसकी मृत्यु के समाचार इन अख़बारों में प्रकाशित हो सकें। उन सबकी मिल कर कमाई भी 1.5 करोड़ नहीं है। वो हैं ही इसी लायक।

अक्षरम् संगोष्ठी, जुलाई–सितम्बर 2005

प्रवासी लेखन का संसार

विदेश में हिन्दी से जुड़ा रहना कठिन कार्य है पढ़ने के लिए ना पुस्तकें उपलब्ध हैं न पत्रिकाएँ और ना ही साहित्यिक परिवेश। इस सबके बावजूद हिन्दी के प्रति अगाध निष्ठा रखने वाले और रचनात्मक क्षमता रखने वाले सैकड़ों कठिनाइयों के बावजूद हिन्दी से जुड़े रहते हैं और अपनी रचनात्मक क्षमता को हिन्दी में अभिव्यक्त करते हैं। यह सिर्फ़ क़िस्से–कहानियाँ नहीं यह प्रवासी भारतीयों का इतिहास है, नये समाज में उनके रचने–बसने, उनकी आशाओं–निराशाओं, संघर्षों, उनके अन्तर्विरोधों, विडम्बनाओं, सफलता और असफलता की कहानी है। यह ऐतिहासिक दस्तावेज़ है परन्तु हम इसके प्रति कितने सचेत हैं। प्रवासी लेखक कितने हैं? उनकी क्या समस्याएँ हैं? उनके पास प्रकाशन की क्या सुविधाएँ हैं? वो कैसे अपनी पांडुलिपि तैयार करते हैं? प्रकाशन के लिए उन्हें क्या–क्या पापड़ बेलने पड़ते हैं? कैसे–कैसे प्रकाशकों के पास गिड़गिड़ाना पड़ता है यह कहानी अत्यन्त दुखदाई है और देश–विदेश में हिन्दी प्रकाशन की कथा कहती है।

भारतीय उच्चायोग लन्दन में अपने कार्यकाल के दौरान मैंने प्रकाशन की दारुण कथा को निकट से देखा। वहाँ मैंने देखा कि ब्रिटेन के लेखक स्टार हैं, हैरी पॉटर की लेखिका जे.के. रोलिंग स्टार हैं। जी हाँ, उतनी बड़ी स्टार हैं, जितने बड़े अपने यहाँ सचिन तेंदुलकर और अमिताभ बच्चन। सलमान रुश्दी और नायपॉल जैसे लेखक भी चर्चित हस्तियाँ हैं पर हिन्दी का लेखक यहाँ बेचारा है तो वहाँ–घोर बेचारा। ब्रिटेन की हिन्दी की एक लेखिका के बारे में चर्चा थी कि उनकी पुस्तक के प्रकाशंन के लिए किसी प्रकाशक ने सवा लाख से अधिक मूँड लिए। अन्य लेखक भी बेचारे जब भी भारत आते दिल्ली के प्रकाशकों का नाम–पता पूछते रहते। भारत यात्रा का उनका आधे–से–अधिक समय प्रकाशकों के चक्कर

लगाते बीतता है। प्रकाशक उनकी प्रकाशन की उमंग का दोहन करते। प्रकाशकों की नज़र उनकी कृति पर नहीं उनकी जेब पर होती। कहीं कोई दूरदराज क़स्बों में जाकर प्रकाशन या अपने एन.आर.आई स्टेटस वाले सम्पर्कों का लाभ उठाने की असफल कोशिश करता। प्रतिष्ठित लेखक भी इससे मुक्त नहीं थे। डॉक्टर सत्येन्द्र श्रीवास्तव जैसे स्तर के लेखक जैसे–तैसे पुस्तक छपवा पाते हैं। मोहन राणा जैसे लेखक अपनी ही पुस्तक की दो प्रतियाँ खरीदने के लिए यहाँ–वहाँ भटकते रहते हैं। रॉयल्टी नाम की चिड़िया तो हिन्दी में होती ही नहीं। यहाँ तक कि अमृता प्रीतम, चित्रा मुद्गल, मन्नू भंडारी, उषा प्रियंवदा की कहानियों के अंग्रेज़ी अनुवाद की पुस्तकें सम्पादित करने वाले को भी पैसे के नाम पर फ्रीकी हँसी मिलती है।

इस दारुण समस्या का क्या समाधान है? इस समस्या पर अपने लन्दन कार्यकाल के दौरान मैं विचार करता रहा। मुझे लगा कि सरकारी स्तर पर दिल्ली हिन्दी अकादमी के पांडुलिपि सहयोग योजना जैसा कोई मॉडल हो सकता है जिसके माध्यम से मैंने अपनी पुस्तक छपवाई थी। इस योजना के अन्तर्गत हिन्दी अकादमी एक निश्चित मूल्य की पुस्तकें खरीद कर पुस्तकालयों को भेजती है इससे प्रकाशक पुस्तक छापने को तैयार हो जाता है क्योंकि उसे इससे निश्चित रकम प्राप्त होती है और साथ ही पुस्तकें पाठकों के पास भी पहुँचती हैं, अपने कार्यकाल के दौरान मैंने यह योजना मुख्यालय की स्वीकृति के लिए भी भेजी। समय निकलता गया इस समस्या को लेकर डॉ. पद्मेश गुप्त और दिव्या माथुर से चर्चा होती रहती। पद्मेश गुप्त कहने में नहीं करने में विश्वास रखते हैं। उन्होंने यू.के. हिन्दी समिति की ओर से प्रतिमास एक पुस्तक के प्रकाशन की योजना आरम्भ की और इस क्रम में भारतेन्दु विमल, मोहन राणा, सोहन राही, उषा वर्मा जैसे रचनाकारों की कृतियाँ प्रकाशित हुईं। दिल्ली वापस आने के बाद इस बारे में चर्चा विदेश मन्त्रालय की उप सचिव (हिन्दी) मधु गोस्वामी से हुई। मधु जी तो विदेश मन्त्रालय के हिन्दी विभाग को सक्रिय और गतिशील बनाने के लिए संकल्पित हैं। उन्हें विचार पसन्द आया और उन्होंने प्रस्ताव लिखित रूप से भेजने के लिए कहा। इधर लन्दन उच्चायोग में मेरे स्थान पर आये अधिकारी राकेश दुबे ने भी प्रस्ताव दुबारा भेजा और विदेश मन्त्रालय द्वारा प्रस्ताव को स्वीकार कर लिया गया। अभी पाँच पुस्तकों के सम्बन्ध में 20,000 रुपये अनुदान देने

के सम्बन्ध में है। यदि प्रवासी रचनाकारों की एक वर्ष में कुल सौ पुस्तकें प्रकाशित होंगी तो उसका 5% यह संख्या बढ़ानी होगी और देखना होगा कि इसका लाभ स्तरीय पुस्तकों को मिले। यह सरकारी खरीद का एक और दृष्टान्त बनकर ना रह जाए। अनुदान झाड़–पोंछ कर बनाई गयी रचना के लिए ना हो बल्कि इसमें प्रवासी भारतीयों का जीवन–संघर्ष झलकता हो, उनका अदम्य आत्मविश्वास झलकता हो, उनकी जिजीविषा शक्ति हिलोरें मारती हो, नये को अपनाने परन्तु पुराने को भूल न जाने का सतत संघर्ष हो। इसमें पश्चिम की उन्मुक्तता और सहजता हो तो भारतीय जीवन मूल्यों की सुगन्ध भी हो। अगर इस योजना के अगले पाँच वर्षों में पचास–सौ स्तरीय पुस्तकें प्रकाशित हुईं तो प्रवासी साहित्य की चमक विश्व पटल पर उभरेगी।

प्रवासी टाइम्स, सितम्बर 2006

वापसी

'प्रवासी टाइम्स' से ही प्रकाशित एक लेख में भारत वापस लौटने वाले प्रवासियों की चर्चा की गयी है। क्यों लौटते हैं प्रवासी? वापसी पर उनका क्या रवैया होता है? क्या आज भी ब्रेन ड्रेन का स्वरूप वही है जो पहले था। वापसी क्या सम्भव है? व्यावहारिक हैं? कितना कठिन होता है लौटने का निर्णय लेना? देशभक्ति के जलजले, स्मृतियों का कोलाहल, आत्मीयता की अनुगूँज, नॉस्टेल्जिया–क्या–क्या प्रेरित करता है, वापस लौटने को? क्यों हज़ारों डॉलर या पौंड उन्हें पकड़ नहीं पाते? मोहन राणा की कविता है–जहाँ मालूम हो / सड़क कहाँ मुड़ती / मोड़ पे / रास्ता भूल कर भी मिल जाता हो ठिकाना / बिना देखे भी गुज़र जाता / बाधाओं से हवा की तरह / बिना सोचे भी / बोलता मैं झूठ को सच की तरह अपना शहर (एक छोर पर)

परन्तु वापस आकर क्या होता है? अमेरिका की हिन्दी कथाकार सुषम बेदी लिखती हैं, लौट कर आया हुआ व्यक्ति वह नहीं होता जो गया था। राम 14 वर्ष के वनवास के बाद जब लौटे तो वह राम नहीं थे जो गये थे। वर्षों के वनवास से जो उन्हें दृष्टि मिली, वह महलों में पले–बढ़े राजकुमार से अलग थी। मथुरा से निकल कर कृष्ण युगपुरुष बन चुके थे। नेहरू ने पश्चिमी दृष्टि लन्दन प्रवास में विकसित की। गाँधी ने अहिंसा और सत्याग्रह की ताकत दक्षिण अफ्रीका में जा कर समझी। गाँधी जी के संघर्षों ने उन्हें जो दृष्टि दी, उससे खाली–पीली प्रस्ताव पास करने वाली और नेताओं के वैभव प्रदर्शन का स्थान बनी कांग्रेस देश की जनता की प्रतिनिधि बनी। ऐसी ही कुछ भावनाओं के उमड़ते–घुमड़ते ज्वार को लेकर बहुत से एन.आर.आई. वापस लौटते हैं।

बी.बी.सी. हिन्दी सर्विस की अचला शर्मा की एक कहानी है 'बेघर' जिसमें ऐसे ही एक व्यक्ति की कहानी है जिसका जोश और भावनाएँ,

पेन ने अपने सजीव अभिनय से युग और परिस्थितियों को जीवित कर दिया है और फ़िल्म को अविस्मरणीय बना दिया है। यह फ़िल्में टिपिकल बॉलीवुड फ़िल्मों की तरह फीलगुड फैक्टर नहीं देतीं ना ही दो संस्कृतियों के सम्पर्क, टकराव और उसकी अनुगूँजों को हास्य और विद्रूप में बदल देती हैं। यहाँ जहाँ जितना बोला गया है उससे कहीं अधिक मौन के माध्यम से प्रस्तुत किया गया है। जितना दिखाया गया है, उससे कहीं अधिक सुझाया गया है। यह इशारे दूर तक जाते हैं। निर्वासन, अस्मिता, संस्कृतियों और पीढ़ियों के टकराव पर बनी ऐसी ही फ़िल्मों की प्रस्तुति प्रवासी फ़िल्म उत्सव में की जाएगी।

अब प्रवासी फ़िल्म एक अपरिचित विधा नहीं रही

प्रवासी फ़िल्म विधा की शुरुआत कोई बहुत पुरानी नहीं। मीरा नायर, दीपा मेहता, गुरिंदर चड्ढा की फ़िल्में पिछले 5–7 साल से ही चर्चा में आयीं। पर सैकड़ों ऐसे लेखक, निर्माता, निर्देशक हैं, जो प्रवासी हैं जिनके पास कोई बात, कोई विचार है जो उन्हें हांट करता है, जो उन्हें सोने नहीं देता, जो उन्हें विजुअल के माध्यम से बात कहने को प्रेरित करता है, बिना बाज़ार के बाज़ार में उतरने की सलाह देता है। एक जुनून है, एक पेशन है जिसके चलते यह प्रवासी फ़िल्म बनाते हैं।

पर यह कोई व्यक्ति का शौक नहीं है। यह प्रवास में मानव के स्वभाव और भिन्न और नयी परिस्थितियों में उसके संघर्षों का चित्रण है। अगर इसे प्रोत्साहित नहीं किया गया तो यह विचार बीज रूप में ही काल कवलित हो जाएँगे। कितनों का एबार्शन हो जाएगा, कई जन्म लेने से पहले ही मर जाएँगे। इसके लिए एक संगठित और व्यवस्थित प्रयास की आवश्यकता है। इसको लेकर प्रवासी फ़िल्म फेस्टिवल में एक पैनल डिस्कशन भी रखा गया। एन.आर.आई. सिनेमा–रोड एहेड। इस चर्चा के निष्कर्षों को डॉ. धनंजय ने अपने लेख में प्रस्तुत किया है। इसमें प्रवासी सिनेमा को परिभाषित किया गया है साथ ही प्रवासी सिनेमा के विकास की संस्थात्मक और संगठनात्मक विकास यात्रा का चित्र प्रस्तुत किया है। इसमें प्रवासी फ़िल्म डेवलेपमेंट कारपोरेशन के निर्माण की बात की गयी है। उसके कार्यों का वर्णन है। उसके वित्तीय आधार की बात है।

यह एक स्वप्न की शुरुआत है। यह स्वप्न प्रवासी फ़िल्म फेस्टिवल में देखा गया, यह महत्त्वपूर्ण है। यह एक विमर्श की शुरुआत है। यह विमर्श नौसिखिए और भावुक लोगों द्वारा नहीं किया जा रहा बल्कि यह स्वप्न मीरा नायर और दीपा मेहता जैसे दिग्गजों की उपस्थिति और सार्थक हस्तक्षेप के बीच देखा जा रहा है। इसमें बासु चटर्जी, शर्मीला टैगोर,

अरुणा वासुदेव, धनंजय कुमार और राहुल रवेल जैसे लोगों का अनुभव शामिल है। इसमें मनोज बाजपेयी, सोहा अली, सोनाली कुलकर्णी जैसी नयी पीढ़ी की लोकप्रियता का तत्त्व शामिल है। 'प्रवासी टुडे' इस स्वप्न में भागीदार होने का न्यौता देता है और यह प्रवासियों को भारत से जोड़ने के बड़े उपक्रम का एक अंग है, जिसके लिए हम समर्पित हैं। हाँ, हम इस बात पर गर्व कर सकते हैं कि इसमें अनिल जोशी, पद्मेश गुप्त, निखिल कौशिक, दिव्या माथुर, तितिक्षा, पंकज दुबे, राजेश जैन, सरोज शर्मा, भावना पांडे का भी विनम्र योगदान है।

प्रवासी टुडे, फ़रवरी 2010

भारतीय डायसपोरा लेखन

आज प्रवासी भारतीय एक बड़ी शक्ति बन गये हैं। लक्ष्मी मित्तल की कम्पनी का बजट किसी देश के बजट के बराबर होता है। भारत के आर्थिक शक्ति के रूप में विकास में प्रवासियों का योगदान बहुत महत्त्वपूर्ण है। वैश्वीकरण के इस दौर में लेखन भी वैश्विक हो चुका है। उसके सरोकार भी वैश्विक हो चुके हैं। अंग्रेज़ी में लिखने वाले भारतीय डायसपोरा के लेखकों ने अपनी पहचान बनाई है। नायपॉल, सलमान रुश्दी, विक्रम सेठ और अनीता देसाई आज विश्व प्रसिद्ध हैं। उनके लेखन, उनके सरोकारों, भारत और पश्चिमी जनमानस के वस्तुनिरपेक्ष मूल्यांकन और पश्चिम के मुक्त चिन्तन ने उनके लेखन को एक ऊँचाई दी है। पश्चिम में लेखकों को जो वातावरण, विशेष अधिकार और प्रचारतन्त्र मिलता है उसका लाभ भी इन्हें मिला पर मैं यहाँ हिन्दी और कुछ अन्य भारतीय भाषाओं में लेखन कर रहे लेखकों की बात करना चाहता हूँ। हिन्दी, पंजाबी, बंगला, उर्दू, गुजराती के लेखक अंग्रेज़ी के लेखकों की तरह सुविधा सम्पन्न नहीं होते। इनमें से कोई अध्यापक है, कोई कर्मचारी, कोई ट्रेन ड्राइवर कोई गृहिणी, परन्तु एक चीज़ जो सबमें एक सी है वह है उनका भाषा और संस्कृति से अटूट लगाव, कुछ कहने की उत्कट इच्छा, नये समाज और नये जीवन मूल्यों के अन्तर्विरोधों के बीच कुछ कहने की बेचैनी है जो वहाँ के समाज के किसी पक्ष को देख प्रसन्नता से आश्चर्यचकित हो जाते हैं और कहीं अपने को मिसफिट पाते हैं, जिन्हें अपनी अगली पीढ़ी हाथ से जाती हुई लगती है, जो अभी भी अपनी जड़ों से जुड़े हैं जिन्हें गाँव–कस्बे शहर की याद आती है, जो रिश्ते–नातों को महत्त्व देते हैं जिनके पास अंग्रेज़ी के लेखकों की तरह शोध की सुविधाएँ नहीं हैं, उनकी तरह का प्रचार तन्त्र भी नहीं है, जिनके पास प्रकाशन के अवसर भी सीमित हैं उन्होंने अपने लेखन से भारतीय साहित्य को कई अर्थों में सम्मिलित किया है, कैसे–कैसे

अनुभवों को दर्ज किया है इस साहित्य में जहाँ मॉरिशस में अभिमन्यु अनत और अन्य लेखकों ने औपनिवेशिक शोषण के दौर में असहाय और गरीब लोगों के सम्बन्धों की रक्त गाथा कही वहीं, यू.के., अमेरिका और कनाडा के लेखकों के संघर्ष दूसरे हैं, वहाँ ज़्यादा बड़ी समस्या जीवन मूल्यों की है। आइए कुछ प्रवासी रचनाकारों को आधार बना इस पर बात की जाए। सत्येन्द्र श्रीवास्तव की 'सर विंस्टन चर्चिल मेरी माँ को जानते थे' कविता में भारतीय स्वाभिमान की अभिव्यक्ति भी है और विंस्टन चर्चिल के प्रति आदर भाव भी है, इन कविताओं में भारत के प्रति अन्धभक्ति नहीं है, बदलते हुए भारत में सार्वजनिक आलेख नैतिक मूल्यों के होने या ना होने की पड़ताल है, उनकी कविताओं में सेक्स के प्रति वर्जना का भाव नहीं है, पश्चिम की मुक्त शैली है, वर्णन में आडम्बर नहीं है एक सोचता है मैं प्रवासी कथा साहित्य में सुषम बेदी को अत्यन्त महत्त्वपूर्ण नाम मानता हूँ, भारत से अस्सी के दशक में गयी सुषम बेदी भी सत्येन्द्र जी की तरह भारत ग्रन्थि से मुक्त हैं उन्होंने पश्चिम को किसी पूर्वाग्रह से नहीं देखा। उनका लेखन बड़े फलक पर है और उन्हें भी विश्वविद्यालय में होने के कारण चिन्तन, मनन और अध्ययन का उपयुक्त परिवेश मिला। उन्होंने प्रवासियों के जीवन के बहुत से पक्षों पर लिखा। बदलते प्रेम सम्बन्ध, बुजुर्गों की स्थिति, जोड़ों का सवाल, घरेलू हिंसा, प्रवासियों से जुड़े सभी मौजू सवाल उनके लेखन में विद्यमान हैं, उनका लेखन प्रामाणिक है। उसमें कयास नहीं है, उनका शिल्प सुघड़ है। मोहन राणा ने नयी धरती पर जिन सत्यों को देखा और प्रस्तुत किया है वह अद्भुत है। 'आरगास का कैटलॉग' जैसी कविताएँ उनकी दृष्टि के पैनेपन का प्रमाण है।

संस्कृतियों का अन्तर्द्वन्द्व

नरेश भारतीय द्वारा लिखित 'दिशाएँ बदल गयीं' प्रवासी भारतीयों के बदलते जीवन मूल्यों, टूटते परिवारों, युवा पीढ़ी की आकांक्षाओं, सपनों और भारत से गयी पूरी पीढ़ी के दिवास्वप्न के टूटने का प्रामाणिक दस्तावेज़ है। अठारह अध्याय और एक सौ उनसठ पृष्ठों पर फैली यह पुस्तक उनकी पाँचवीं पुस्तक है। यहाँ यह भी महत्त्वपूर्ण है कि मेरी जानकारी में यह ब्रिटेन के भारतीयों की पृष्ठभूमि पर लिखा हिन्दी में पहला उपन्यास है इस नाते इस उपन्यास का ऐतिहासिक और भाषाई महत्त्व है। हमारे यहाँ तो भारत में महाभारत और रामायण का इतिहास मानते हैं उस वक़्त में यह ब्रिटेन में भारतीय जीवन का प्रमाण इतिहास है इसे प्रकाशित कर राजपाल एंड संस के श्री विश्वनाथ ने अभिनन्दन पूर्ण कार्य किया है।

27 अप्रैल, 2006 को साहित्य अकादेमी में 'अक्षरम्' संस्था की ओर से इस पुस्तक का लोकार्पण कार्यक्रम आयोजित किया गया। कार्यक्रम की अध्यक्षता वरिष्ठ कथाकार महीप सिंह ने की जबकि कार्यक्रम में मुख्य अतिथि के रूप में भारतीय सांस्कृतिक सम्बन्ध परिषद् के श्री पवन वर्मा थे और वक्ताओं में अशोक चक्रधर, बृजेन्द्र त्रिपाठी के साथ मैं भी शामिल था। कार्यक्रम में पुस्तक के माध्यम से दोनों संस्कृतियों के अन्तर्द्वन्द्व पर चर्चा हुई। महीप सिंह संस्कृतियों की परिभाषा से सहमत नहीं थे। उनके विचार से किन अर्थों में मान्यता पश्चिमी संस्कृति में भी बहुत है। शायद भारत से भी ज़्यादा उन्होंने उस तरह की घटनाओं के कुछ उदाहरण भी दिये। पवन वर्मा ने भी संस्कृतियों से जुड़े हुए मौलिक सवाल उठाए! उन्होंने सवाल उठाया कि क्या संस्कृतियों का वर्तमान फ्रेमवर्क रोड मान लिया जाए। उनके विचार से संस्कृतियाँ कोई स्थैतिक संकल्पना नहीं है और अब भारतीय संस्कृति भी वह नहीं है। जो किताबों में बताई जाती

है उन्होंने इस बात को रेखांकित किया कि भाषा का संस्कृति से अटूट सम्बन्ध है। इस सम्बन्ध से उन्होंने वहाँ के निवासियों का उदाहरण भी दिया जो घर में सब अपनी भाषा का प्रयोग करते हैं। उन्होंने कहा कि विदेशों में भी रहने वाले भारतीयों को हम सदा वहाँ के समाज और संस्कृति से घुल–मिलकर रहने को कहते हैं। अशोक चक्रधर ने कहा कि संस्कृतियों से संवाद आवश्यक है। उन्होंने उपन्यासों के चरित्र राजेश और शार्लोट के हाथ मिलाने को संस्कृतियों में सेतु का प्रतीक बताया। बृजेन्द्र त्रिपाठी ने भी संस्कृति विमर्श को इस पुस्तक की विशेषता बताया।

पुस्तक ब्रिटेन में रहने वाले भारतीय परिवार की कहानी है जिसमें एक बुजुर्ग दम्पति राजेश और रूप हैं जिन्होंने सारा जीवन भारतीय आदर्शों के अनुरूप बिताया, पारिवारिक मर्यादाएँ निभाईं, 40 साल ब्रिटेन में रहकर भी भारत को दिल से लगाये रखा, भारत वापस जाने का सपना पाले रखा उनके दो पुत्र हैं–हरीश और संजीव जो ब्रिटेन के टिपिकल टीनएजर हैं। माता–पिता द्वारा उनके जीवन और भविष्य के सरोकारों से भी उन्हें ऐतराज़ है। आज़ादी का अर्थ उनके लिए बुजुर्गों का निरादर करते हुए शराब लेट नाइट पार्टियों और स्वच्छन्दता है। रिजा मेडिकल कैरियर और प्रतिष्ठित नौकरी छोड़कर तेरे बिन क्लब ज्वाइन कर लेता है और वह गीत लिखने को आजीविका बनाने की कोशिश करता है। वही संजीव 17 वर्ष की आयु में घर के बन्धनों से मुक्त होकर घर छोड़ देता है जिसकी घोषणा वह बड़े भाई के जन्मदिन के अवसर पर सब परिजनों के बीच करता है। चन्द वर्षों में ही वह पिता शब्द का अर्थ समझे बिना पिता बन जाता है। और अपने पुत्र परमवीर को काउंसलिंग की सहायता से पलने के लिए छोड़ देता है। परमवीर से जुड़े प्रसंग पुस्तक के सबसे मार्मिक प्रसंग हैं। किताब के टेक्स्ट में कई सब टेक्स्ट हैं। एक सब टेक्स्ट स्त्री विमर्श को लेकर है। एक टेक्स्ट रंगभेद को लेकर भी है। जब एक पोस्ट होने की आड़ में राजेश को त्यागपत्र के लिए मजबूर किया जाता है। वह सरकारी सहायता का अतिरेक होने के कारण उसकी समस्या है। जहाँ मुफ्त सुविधा है वहाँ दुरुपयोग है। वेलफेयर स्टेट के अकाउंट पर सवाल है। ब्रिटेन में सामाजिक सम्बन्धों के ताने–बाने पर सवाल है। हिन्दू–सिख सम्बन्धों पर बहस है, घरेलू हिंसा की घटनाओं का उल्लेख है। कुल मिलाकर जैसे किसी उपन्यास से अपेक्षा की जाती है। इस उपन्यास में ब्रिटेन से भारतीय समाज के बदलते स्वरूप को बड़े फलक पर दिखाया गया है।

नरेश भारतीय ब्रिटेन में हिन्दी लेखक के गौरव हैं। उन्होंने पत्रकारिता, संस्मरण, रिपोर्ताज, वैचारिक लेख और अब उपन्यास लिखकर प्रवासी हिन्दी साहित्य को और भारतीय साहित्य को समृद्ध किया है। अपने इस विचारोत्तेजक उपन्यास से उन्होंने प्रवासी साहित्य और हिन्दी साहित्य में विशिष्ट स्थान बनाया है।

प्रवासी टाइम्स, 2006

जीवन और मृत्यु

ब्रिटेन में न्यू कासल के देवेन्द्र घई ने अपनी मृत्यु की स्थिति में खुली चिता पर अन्तिम संस्कार की अनुमति माँगी थी, जो उन्हें नहीं मिली। देवेन्द्र घई न्यू कासल की सिटी काउंसिल के बाद हाईकोर्ट में भी हार गये पर उनका कहना है कि यह 'जीवन' और 'मृत्यु' का मामला है, वह अपील में जाएँगे। ब्रिटिश कानून में शवदाहगृह से बाहर किसी प्रकार से शव को जलाना आपराधिक माना जाता है। ब्रिटेन के न्याय मन्त्री इसे घृणास्पद मानते हैं। परन्तु हाईकोर्ट ने यह भी कहा है कि मामला सार्वजनिक महत्त्व का है और इसमें अपील की जा सकती है।

पश्चिम में रहने वाले भारतीय अपनी मृत्यु और अन्तिम संस्कार को लेकर एक उलझन में रहते हैं। जीवन भर पश्चिमी ज़िन्दगी जीने वाले भारतीय, मृत्यु के बाद अन्तिम संस्कार भारतीय तरीके से चाहते हैं। मृत्यु को लेकर उनके मन में एक भय बना रहता है कि अगर अन्तिम संस्कार भारतीय तरीके से नहीं हुआ तो...। मुझे तत्काल कई प्रवासी कहानियाँ स्मरण आ रही हैं। सुषम बेदी की 'अवसान' में मृतक का मित्र चर्च में अन्त्येष्टि के समय मृतात्मा की मुक्ति के लिए गीता के श्लोक उच्चारित करता है। दिव्या माथुर की 'अन्तिम तीन दिन' मृत्यु की तैयारी की ग्रेंड रिहर्सल है और तेजेन्द्र शर्मा की 'क़ब्र का मुनाफ़ा' में क़ब्र की पहले बुकिंग की ज़रूरत और पश्चिमी समाज के ऐसे आयोजन में भी मुनाफ़े की सम्भावना टटोलने पर व्यंग्य है। सत्येन्द्र श्रीवास्तव का कविता संग्रह 'आज स्थिर है ज्वार' में भी मृत्युबोध की कविताएँ हैं। प्रवासी साहित्य में मृत्यु और अन्तिम संस्कार को लेकर इतनी चिन्ता और सरोकार क्यों है?

मेरे माता–पिता मेरे पास रहने के लिए 2002 में इंगलैंड आये थे। पड़ोस में एक मृत्यु हुई और शव को कई दिन तक अस्पताल में रखा गया और उसके पश्चात विद्युत शवदाहगृह में उसकी अन्त्येष्टि की गयी।

इस घटना से वे विचलित हो गये। कहीं हमारी यहाँ मृत्यु हो गयी तो क्या हम भी इसी तरह...! वे जल्द ही भारत लौट आये। भारत लौटने की उनकी जल्दी के पीछे कुछ ऐसे ही संशय और भय थे। इसको पश्चिम नहीं समझ सकता। उसे चिता पर शव को जलाना आपराधिक, जंगली और घृणास्पद लग सकता है, पर भारतीयों को उनकी यह सोच अपनी जीवन पद्धति औरों पर थोपना, बाकी धर्मों और देशों के लोगों को दूसरे दर्जे का मानना और अपनी इच्छा से अन्तिम संस्कार की छूट ना देना लग सकती है। देवेन्द्र घई इसे 'जीवन' और 'मृत्यु' का मामला मानते हैं और अपील की तैयारी में हैं। जब भारतीय अपने तरह से जी रहे हैं तो अपने तरीके से अन्तिम संस्कार का हक माँगना क्या गलत है?

प्रवासी टुडे, जून 2009

ऐसा भारत प्रेम

प्रवासी कवयित्री पुष्पिता की कविताओं की अनूदित पुस्तक 'देववृक्ष' के लोकार्पण का कार्यक्रम चल रहा था। सबसे पहले अनुवादिका मधु जोशी ने कविताओं के चयन का आधार बताया और अनुवाद प्रक्रिया की चर्चा की। उसके पश्चात हिन्दी में पुष्पिता द्वारा व अंग्रेज़ी में अनुवादिका द्वारा काव्यपाठ हुआ। दो अलग भाषाएँ अपनी अर्थछटाओं से रस की सृष्टि कर रही थीं। ऐसी अद्‌भुत कविताएँ! ऐसा सुन्दर अनुवाद!

इसके बाद काव्य पाठ प्रारम्भ हुआ। सबने अपनी प्रतिनिधि रचनाओं या ताज़ी रचनाओं को सुनाया। कार्यक्रम समाप्ति पर था। मैं संचाल्रन कर रहा था। मुझे सूझा कि क्यों न हम पुष्पिता जी के पति भगवान खुनखुन से कुछ कहने का आग्रह करें। उनका जन्म सूरीनाम में हुआ था और इस समय हालैंड में रह रहे हैं।

सूरीनाम को लेकर कई चर्चाओं में भाग लेने का और सुनने का मौक़ा मिला है। विद्वत्तापूर्ण आलेख और विश्लेषणात्मक टिप्पणियाँ सुनी हैं; पर यह अभिव्यक्ति कुछ अलग थी। उन्होंने अपने भारत प्रेम के बारे में बताया। वे मूल रूप से अयोध्या के हैं। उन्होंने भावुकता के साथ अपनी अयोध्या यात्रा के बारे में बताया। अपने बचपन के बारे में बताया। पिता स्वयं हिन्दी के कवि थे। भारत से जुड़ी एक पुस्तक समाप्त होती, पिता दूसरी आगे रख देते, आज से यह शुरू। भक्ति सागर समाप्त तो रामचरित मानस शुरू। बचपन और युवावस्था में हज़ारों साल भारत से दूर रहकर भी आत्मिक रूप से भारत की गोदी में रहकर बीता। सूरीनाम से हिन्दी के कम होते जाने की चिन्ता इतनी अधिक कि लाखों रुपये लगाकर सूरीनाम में बहुत बड़ा स्कूल बनाया। चिन्ता हिन्दी की, देवनागरी लिपि को बचाने की।

भारत की बात करो तो विचलित हो जाते हैं। भारत में भ्रष्टाचार

को देखकर, ब्यूरोक्रेसी को देखकर। सामाजिक जीवन को देखकर। सामाजिक व्यवस्थाओं को देखकर। उनके बोलने में कोई बनावटीपन, आर्टिकुलेशन नहीं था। सादगी थी, पीड़ा थी जो भारत को लेकर भारतीयों में भी नहीं मिलती। अपनी भाषा और संस्कृति के लिए कुछ करने का संकल्प था। लोग उनसे कहते है कि आप अपना पैसा क्यों लुटा रहे हो। वे कहते पैसा ईश्वर ने दिया है और पैसे का भाषा और संस्कृति की सेवा से बेहतर क्या उपयोग हो सकता है!

मैं पी. आई. ओ. और एन. आर. आई. के बीच के फ़र्क़ के बारे में सोचने लगा। एन. आर. आई. वे हैं जो काफ़ी समय हिन्दुस्तान गुजार कर युवावस्था में कैरियर की तलाश में विदेश गये और पी. आई. ओ. मज़दूरों की तरह ले जाए गये। सब विपत्तियाँ और नारकीय जीवन सहकर उन्होंने तुलसी के गुटके के सहारे अपने को भारत और उसकी संस्कृति से जोड़े रखा। आज चर्चा के केन्द्र में एन. आर. आई. हैं क्योंकि वे ब्रिटेन, अमेरिका और कनाडा जैसे देशों से हैं जबकि पी. आई. ओ. देश इतने अमीर नहीं हैं। पर सैकड़ों वर्ष पूर्व भारत से गये इन पी. आई. ओ. देशों के नागरिकों में जो भारतीयता है, वह भारत में रहने वालों में नहीं। भारत से उनका गर्भनाल सम्बन्ध है। वे एफ. डी. आई. जैसे जुमलों से बाहर रहकर भारत के प्रति एकनिष्ठ समर्पण के कारण भारत की सन्तान हैं। उनके जीवन भारतीयता के प्रतीक हैं। भारत की इन समर्पित सन्तानों को प्रणाम।

प्रवासी भारतीय और भारत में भ्रष्टाचार के ख़िलाफ़ मुहिम

प्रवासी भारतीय भारत से इस आत्मीयता से जुड़े हैं कि उनके सुख–दुख, चिन्ता, सरोकार का विषय भारत है। एक विकसित, सुव्यवस्थित, भ्रष्टाचार रहित देश में रहने वाले और सार्वजनिक जीवन के उच्च मानकों का पालन करने वाले यह प्रवासी भारत में आते हैं और हर स्तर पर भ्रष्टाचार देखते हैं तो खिन्न हो जाते हैं। डॉ. सत्येन्द्र श्रीवास्तव की कविता 'बार–बार भारत' में वे लिखते हैं :

उन्हें लगता है कि भारत के लोग
अपने देश की आन्तरिक शक्ति को नहीं पहचानते
कि जिस भारतवासी के मुँह में पैसे का गोश्त लग जाता है
वह अपने देश की आत्मा को
फेरो राजा–रानियों की तरह तहखानों में गाड़ देता है

....

ऐसे कितने बिन्दुओं पर
उनकी सारी रोमांटिक भावनाएँ
भारत देश और वहाँ के लोगों के प्रति मिटती रहीं, और
वह महान देश उन्हें सारे जहाँ से अच्छा नहीं लगा

एक विकासशील, गतिशील, भ्रष्टाचार–मुक्त भारत उन्हें अपने देश में गर्व से जीने का अवसर प्रदान करता है। वह एक रेफरेंस प्वाइंट है। इसी दृष्टि से भारत में भ्रष्टाचार के ख़िलाफ़ आन्दोलन शुरू होते ही उसकी सुगबुगाहट विदेशों में भी प्रारम्भ हो गयी। अमेरिका में दांडी मार्च निकाला गया। बाबा रामदेव के पतंजलि योगपीठ की शाखाएँ दुनिया भर में सक्रिय हो गयीं। सोशल मीडिया साइट तो प्रवासियों की शक्ति है ही।

इस प्रकार भारत में चल रही मुहिम को अन्तर्राष्ट्रीय आयाम मिला। यद्यपि यह भी सही है कि इन समर्थकों ने इन आन्दोलनों की सीमाओं को नहीं समझा।

परन्तु इन आन्दोलनों को प्रवासियों द्वारा दिये समर्थन से स्पष्ट है कि वे भारत के महाशक्ति बनने के रास्ते में आने वाली किसी बाधा को देखना नहीं चाहते। वे चाहते हैं कि भारत में व्यवस्थागत सुधार हों। भारत में लोकपाल, विजिलेंस कमीशन, न्यायपालिका, संसद इत्यादि प्रभावी रूप से अपना काम करें और शक्तिशाली कारपोरेट लाबियों के दबाव में ना आएँ। वे इस देश के नागरिक ना हों पर देश के विकास से उनका गहरा सरोकार है। उनकी आवाज़ को उठाने के लिए एक सही मंच की आवश्यकता है। अब भौगोलिक सीमाएँ टूट रही हैं। ऐसे में हमें ऐसे संस्थान खड़े करने होंगे जो उन्हें अपनी आवाज़ को रखने का उपयुक्त मंच प्रदान कर सकें। प्रवासी भारतीय दिवस एक शुरुआत भर है। ऐसे कई और संस्थानों के विकास से निश्चित रूप से इन सम्बन्धों को मज़बूती मिलेगी।

भरतपुर में नहीं जयपुर में उतरेंगे प्रवासी पंछी

भरतपुर में हर वर्ष साइबेरिया से पंछी आते हैं। उनका एक निश्चित समय होता है। उसी तरह प्रवासी पंछियों का भी भारत में आने का समय तय हो गया है। दिसम्बर में क्रिसमस की छुट्टियाँ होते ही यह प्रवासी पंछी अपने देश–भारत में आने के लिए तत्पर हो जाते हैं। भारत सरकार ने हर वर्ष 7 से 9 जनवरी तक प्रवासी भारतीय समारोह आयोजित कर इसे संस्थागत रूप दे दिया है। यह बड़ी अच्छी बात है कि इस बार प्रवासी भारतीय दिवस पर ग्लोबल भारत के सम्बन्ध में समावेशी सोच की बात की जा रही है और जल व ऊर्जा पर चर्चा को केन्द्रित किया गया है। इससे प्रवासी निवेश का लाभ भारत के दूरस्थ स्थानों को भी मिलेगा। इसी प्रकार राजस्थान में निवेश सम्बन्धी अवसरों पर केन्द्रित कर सरकार राजस्थान जैसे पर्यटन के लिए महत्त्वपूर्ण प्रदेश को प्रोत्साहित करने का प्रयास कर रही है जो बहुत ही प्रशंसनीय है। राजस्थान में भारत की जीवन्त संस्कृति है। जयपुर, अजमेर, उदयपुर, जोधपुर, भरतपुर जैसे स्थान लाखों की संख्या में पर्यटकों को आकर्षित कर सकते हैं। इन कार्यक्रमों का एक निश्चित स्वरूप बनता जा रहा है जिसमें हर वर्ष के अनुभव और प्रयोगों के आधार पर परिवर्तन किया जाता रहा है। इस बार यह कार्यक्रम अत्यन्त सफल रहेगा ऐसी आशा की जानी चाहिए।

बिहार में ग्लोबल मीट का दुबारा होना भी प्रशंसनीय है। मुझे वर्ष 2007 की बिहार में आयोजित ग्लोबल मीट में भाग लेने का अवसर मिला था। वह नीतिश कुमार के कार्यकाल की शुरुआत थी, आज वह विकास के पर्याय बन चुके हैं। दूसरा, उत्तर भारत के विदेश गये प्रवासियों में से सबसे ज़्यादा प्रवासी बिहार के हैं। बिहार के विकास में प्रवासी बिहारी बहुत बड़ी भूमिका अदा कर सकते हैं। यह कार्यक्रम फ़रवरी में आयोजित किया जा रहा है। यह कार्यक्रम अत्यन्त सफल व उपयोगी रहेगा–हमारी शुभकामनाएँ।

पिछले 10 वर्षों से 'प्रवासी टुडे' व 'अक्षरम्' भी प्रवासी भारतीयों को जोड़ने का कार्य कर रहे हैं। हमारे प्रयास मुख्य रूप से सामाजिक, सांस्कृतिक, साहित्यिक स्तर पर रहे हैं। पिछले 10 वर्षों से चल रहे अन्तर्राष्ट्रीय हिन्दी उत्सव के माध्यम से कई प्रवासी साहित्यकारों को पहचान मिली है। यहाँ तक कि प्रवासी साहित्य हिन्दी साहित्य की मुख्य धारा का अंग बन गया है। 'प्रवासी टुडे' द्वारा वर्ष 2010 में आयोजित प्रवासी फ़िल्म उत्सव को मिली व्यापक सफलता से प्रवासी फ़िल्मकारों को बहुत प्रोत्साहन मिला। इसी कड़ी में दिनांक 10 से 12 जनवरी 2012 को दिल्ली में भारतीय सांस्कृतिक सम्बन्ध परिषद् के सहयोग से एक साहित्यिक–सांस्कृतिक उत्सव का आयोजन किया जा रहा है।

रामायण की अन्तर्राष्ट्रीयता : सन्दर्भ फीजी का

हाल में ही फीजी में भारतीय उच्चायोग ने फीजी सेवाश्रम संघ और फीजी के शिक्षा और विरासत मन्त्रालय से मिलकर अन्तर्राष्ट्रीय रामायण सम्मेलन का आयोजन किया। सम्मेलन का उद्‌घाटन फीजी के कार्यवाहक प्रधानमन्त्री श्री अय्याज ख्यूयम ने किया। शिक्षा, स्वास्थ्य, इनफ्रास्ट्रक्चर, महिला एवं गरीबी उन्मूलन मंत्रियों ने भाग लिया। सम्मेलन में 8 देशों–भारत, फीजी, मॉरिशस, त्रिनिदाद, गुयाना, ऑस्ट्रेलिया, न्यूजीलैंड, मलेशिया से आए 25 विद्वानों ने भाग लिया। इनमें संकल्प से जुड़े रहे नरेन्द्र कोहली, डॉ. सीतेश आलोक, सरोज बाला, मल्लिकार्जुन राव शामिल थे। इस अवसर पर अयोध्या से रामलीला के दल को आमंत्रित किया गया था। जिसने कई नगरों में प्रस्तुति की। इसे हज़ारों लोगों ने देखा। इसी कड़ी में भारतीय उच्चायोग ने रामायण के राम श्री अरुण गोविल को भी फीजी में आमंत्रित किया था जिनके अभिनय को देखने के लिए हज़ारों लोग उमड़ पड़े। सवाल यह है कि भारतीय संस्कृति की प्रतिष्ठा के लिए मानस (रामायण) पर इतना ज़ोर क्यों?

फीजी में रामायण की विशिष्ट परम्परा है। यह परम्परा भारत से आयी है, पर कई अर्थों में भारत से भी समृद्ध है। 1879 में जब लियोनीदास जहाज़ से भारत के शर्तबन्द–गिरमिटिया मज़दूरों ने आना शुरू किया तो उनके पास कोई सामाजिक–सांस्कृतिक–धार्मिक नेतृत्व नहीं था। अपढ़ता के कारण वे वेद, उपनिषद्, गीता आदि ग्रन्थों का परायण नहीं कर सकते थे। उनको गहराई में नहीं समझ सकते थे। उनके साथ विद्वान और धार्मिक–सांस्कृतिक नेता नहीं थे, जो उन्हें देश से हज़ारों किलोमीटर दूर नेतृत्व प्रदान करते। ऐसे में उन्होंने रामचरितमानस का सहारा लिया। यद्यपि वे भारत के कई प्रान्तों से आये थे पर सम्पर्क भाषा के रूप में उन्होंने हिन्दी को अपनाया। हिन्दी के सर्वश्रेष्ठ ग्रन्थ रामचरितमानस को

उन्होंने सामाजिक–सांस्कृतिक जीवन का आधार बनाया।

उनको ऐसा लगा कि उनकी स्थितियों और चरित्रों में और रामकथा की स्थितियों और चरित्रों में बहुत समानता है। वे भी राम की तरह बनवासी हैं। मन में आशा थी कि उनका बनवास भी राम की तरह कभी पूरा होगा और वे गिरमिट काट कर किसी दिन भारत जाएँगे। उपनिवेशवादियों का व्यवहार रावण की तरह अत्याचारी का सा था। मेहनत के काम कराना, गालियाँ देना, दुत्कारना, अपमानित करना। राम की मित्रता सुग्रीव से थी। ऐसी ही मित्रता शायद उन्होंने यहाँ के फीजीयन समाज में ढूँढ़ी। महिलाओं ने सीता के दुख को अपना सा दुख माना और लंका में रह कर सुख के दिनों का इन्तज़ार किया। यह उन्हें सुख के समय में आनन्द देती थी और दुख में दिलासा। इसकी भाषा एक बोली थी–संस्कृत नहीं जिसे आसानी से समझा जा सकता था। यह छन्दबद्ध थी जिसे गाया जा सकता था। गायन से संगीत जुड़ा है और हारमोनियम, ढोलक के स्वर बजते ही जीवन की कटु वास्तविकताओं को भुलाकर, पौराणिक ग्रन्थों के आलोक में जीवन को एक दुखद कथा से सुखद कथा में मानसिक रूप से बदला जा सकता है।

हमने भी भारत में रामकथा पढ़ी, तुलसी के कवित्व का आनन्द लिया। समकालीन लेखकों डॉ. नरेन्द्र कोहली, डॉ. सीतेश आलोक, डॉ. सूर्यकान्त बाली आदि के माध्यम से उनके जीवन को समकालीन दृष्टि से देखा। अपनी आध्यात्मिक समृद्धि के लिए उसका उपयोग किया। भारतीय समाज में मूल्यों, मर्यादाओं, सांस्कृतिक प्रवाह को समझने के लिए उसका उपयोग किया। पर फीजी में उसका उपयोग केवल लोकोत्तर नहीं था। यहाँ तो मान, सामाजिक–सांस्कृतिक–धार्मिक जीवन का आधार बना। कुछ अर्थों में रामचरितमानस यहाँ के लिए कुरान–बाइबल की तरह थी, जो कई अर्थों में अपने समाजों में सामाजिक जीवन का आधार थे। हर समस्या के लिए यहाँ के निवासियों के पास गुटका था–मानस उनके लिए कुरान, बाइबल थी। नियम, कानून, मर्यादाएँ, मूल्य, रीति–रिवाज सबका आधार रामचरितमानस बनी। इस पुस्तक ने सामाजिक–सांस्कृतिक नेतृत्व के अभाव को अपनी तरह से पूरा किया।

मानस के पाठ और गायन के लिए रामायण मंडलियाँ बनीं। फीजी में 2000 से अधिक रामायण मंडलियाँ हैं। यह किसी के घर पर भी सप्ताह में एक बार इकट्ठे होती थीं। सब लोग मिलकर मानस का पाठ करते थे।

गाना–बजाना बच्चों को भी अच्छा लगता। उनकी ट्रेनिंग आमतौर पर ढोलक से शुरू होती। पर बात होती तो सिर्फ़ पाठ तक नहीं रुकती। मिल की स्थितियाँ, खेतों में दुर्व्यवहार, सामाजिक–आर्थिक मुद्दे, भारत की बातें, बच्चों का भविष्य बात वहाँ तक जाती। बहुत चीज़ें थीं जो अंग्रेज़ों के राज में नहीं की जा सकती थीं, पर शिक्षा की माँग को इंकार करना मुश्किल था। यहाँ से रामायण मंडलियाँ शिक्षा संस्थाओं में बदलने लगीं। आज का प्रमुख सरस्वती कॉलेज ऐसी ही रामायण मंडलियों के प्रयासों का परिणाम है। इन मंडलियों ने पहले मन्दिर बनाये और उन्हीं मन्दिरों में धीरे–धीरे स्कूल चलाने शुरू किये। आज भी ज़्यादातर स्कूलों में मन्दिर का होना इसी परम्परा का नतीजा है। भारतीय समाज ने सदा से शिक्षा को महत्त्व दिया है। सनातन सभा के एक वरिष्ठ पदाधिकारी ने मुझे बताया कि लोगों के पास पैसे नहीं थे तो उनके खेतों में जो होता था वही दे देते थे। ऐसे ही चावल, सब्ज़ी इत्यादि इकट्ठा कर उन्हें बेच कर स्कूलों का निर्माण किया गया। एक–दो पीढ़ी के जाते–जाते भारतीय मूल के फीजी समाज में शिक्षित नेतृत्व सामने आ गया था और बीसवीं शताब्दी के दूसरे–तीसरे दशक तक आते–आते इस पीढ़ी ने स्वतन्त्रता और सबको मताधिकार की माँग ज़ोर–शोर से उठानी शुरू कर दी थी। रामायण की यह यात्रा धार्मिक और सांस्कृतिक प्रतीकों के रचनात्मक उपयोग का बेहतरीन उदाहरण है।

फीजी में जो भारतीय आये उनमें महिलाओं का अनुपात बहुत कम था। रहने की जो स्थितियाँ थीं वे इस प्रकार की थीं, कि सामान्य विवाहित जीवन को निभाना बड़ा मुश्किल था। दीनबन्धु एंड्रयूज़ ने समाज के अनैतिक स्वरों का उल्लेख करते हुए गिरमिट को समाप्त करने की सिफ़ारिश की थी। आज धार्मिकता, सांस्कृतिक धरोहर और भाषायी विरासत की दृष्टि से देखें तो वह त्रिनिदाद, मॉरिशस, सूरीनाम, गुयाना आदि से आगे दिखाई देता है। एक ऐसा समाज जिसमें नैतिक जीवन के आधार बहुत सुदृढ़ नहीं थे, से एक अत्यन्त सुसंस्कृत समाज में परिवर्तन के इस चमत्कार का रहस्य मानस में छुपा है।

फीजी में हिन्दी की विरासत की बहुत चर्चा होती थी। डायसपोरा देशों में सिर्फ़ फीजी ही है जहाँ हिन्दी जीवन्त भाषा के रूप में उपयोग की जाती है। गाँव, बाज़ार, बस अड्डे, सब्ज़ी बाज़ार हिन्दी का बोलबाला है। मैं स्वयं सैकड़ों ऐसे लोगों से मिला हूँ जिन्होंने बताया कि उनकी हिन्दी में रुचि का एकमात्र कारण रामायण ही है। जब वे बड़ी संख्या

में लोगों को हिन्दी में मानस का आनन्द उठाते, गाते–बजाते देखते तो सोचते इस ग्रन्थ की भाषा को तो सीखना चाहिए। बाकी काम हिन्दी का अख़बार शान्तिदूत पूरा कर देता, तो फीजी में हिन्दी के विस्तार में मानस का बहुत योगदान है।

किस श्रद्धा भाव से फीजी में मानस को लिया गया उसका एक उदाहरण दिया जाए तो समझने में आसानी होगी। विद्वान श्री मारकंड भट्ट एक उदाहरण देते हैं। आप फीजी में जहाँ भी जाएँ देखेंगे कि मन्दिर घर के बाहर है, घर के अन्दर नहीं। ऐसा क्यों? सुन्दरकांड में एक पंक्ति आती है, हरि मन्दिर तहँ भिन्न बनावा। यह विभीषण के सन्दर्भ में है कि उसके घर का मन्दिर अन्य लंकावासियों से भिन्न है। यही अर्थ निकलता है। पर यहाँ उसका अर्थ किया गया कि मन्दिर घर से भिन्न होना चाहिए। यही कारण है कि यहाँ मन्दिर घर से बाहर बनाये जाते हैं, घर में नहीं। इसी प्रकार के बहुत से उदाहरण बताते हैं कि आस्था के स्तर पर रामायण ने लोगों को कहाँ तक छुआ है। फीजी में आरती के रूप में ओम जय जगदीश हरे से ज़्यादा रामायण की आरती लोकप्रिय है, जो प्रत्येक कार्यक्रम में गायी जाती है। फीजी में सौ से अधिक वर्षों से कोर्ट में शपथ के लिए हिन्दू रामायण का उपयोग करते हैं। वर्ष 2000 में डॉ. महेन्द्र चौधरी ने रामायण पर हाथ रख प्रधानमन्त्री पद की शपथ ली थी।

एक पुस्तक व्यक्ति और समाज के जीवन में क्या भूमिका अदा कर सकती है। उसका उदाहरण मानस है। भारत से हज़ारों किलोमीटर दूर लाखों लोगों के जीवन में इसकी भूमिका यह बताती है कि विश्व का सबसे लोकप्रिय काव्य मानस है, कई शताब्दियों तक सारे विश्व में अपनी कविता का लोहा मनवाने वाला कवि तुलसी है और गुरु ग्रन्थ साहब, कुरान, बाइबल की तरह मानस को आधार बना अपना सामाजिक–सांस्कृतिक जीवन विकसित करने वाला देश फीजी है। यहाँ पर रहने वाले भारतीय मूल के विकास में मानस का अनन्य योगदान है। सामूहिक अवचेतन (Collective memory), सांस्कृतिक पहचान (Cultural Identities), कथा का विन्यास (Narrative Constructions) की दृष्टि से फीजी का भारतीय समाज काफ़ी हद तक रामायण से एकाकार है।

पेसिफिक में हिन्दी सिनेमा : ये रोहित कौन है?

हाल ही में फीजी फ़िल्म फेस्टिवल हुआ। लोगों की भारी भीड़ थी। राष्ट्रपति स्वयं उद्घाटन करने आये थे। फेस्टिवल में भारतीय फ़िल्मों का एक वर्ग था। फ़िल्म समारोह का उद्घाटन फीजी के राष्ट्रपति ने किया। भारी भीड़ थी। ये लोग समारोह की फ़िल्में देखनें में रुचि रखते ही थे। परन्तु भीड़ का मुख्य कारण था सलमान खान की फ़िल्म 'बजरंगी भाईजान' का प्रीमियर। भारतीय फ़िल्मों के अन्य सितारों की तरह सलमान यहाँ भी बहुत लोकप्रिय हैं। समारोह से पहले जलपान पर चर्चा हो रही थी। राष्ट्रपति महोदय से भारतीय फ़िल्मों की बात हुई। उन्होंने कहा कि भारतीय फ़िल्में पैसिफिक में लोकप्रिय हैं और वे इसलिए लोकप्रिय हैं क्योंकि उन्हें समूचा परिवार बैठकर इकट्ठा देख सकता है। पारिवारिक मूल्य, जड़ों से जुड़ाव, रिश्तों का महत्त्व, संगीत, नृत्य की बीट ये सब ऐसी चीज़े हैं जिनके कारण बॉलीवुड फ़िल्में फीजी में बहुत लोकप्रिय हैं।

लेकिन यह स्थिति सिर्फ़ फीजी में नहीं है। पूरे प्रशान्त में यही स्थिति है। अभी हाल में ही मैं किरीबास किया। किरीबास में भारतीय मूल के लोग लगभग नहीं के बराबर हैं। कोई दस–बीस होंगे। मेरे साथ फीजी में भारतीय सांस्कृतिक केन्द्र के निदेशक श्री कृष्णलाल कनौजिया भी थे। हम लोग समुद्र तट पर फ़ोटो खींच रहे थे। इतने में एक साइकिल पर कुछ लड़के आये। हमने सोचा साइकिल पर बैठने से फ़ोटो में कुछ विचित्रता आएगी। हम लोग साइकिल पर बैठकर फ़ोटो खिंचवा रहे थे कि पीछे से आवाज़ आयी–राहुल और रोहित। सभी हँस पड़े। हम दोनों रोहित और राहुल को नहीं जानते थे। हम लोग जिस होटल में रुके थे वहाँ से वापसी पर होटल स्टाफ की एक लड़की से बात हुई। उसने कहा कि यहाँ हम सब बॉलीवुड की फ़िल्में ख़ूब देखते हैं। उनके गाने और डांस बहुत पसन्द आते हैं। किरीबास में ए.एन.जेड. बैंक की तरफ़

से आईडोल कंपीटिशन होता है। उसमें दूसरा स्थान प्राप्त करने वाला लड़का पहले भारतीय मूल की कम्पनी पुंजास में काम करता था। उसका एक ही शौक़ था हिन्दी फ़िल्मों के गाने गाना। उसके मंच पर लटकों–झटकों में सब शाहरुख खान की झलक थी। मंच पर आकर उसने गाना गाया–गोरों की ना कालों की, दुनिया है दिलवालों की। लोग थिरकने लगे। उसी प्रकार वहाँ की एक युवा लड़की से बात करने पर उसने कहा कि हमारे घरवाले हमें हॉलीवुड फ़िल्में देखने की अनुमति नहीं देते चूँकि उसमें किस सीन बहुत होते हैं। वह इशारों में अपनी बात कह रही थी। परन्तु उसने शिकायत की अब भारतीय फ़िल्मों विशेषकर गानों में बहुत अश्लीलता आने लगी है। उसका कहना था कि हॉलीवुड की फ़िल्मों में इतना एक्शन, इतनी हत्याएँ और इतना सैक्स होता है कि यहाँ के लोग हिन्दी फ़िल्में पसन्द करते हैं।

किरीबास में बॉलीवुड के चाहने वालों के लिए एक रोचक कहानी भी है–यह कहानी वहाँ बहुत प्रचलित है। 90 के दशक में बॉलीवुड वहाँ बहुत लोकप्रिय था। दो युवा–एक लड़का और एक लड़की सार्वजनिक कार्यक्रमों में बॉलीवुड नृत्य करते थे। लोग उनका नृत्य बहुत पसन्द करते थे। उन्हें कार्यक्रमों में ख़ूब बुलाया जाता। दोनों बहुत सुन्दर थे और नृत्य तो उनका अदभुत था। पर किरीबास एक पारम्परिक समाज है। शायद उनका प्रेम परवान नहीं चढ़ पाया। दोनों की मृत्यु हो गयी। वो आत्महत्या थी या प्राकृतिक मौत। ज़्यादातर लोग नहीं जानते। किरीबास छोटा–सा द्वीप है सब ने उनकी अनुपस्थिति को महसूस किया। लोगों ने उसका सम्बन्ध उनके भावुक होने से जोड़ा और भावुक होने को बॉलीवुड फ़िल्मों से। फिर काफ़ी वर्षों तक वहाँ के माता–पिता अपने बच्चों को बॉलीवुड फ़िल्में दिखाने से डरते रहे।

अब सवाल है कि कौन–सी फ़िल्में पसन्द करते हैं यहाँ के लोग। होटल में फिर हमने ये सवाल किया। सबसे लोकप्रिय फ़िल्में थीं कुच कुच होता (कुछ कुछ होता है), कहो ना प्यार है। गाने आप गैस करें–नहीं कर पाएँगे। आजकल तेरे मेरे प्यार के चर्चे, या जिमी जिमी आजा आजा–इन गानों में कुछ खास बात है। लेकिन रोहित वाली पहेली का अभी भी समाधान नहीं हुआ ना। मुझे भी नहीं पता था। मैं भी बहुत फ़िल्में नहीं देखता। मेरा गैस शाहरुख खान था। मुझे पता नहीं चला। एक बार कार में किरीबास के विदेश मन्त्रालय की प्रोटोकाल आफिसर से बात

कर रहा था, हिन्दी फ़िल्मों के बारे में। वह कुछ रुचि लेकर कुछ अनमने ढंग से उत्तर दे रही थी। इतने में मैंने रोहित का ज़िक्र किया। उसकी प्रतिक्रिया ठहाके के साथ बड़ी भावपूर्ण थी। आँखों में रोहित के लिए असीम लगाव। तो फिर रोहित कौन है। जी हाँ–ये रोहित है, 'कोई मिल गया' के ऋतिक रोशन। जिनकी सुन्दर देह यष्टि, अद्‌भुत नृत्य अभिनय और अदा भारत से हज़ारों किलोमीटर दूर इतनी लोकप्रिय है कि वह वहाँ सबसे लोकप्रिय भारतीय है।

वहाँ के राष्ट्रपति भारत के हाई कमिश्नर के किरीबास आगमन पर विशेष रूप से प्रसन्न थे। उन्होंने दोपहर को औपचारिक पद ग्रहण (एक्रीडेशन) के बाद शाम को स्वतन्त्रता दिवस समारोह में आने का निमन्त्रण दिया। कहा शाम को आपके लिए एक सस्पेंस है। शाम के समय पूरे किरीबास के महत्त्वपूर्ण लोगों और राजदूतों और अन्य विशिष्ट अतिथियों के सामने वह सस्पेंस खुला। इस स्वतन्त्रता दिवस समारोह में उन्होंने विशेष रूप से बॉलीवुड के एक डांस ग्रुप की प्रस्तुति तैयार की थी। सभी लोगों ने कार्यक्रम का बहुत आनन्द लिया।

फीजी में हिन्दी फ़िल्में 1930 के दशक से लोकप्रिय हैं। तब से गाँव के छोटे–छोटे झोंपड़ों में राधा–कृष्ण, राम और शिव के साथ धर्मेन्द्र, देवानन्द और दिलीप कुमार के फ़ोटो लगते थे। फिर अमिताभ बच्चन का युग आया और अब तो खान बन्धुओं की बारी है। चालीस–पचास के दशक से नाम रखने में हिन्दी फ़िल्मी सितारे पहली पसन्द होते थे।

यह सिर्फ़ फीजी में नहीं है। आपको यह जानकर आश्चर्य होगा कि पैसिफिक के कई देशों में बॉलीवुड लोकप्रिय है। उसके कारण हिन्दी, भारत और भारतीयता को भी इन देशों में भारत से हज़ारों किलोमीटर दूर एक पहचान मिली है। एक द्वीपीय देश है किरीबास। आपको यह जानकर हैरानी होगी कि किस भारतीय नाम को वहाँ सबसे ज़्यादा जाना जाता है–अन्दाज़ा लगाइए। कोई भी अन्दाज़ा गलत होगा। किरीबास में मुझे देखकर जब किसी किरीबास वासी ने रोहित कहा तो मुझे आश्चर्य हुआ। मुझे तब तक पता नहीं था कि रोहित कौन है। फिर मैंने जानकारी निकाली तो पता चला कि 'कोई मिल गया' फ़िल्म में ऋतिक रोशन ने रोहित की भूमिका की है। शाहरुख खान भी लोकप्रिय हैं। उनसे पूछो कि कौन–सी फ़िल्म पसन्द है तो वे बताएँगे कुच कुच यानी 'कुछ कुछ होता है'। यहाँ तक कि किरीबास में एक कहानी बहुत लोकप्रिय है कभी वहाँ

बॉलीवुड बहुत लोकप्रिय होता था और एक लड़का व एक लड़की विभिन्न कार्यक्रमो में बॉलीवुड नृत्य प्रस्तुत करते थे। पार्टियों की जान थे। सभी उन्हें बुलाते और पसन्द करते थे। परन्तु ना जाने क्या हुआ कि उन्होंने आत्महत्या कर ली। इससे वहाँ के लोगों को बहुत धक्का लगा। कुछ लोगों ने सोचा कि यह फ़िल्में बहुत भावुक होती हैं। आज भी बॉलीवुड फ़िल्में लोकप्रिय हैं।

हिन्दी ज्ञान प्रतियोगिता : संकल्पना से सफलता तक

वर्ष 2000 में मैंने हिन्दी और संस्कृति अधिकारी के रूप में भारतीय उच्चायोग, लन्दन में कार्यभार ग्रहण किया। एक वर्ष पहले ही लन्दन में विश्व हिन्दी सम्मेलन का आयोजन हो चुका था। ब्रिटेन हिन्दीमय था। सम्भवतः यह पहला सम्मेलन था जिसका पूर्ण संयोजन डॉ. पद्मेश गुप्त के नेतृत्व में गठित स्वैच्छिक संस्थाओं की टीम ने किया था। 1999 के विश्व हिन्दी सम्मेलन की नींव डॉ. लक्ष्मीमल्ल सिंघवी के कार्यकाल में पड़ गयी थी। नब्बे के दशक में डॉ. सिंघवी के कार्यकाल में हिन्दी साहित्य विशेषकर कविता के लिए कई महत्त्वपूर्ण पहल की गयीं। अन्तर्राष्ट्रीय कवि सम्मेलनों की परम्परा उन्होंने प्रारम्भ की जिसके चलते हिन्दी के सभी शीर्षस्थ कवियों को ब्रिटेन में कविता पाठ का और ब्रिटेन के सुरुचिपूर्ण श्रोताओं को अच्छी कविता का आनन्द मिला। मुझे लगा कि यह काम तो गति पकड़ चुका है, क्यों ना हम नयी पीढ़ी को हिन्दी से जोड़ने के लिए कोई और पहल करें।

हमने हिन्दी परामर्श मंडल का गठन किया। इसमें डॉ. पद्मेश गुप्त, डॉ. सत्येन्द्र श्रीवास्तव, वेद मोहला, नरेश भारतीय, दिव्या माथुर, श्री के.बी.एल. सक्सेना, श्रीमती उषा राजे सक्सेना इत्यादि थे। कार्यक्रम के संगठनात्मक पहलुओं की ज़िम्मेदारी पद्मेश गुप्त ने सँभाली तो अकादमिक पक्ष वेद मोहला जी ने। पहला कार्यक्रम आर्य समाज मन्दिर, ईलिंग में श्री रामचन्द्र शास्त्री के सहयोग से किया गया। मुझे ध्यान है वह बरसात का दिन था, सड़कें सुनसान थीं। मैं और पद्मेश गुप्त कार में जाते हुए संख्या और कार्यक्रम की सफलता को लेकर काफ़ी आशंकित थे परन्तु सभागार के पास पहुँचते ही देखा कारों की लम्बी क़तारें थीं। लोग अपने बच्चों को लेकर भाषण प्रतियोगिता की तैयारी कर रहे थे। मुख्य अतिथि नेहरू केन्द्र के निदेशक पवन वर्मा थे। हिन्दी में बोलते,

गाते, नाटक करते बच्चों को देख लगा कि विदेशों में हिन्दी पचास वर्ष की आयु से ऊपर के लोगों की भाषा है यह धारणा तोड़ी जा सकती है।

अगले वर्ष इस प्रतियोगिता को हम लन्दन से बाहर ले गये। इसके लिए जो तैयारी, बैठकें की गयीं उसमें कई वरिष्ठ लोगों ने मिडलैंड में इस प्रतियोगिता के सफल होने पर आशंका जताई और हाथ खड़े कर दिये। ऐसे में बर्मिंघम की तितिक्षा ने कमान सँभाली और अनुराधा शर्मा के सहयोग से मिडलैंड की संख्या लन्दन से भी बढ़ा दी। मुझे विशेष सन्तोष तब हुआ जब पता लगा कि बालकों के वर्ग में प्रथम स्थान पाने वाला विद्यार्थी ब्रिटेन के एक कोने में स्थित नार्दर्न आयरलैंड से है।

हमारी महत्त्वाकांक्षा बढ़ती चली गयी अगले वर्ष हम इसे ब्रिटेन के बाहर ले जाना चाहते थे। सूरीनाम के विश्व हिन्दी सम्मेलन में इसको लेकर एक बैठक आयोजित की गयी और यूरोपियन हिन्दी समिति की घोषणा की गयी। वर्ष 2003 में भारतीय उच्चायोग के सहयोग से यूरोपीय हिन्दी सम्मेलन आयोजित किया। इसमें बात को आगे बढ़ाया गया। 2003 से यह प्रतियोगिता यूरोप के अन्य देशों में भी जा पहुँची। हंगरी की मारिया नगेशी सबसे पहले समर्थन देने वालों में से थीं फिर रूस जुड़ा, अन्य पूर्व यूरोपीय देश भी धीरे–धीरे जुड़ने लगे। पौलैंड, बल्गारिया, क्रोशिया, रूमानिया इत्यादि देशों का प्रतिनिधित्व लगातार बना रहा।

हम इस प्रतियोगिता को बहुआयामी बनाना चाहते थे। यह केवल एक भाषा के ककहरे से जोड़ने का प्रयत्न नहीं था बल्कि बृहत्तर अर्थों में यह भारत, भारत की भाषा और संस्कृति से जोड़ने की योजना थी इसके लिए हमने गहन विचार–विमर्श कर विद्यार्थियों के भारत भ्रमण की योजना बनाई। असल में डॉ. विजय कुमार मल्होत्रा विश्व हिन्दी सम्मेलन से होते हुए वापसी में लन्दन रुके वहाँ उन्होंने सुझाया कि एक–दो विद्यार्थियों को भारत भेजा जाए और उन्हें हरद्वार रखा जाए। जिससे वह भारतीय संस्कृति का परिचय पा सकें। इस विचार को हमने विकसित किया और प्रतिवर्ष 10 विद्यार्थियों को भारत भेजने की महत्त्वाकांक्षी योजना तैयार की। सबसे पहली टिकट के लिए उषा राजे सक्सेना ने स्वयं को प्रस्तुत किया। परन्तु अभी तो संसाधनों को और जुटाना था। लन्दन में हमारे एक मित्र बने थे राम भट्ट, रेडियो मीडिया से जुड़े, लोकप्रिय व्यक्तित्व। उन्होंने 4 टिकट अपनी तरफ़ से दीं। साउथ हाल के बी.एम.गुप्ता ने एक टिकट दिया, बाकी तो हमेशा पद्‌मेश गुप्त के हिस्से में आता है। दिल्ली

में व्यवस्थाओं के लिए 'अक्षरम्' से सम्पर्क किया गया। नरेश शांडिल्य ने यात्रा का संयोजन किया। श्री बृजमोहन सेठी ने अपने होटल में निवास का प्रबन्ध किया। धीरे–धीरे चीज़ें आकार लेने लगीं। अगले वर्ष के सहयोगियों में सबसे प्रमुख नाम हमारे एक साथी का था जो अपना नाम गुप्त रखना चाहते थे जिन्होंने 3 वर्ष तक 3 विद्यार्थियों का टिकट दिया। और कभी अभिनन्दन कार्यक्रम में नहीं आये। उन्हें हिन्दी से अनन्य प्रेम है। बर्मिंघम के पाल निश्चल भी निरन्तर सहयोग प्रदान कर रहे हैं।

भारत यात्रा इस प्रतियोगिता की सबसे बड़ी आकर्षण बनी। भारत यात्रा के कार्यक्रम में आगरा का ताजमहल तो सबके आकर्षण का केन्द्र था ही, पहले साल मुम्बई के फ़िल्म सितारों से भी मुलाकात करवायी गयी। इलाहाबाद, बनारस, अयोध्या, लखनऊ, जयपुर इत्यादि स्थानों का भ्रमण इस यात्रा का हिस्सा रहा परन्तु उत्तराखण्ड के वर्तमान मुख्यमन्त्री श्री रमेश पोखरियाल निशंक ने इस कार्यक्रम को जितना महत्त्व दिया वह अविस्मरणीय है। उन्होंने वर्ष 2008 में उत्तराखण्ड के राज्यपाल, तत्कालीन मुख्यमन्त्री से मुलाकात के अतिरिक्त विशाल अभिनन्दन कार्यक्रम का आयोजन किया। वर्ष 2009 के कार्यक्रम तक तो वे स्वयं मुख्यमन्त्री पद सँभाल चुके थे। पूरे ज़ोर–शोर से स्वागत और अभिनन्दन कार्यक्रम आयोजित किये गये। यहाँ तक कि उन्होंने उत्तराखण्ड में भाषा संस्थान का विचार विकसित किया जिसमें विदेशी विद्यार्थी पढ़ने के लिए आएँगे।

पिछले चार वर्षों से इस कार्यक्रम के भारत सम्बन्धी भाग की ज़िम्मेदारी भारतीय सांस्कृतिक सम्बन्ध परिषद् ने उठायी है। भारतीय सांस्कृतिक सम्बन्ध परिषद् के महानिदेशक श्री पवन वर्मा इस प्रतियोगिता से लन्दन में ही जुड़ चुके थे। उन्होंने यह पहल की। बाद में महानिदेशक बने श्री वीरेन्द्र गुप्ता तो हिन्दी के प्रति समर्पित व्यक्तित्व थे। उन्होंने सहयोग के द्वार पूरी तरह खोल दिये। वर्तमान महानिदेशक श्री सुरेश गोयल का खुला समर्थन आगे के कार्यक्रमों के लिए विशेष आश्वस्ति देता है। इन विद्यार्थियों को भारत यात्रा में डॉ. कर्णसिंह जैसे संस्कृति पुरुष से भेंट होती है। उनसे मिलना, चर्चा करना, कविता सुनाना इन विद्यार्थियों के लिए विशेष सौभाग्य का अवसर बनता है। श्री अजय गुप्ता के पास इस कार्यक्रम के कार्यान्वयन की सीधी ज़िम्मेदारी है जिसे वे कुशलतापूर्वक निभाते हैं और अशोक जाजोरिया जैसे साथी इस कार्य में पूरा सहयोग करते हैं। यह योजना राजपाल एंड संस के श्री विश्वनाथ को इतनी अच्छी

लगी कि वे प्रतिवर्ष दीवानचन्द्र ट्रस्ट से इसके लिए सहयोग करते हैं।

इस कार्यक्रम के लिए यद्यपि 'अक्षरम्' की पूरी टीम जुड़ती है परन्तु रामबीर शर्मा पिछले 4 वर्षों से पूरा समय इनके साथ रहते हैं। विद्यार्थियों के साथ समन्वय का पूरा जिम्मा डॉ. राजेश कुमार के पास रहता है। नरेश शांडिल्य, गीता जोशी, नारायण कुमार, रघुबीर शर्मा, शशिकान्त जैसे साथी पूरा सहयोग प्रदान करते हैं।

भारत यात्रा में मिलने वाले विशिष्ट व्यक्तित्वों से सम्बन्धित संस्मरण भी रोचक हैं। वर्ष 2006 में इन विद्यार्थियों को सांसद श्रीमती प्रभा ठाकुर के सौजन्य से प्रधानमन्त्री से मिलने का सौभाग्य प्राप्त हुआ। हम सबके लिए वह समय अविस्मरणीय था। पाँच मिनट के लिए दिया गया भेंट का समय आधे घण्टे से अधिक चला। इन विद्यार्थियों के संस्मरण, कविताएँ और गीत प्रधानमन्त्री ने बहुत रुचि से सुने। विद्यार्थियों की खट्टी–मीठी हिन्दी सुन कर वह मुस्कराते रहे। उनके आत्मीयतापूर्ण व्यक्तित्व ने सब विद्यार्थियों का मन मोह लिया।

दिल्ली की मुख्यमन्त्री भी प्रायः हर वर्ष विद्यार्थियों को मिलती हैं। उनसे मुलाकात भी बहुत रोचक होती है। एक बार एक विद्यार्थी ने पूछा आप बचपन में बड़ा होकर क्या बनना चाहती थीं। ऐसे ही एक बार हंगरी के विद्यार्थी ने उनको कुँवर नारायण की कविता सुनाई। सुनकर वे आश्चर्यचकित हो गयीं। उन्होंने आश्चर्य से पूछा क्या तुम उसका अर्थ भी जानते हो तो विद्यार्थी ने उन्हें अर्थ भी बताया। वर्ष 2009 में बाबा रामदेव से मुलाकात भी काफ़ी दिलचस्प रही। उन्होंने सब विद्यार्थियों का साक्षात्कार लिया और उसे आस्था चैनल पर प्रसारित भी करवाया। अनिल कपूर, हेमा मालिनी, श्याम बेनेगल जैसे कलाकारों और नामवर सिंह, अशोक वाजपेयी, प्रभाकर श्रोत्रिय, चित्रा मुद्‌गल, अमरकान्त, रवीन्द्र कालिया, राजी सेठ, मन्नू भंडारी जैसे कितने ही साहित्यकारों से मिलने का अवसर इन विद्यार्थियों को मिला है। अशोक चक्रधर तो हर वर्ष इन्हें कम्प्यूटर पढ़ाते हैं। और श्रीमती कमला सिंघवी इनके सम्मान में स्वागत समारोह आयोजित करती हैं।

ब्रिटेन से आने वालों में प्रमुख रूप से प्रवासी भारतीयों के बच्चे होते हैं। परन्तु अन्य देशों से आने वालों में रूस के विद्यार्थियों की हिन्दी बहुत अच्छी है। हिन्दी, उर्दू, संस्कृत व भारत की सभी भाषाओं में रुचि रखते हैं। रूस से आयी एक विद्यार्थी ने हवाई अड्डे से उतरते ही भर्तृहरि के

शतक की पुस्तक खरीदने की इच्छा जताई तो हम दंग रह गये। रूस में आज भी हिन्दी बड़े उत्साह से पढ़ी और पढ़ाई जाती है। पूर्वी यूरोप के अन्य देशों में हिन्दी की समृद्ध परम्परा है। यहाँ के विद्यार्थी हिन्दी को सतही तौर पर नहीं जानते बल्कि हिन्दी की स्तरीय और गहरी कविता में डूबते–उतराते हैं। बॉलीवुड का आनन्द लेते हैं और संगीत और नृत्य में विशेष रुचि रखते हैं। वे हममें अपने ही देश और भाषा के प्रति विश्वास भरते हैं। हमारी भाषा की सरहदों को विस्तार देते हैं उसमें नये आयाम जोड़ते हैं। यह भारत के राजदूत हैं क्योंकि इन्होंने भारत की भाषा और उसके माध्यम से संस्कृति आत्मसात कर ली है। अब यह संकल्पना वैश्विक स्तर पर फैलाने के लिए अँगड़ाई ले रही है।

व्यक्ति चित्र

भारत में मॉरिशस के हाईकमिश्नर महामहिम मुकेश्वर चुन्नी : सच मायने में दूत

किसी राजनयिक की कल्पना करते ही एक ऐसे व्यक्ति की कल्पना उभरती है जिसके साथ सारा सम्बन्ध प्रोटोकॉल में बँधा हो, जिसके पास बँधे–बँधाये जुमले हों, जिसकी बॉडी लैंग्वेज़ आप समझ न सकते हों, यानी एक अत्यन्त शुष्क औपचारिक व्यक्तित्व। मेरा अपना लन्दन का पाँच वर्ष का अनुभव इससे अलग नहीं है। प्रवासी फ़िल्म समारोह की तैयारी के क्रम में भारत में मॉरिशस के राजदूत महामहिम मुकेश्वर चुन्नी से घनिष्ठ सम्पर्क में आने का अवसर मिला। इससे एक राजनयिक के बारे में बनी–बनाई धारणाएँ टूट गयीं। एक खुले दिल का, स्पष्ट विचारों वाला, गर्मजोशी से भरा व्यक्तित्व जिसके दिल में भारत और मॉरिशस की राम–सीता जैसी मूर्ति बसी हो। जिसका आर्थिक, सामाजिक, राजनीतिक विषयों पर गहरा ज्ञान हो। पर, यह ज्ञान कोई खास बात नहीं है। इसकी तो प्रायः राजनयिकों से अपेक्षा होती है। महामहिम मुकेश्वर चुन्नी के बारे में जो खास बात है, वह है उनके व्यक्तित्व की सच्चाई, प्रामाणिकता, खुलापन और लक्ष्य के प्रति समर्पण। मॉरिशस को भारत के साथ जोड़ने की प्रतिबद्धता। किन्हीं भी परिस्थितियों में, किसी भी प्रकार के संकट में मुस्कराते हुए रास्ता निकालने की सूझ–बूझ। इस रूप में प्रवासी फ़िल्म समारोह के लिए उनका जो व्यक्तित्व सामने आया उसकी जितनी प्रशंसा की जाए कम है। तैयारी के दौरान एक समय ऐसा आया कि समय और साधनों के दबाव के चलते समारोह को आयोजित करना लोहे के चने चबाने जैसा हो गया। ऐसे में उनका एक राजदूत के बजाय एक टीम के नेता के रूप में काम करना हमारे लिए अविस्मरणीय अनुभव बन गया। जिसे चाहिए जब चाहिए पत्र लिखेंगे, जिसे चाहिए जब चाहिए फ़ोन करेंगे,

जहाँ चाहिए वहाँ जाएँगे। ऐसा प्रतीत होने लगा कि पूरा हाई कमीशन ही फ़िल्म समारोह के सचिवालय के रूप में काम करने के लिए उपलब्ध हो। यह दर्शाता है कि उनमें राजनयिक के गुण तो हैं ही, साथ ही वे विलक्षण नेता, टीम साथी और सहृदय इंसान हैं। भारत और मॉरिशस का गर्भनाल सम्बन्ध है। सैकड़ों वर्षों का यह सम्बन्ध लगातार मज़बूत होता जा रहा है। पर, जो गर्मजोशी और घनिष्ठता महामहिम मुकेश्वर चुन्नी के कार्यकाल में आयी वह अतुलनीय है। आनेवाले किसी भी राजदूत के लिए उनका अनुकरण करना, उनकी उपलब्धियों को पाना कठिन होगा। वह डायसपोरा के देशों के अन्य राजदूतों के लिए जो मानक स्थापित कर रहे हैं, वह प्रेरणास्पद है।

विश्व हिन्दी दिवस के प्रणेता : डॉ. शैलेन्द्र नाथ श्रीवास्तव

अभी हाल की ही बात थी प्रवासी हिन्दी उत्सव में ही तो 'अक्षरम्' ने शैलेन्द्र जी को विश्व हिन्दी दिवस की संकल्पना देने के लिए सम्मानित किया था। कार्यक्रम में भाग लेने शैलेन्द्र जी पटना से पधारे थे। साहित्य अकादेमी के सभागार रवीन्द्र भवन में जिस समय उन्होंने प्रवेश किया उस समय विदेशों में हिन्दी शिक्षण पर परिचर्चा चल रही थी। संयोग था कि सूरीनाम के विश्व हिन्दी सम्मेलन में भी विदेशों में हिन्दी शिक्षण सत्र के अध्यक्ष शैलेन्द्र जी थे। कार्यक्रम की व्यवस्था में शैलेन्द्र जी से व्यक्तिगत बातचीत नहीं हुई पर सोचा कि उनका तो दिल्ली आना लगा ही रहता है, फिर मिलेंगे तो अन्तर्राष्ट्रीय पटल पर हिन्दी को स्थापित करने के सम्बन्ध में विस्तार से चर्चा होगी। अचानक 12 फ़रवरी को नीरव प्रधान का भोपाल से फ़ोन आया और हृदय गति रुकने से शैलेन्द्र जी के देहान्त की सूचना मिली। सैकड़ों स्मृतियाँ सजीव हो उठीं और साथ ही एक गहरा अवसाद। शैलेन्द्र श्रीवास्तव ने समाज को बहुत कुछ दिया, उनके पास बहुत कुछ और था देने को।

श्रीमती वीणा श्रीवास्तव, उनकी पत्नी बताती हैं कि हिन्दी के अन्तर्राष्ट्रीय परिदृश्य पर और गम्भीरता से विचार करने लगे जब भारतीय सांस्कृतिक सम्बन्ध परिषद् के प्रतिनिधि के रूप में उन्होंने वर्ष 2002 में लन्दन में आयोजित अन्तर्राष्ट्रीय हिन्दी सम्मेलन यूरोप में भाग लिया। यद्यपि हिन्दी के अन्तर्राष्ट्रीय परिदृश्य में उनकी सक्रियता पहले से थी। दिल्ली में 1984 में आयोजित विश्व हिन्दी सम्मेलन में उन्होंने भाग लिया था। 1999 में लन्दन में आयोजित सम्मेलन में भी गये थे। उस सम्बन्ध में एक रोचक घटना का भी उल्लेख करते हैं हवाई अड्डे पर शैलेन्द्र श्रीवास्तव,

विष्णुकान्त शास्त्री खड़े थे। सरकारी वाहन जब स्वर्गीय विष्णुकान्त शास्त्री जी को लेने आया तो विष्णुकान्त शास्त्री ने पूछा कि आपके वाहन की क्या स्थिति है? उसके आने में कितनी देर है तब तक शैलेन्द्र जी को वह सरकारी प्रतिनिधि समझ रहे थे। उन्हें यह नहीं पता था कि सरकारी आपाधापी में इनका नाम कहीं पीछे छूट गया था यहाँ तो पति–पत्नी हिन्दी के प्रति दीवानगी के चलते अपना एक लाख खर्च कर हिन्दी की अन्तर्राष्ट्रीय यात्रा में भागीदारी करने आये थे। सभी सत्रों में उत्साहपूर्वक भाग ले, रिश्तेदारों की मदद से ब्रिटेन में हिन्दी के भविष्य की योजनाएँ बनाते शैलेन्द्र श्रीवास्तव भारत लौटे।

संयोग से उनके पुत्र पारिजात सौरभ की स्टेट बैंक ऑफ़ इंडिया की लन्दन शाखा में नियुक्ति हो गयी। मैं भी वर्ष 2000 में भारतीय उच्चायोग लन्दन में पहुँच चुका था उसके बाद तो उनसे घनिष्ठता बढ़ती चली गयी। घर–परिवार, हिन्दी समाज की घण्टों चर्चा होती। वे विचारों में अत्यन्त उदार थे। धीर–गम्भीर कभी भावावेश में नहीं आते। वर्षों का अनुभव ज्ञान स्वाध्याय हर बात की पृष्ठभूमि में रहता। अत्यन्त विनम्र, अपने पद–स्थिति का ज़रा सा बोध नहीं, बहुत सहज।

एक बार अन्तर्राष्ट्रीय हिन्दी सम्मेलन यूरोप के संकल्पों पर मैं और डॉक्टर पद्मेश गुप्त विचार कर रहे थे। संयोग से शैलेन्द्र श्रीवास्तव जी वहाँ आ पहुँचे। संकल्पों पर उन्होंने गम्भीर सुझाव दिये, तदनुरूप प्रारूप में संशोधन किये गये। वर्ष 2002 की लन्दन यात्रा से शैलेन्द्र श्रीवास्तव के मन में एक विचार जन्म ले चुका था कि भारत में हिन्दी दिवस मनाया जाता है, उसमें भी विशेष ज़ोर राजभाषा के सन्दर्भ में दिया जाता है परन्तु हिन्दी तो करोड़ों लोगों की भाषा है यह सिर्फ़ भारत में ही नहीं ब्रिटेन, अमेरिका, मॉरिशस, कनाडा, तमिलनाडु, गुयाना, फीजी, दक्षिण अफ्रीका जैसे कितने ही देशों में बोली जाती है। वहाँ रहने वाले लोग हिन्दी के वैश्विक सन्दर्भ से कैसे जुड़ें। 14 सितम्बर को मनाये जाने वाले हिन्दी दिवस की सीमाएँ हैं। हमें हिन्दी को अन्तर्राष्ट्रीय स्तर पर स्थापित करने के लिए विश्व हिन्दी दिवस की संकल्पना को क्रियान्वित करना होगा।

सौभाग्य से सूरीनाम के विश्व हिन्दी सम्मेलन की सलाहकार समिति में उनका नाम था। सूरीनाम के विश्व हिन्दी सम्मेलन में जब अध्यक्षता और सत्रों में बोलने के लिए आपाधापी मची हुई थी, तो वे जैसे कहीं और थे, सिर्फ़ एक चिन्ता में। उन्होंने औपचारिक रूप से विश्व हिन्दी दिवस

मनाये जाने का प्रस्ताव रखा, अनुमोदन किया श्री भगवान सिंह ने, पर प्रस्ताव तो हिन्दी को संयुक्त राष्ट्र संघ की भाषा बनाने का वर्षों से पारित हो रहा था, प्रस्ताव को लागू भी करवाना था।

फिर उनके मन में विचार शुरू हुए कि कौन–सी तिथि को विश्व हिन्दी दिवस के रूप में प्रस्तावित किया जाए। क्या प्रवासी हिन्दी दिवस को ही विश्व हिन्दी दिवस घोषित किया जाए? क्या पहले विश्व हिन्दी सम्मेलन की तिथि को यह दिवस मनाया जाए? कार्यक्रम को क्या स्वरूप दें? कहाँ और किस रूप में मनाया जाए। अपने विचारों को कलमबद्ध करते हुए उन्होंने तत्काल विदेश मन्त्री यशवन्त सिन्हा को 11 जुलाई, 2003 को एक लम्बा पत्र लिखा :

सातवें विश्व हिन्दी सम्मेलन में मैंने एक प्रस्ताव रखा था जिसे एक मत से पारित किया गया कि वर्ष में एक दिन विदेश मन्त्रालय द्वारा विश्व हिन्दी दिवस का आयोजन कर सम्पूर्ण विश्व का ध्यान हिन्दी के महत्त्व की ओर आकृष्ट किया जाए। यू. एन. ओ. यूनेस्को एवं भारत सरकार ने किसी विशेष महत्त्वपूर्ण बिन्दु की ओर व्यापक विश्व समुदाय का ध्यान आकृष्ट करने के लिए पहले भी ऐसे दिवसों की घोषणा की है। अन्तर्राष्ट्रीय साक्षरता दिवस, विश्व नाट्य दिवस, साक्षरता दिवस, प्रवासी दिवस आदि अतः यदि हम किसी एक दिवस को विश्व हिन्दी दिवस घोषित कर उस दिन सारे विश्व में अपने दूतावास और उच्चायोग एवं वाणिज्यिक संस्थानों के माध्यम से इसकी ओर उन देशों का भी ध्यान आकर्षण होगा, जिनके हमारे साथ राजनयिक सम्बन्ध नहीं हैं, पर भविष्य में हो सकते हैं।

जहाँ तक इसके लिए तिथि निर्धारित करने की बात है मैंने 10 जनवरी का सुझाव दिया था क्योंकि 10 जनवरी, 1975 को प्रथम विश्व हिन्दी सम्मेलन हुआ था जिसके बाद ही विश्व स्तर पर हिन्दी की व्यापक चर्चा होने लगी।' अपने पत्र में शैलेन्द्र जी ने विश्व हिन्दी दिवस के भावी स्वरूप आयोजन के तरीकों के बारे में भी विस्तृत सुझाव दिये।

विदेश मन्त्रालय में विश्व हिन्दी सम्मेलन के प्रस्ताव के अनुवर्ती कार्यवाही के सम्बन्ध में समिति के भी वे सदस्य थे। इस विषय को उन्होंने लगातार उठाया और अन्ततः 'विश्व हिन्दी दिवस' की संकल्पना भारत सरकार द्वारा स्वीकार कर ली गयी। वर्ष 2006 में पहली बार 10 जनवरी को विश्व हिन्दी दिवस मनाया गया

उन्हें सन्तोष था कि विश्व हिन्दी दिवस के प्रस्ताव को कार्यान्वित

किया गया परन्तु भारत में आधिकारिक कार्यक्रम का आयोजन सम्भवतः उनकी अपेक्षा के अनुरूप नहीं था। मथुरा के किसी सांस्कृतिक दल की प्रस्तुति का कार्यक्रम था वे चाहते थे इस अवसर का उपयोग कर अन्तर्राष्ट्रीय स्तर पर हिन्दी को प्रतिष्ठित करने के लिए चल रहे उद्देश्यों पर विभिन्न उच्चायोग दूतावासों में कार्यक्रम पूरे उत्साह से मनाया गया। लन्दन के दूतावास में हिन्दी व संस्कृति अधिकारी राकेश दुबे के संयोजन में कार्यक्रम हुआ। जिसमें श्री रजत बागची, अतुल खरे, श्री भारद्वाज, डॉ. सत्येन्द्र श्रीवास्तव, गौतम सचदेव आदि हिन्दी के लेखक उपस्थित थे। इसी प्रकार की रिपोर्ट अन्य दूतावासों से भी आयी। 'अक्षरम्' ने इस महत्त्वपूर्ण योगदान को पहचाना और भारतीय सांस्कृतिक सम्बन्ध परिषद्, साहित्य अकादेमी और 'अक्षरम्' के संयुक्त आयोजन में उन्हें सम्मानित किया। यद्यपि वह सम्मानों वाली मानसिकता और आयु से उबर चुके थे।

उन्होंने एक विचार बीज को जन्म दिया और उसे फल के रूप में परिवर्तित होते देखा। उन्होंने एक विचार की प्रसव पीड़ा को भोगा। यह उनकी हिन्दी भाषा और समाज को महत्त्वपूर्ण देन है परन्तु हम अपनी भाषा के प्रति समर्पित विद्वानों का कहाँ योग्य सम्मान करते हैं। शायद मैं ज़्यादा अपेक्षा कर रहा हूँ। हम अपनी भाषा का ही सम्मान कहाँ करते हैं। इस पर बहस फिर कभी। आइए हिन्दी दिवस के प्रणेता का सम्मान करते हैं उनकी कविता से–ऐसे भी कोई जाता है/बिना कहे यूँ सोए–सोए/एक साथ सब डूब गये/कहकहे ठहाके/एक साथ सब सुन्न हो गये नाद धमाके/कभी भूल पाऊँगा तुमको अरे यायावर/रहेगी याद/यूँ ही बाद के भी बाद–शब्द पके मन आँच में–डॉक्टर शैलेन्द्र श्रीवास्तव।

सिंघवी जी का हिन्दी साहित्य में क्या योगदान है?

विश्व हिन्दी सम्मेलन के पश्चात सम्मेलन पर आयोजित समीक्षा के दौर चल रहे थे तभी एक वरिष्ठ कवि का बी.बी.सी. की वेबसाइट पर एक लेख पढ़ा जिसमें विश्व हिन्दी सम्मेलन के विभिन्न पक्षों की आलोचना की गयी थी। उन्होंने अपनी भड़ास सिंघवी जी पर केन्द्रित की और पूछ लिया कि हिन्दी साहित्य में उनका क्या योगदान है? मैं स्तब्ध हो गया और अपने आप से पूछने लगा कि हिन्दी साहित्य में सिंघवी जी का क्या योगदान है। मैं सोचने लगा कि विश्व हिन्दी सम्मेलन के दौरान कौन– कौन से राजनेता जुड़े थे। उनमें से कौन से ऐसे हैं जिनके योगदान की सिंघवी जी से तुलना की जा सकती है या सिंघवी जी के भाषा और साहित्य में योगदान की तुलना में बाकी लोगों का योगदान कहाँ बैठता है। अब मैं पिछले विश्व हिन्दी सम्मेलन यानी सूरीनाम के सम्मेलन के बारे में सोचने लगा। फिर उससे पिछले यानी लन्दन के सम्मेलन के बारे में। इन तीन सम्मेलनों से मैं काफ़ी घनिष्ठता से जुड़ा रहा। भाषा और साहित्य की मेरी समझ मुझे यह बताती है कि इन सम्मेलनों से जुड़े राजनेताओं में से कोई ऐसा नहीं है जो हिन्दी भाषा और साहित्य की वह समझ रखता हो जितनी सिंघवी जी को थी। जिसकी भाषा और साहित्य के प्रति वह प्रतिबद्धता थी जो सिंघवी जी की थी। हिन्दी भाषा और साहित्य जिसकी धमनियों में रक्त की तरह बहता हो। जिसका मन हिन्दी के उत्थान की योजनाएँ बनता रहता हो, भारत का साहित्य और संस्कृति जिसका प्राण हो, जो दिल के कई ऑपरेशन के बाद भी सम्मेलन की छोटी–बड़ी चीज़ की चिन्ता करता हो। जिसे विश्व में फैले हुए हिन्दी भाषी समाज से इस तरह लगाव हो कि उन्होंने विश्व हिन्दी सम्मेलन में अपनी व्हीलचेयर भोजन स्थल से बाहर डलवा ली ताकि सब से मिलने का मौक़ा मिल सके उस व्यक्ति के विषय में कहा जाए कि उसका साहित्य में क्या योगदान

है! कमला जी और उनके सहयोगियों को उनके स्वास्थ्य की चिन्ता भी थी पर उन्हें हिन्दी के वैश्विक स्तर पर उत्थान की। सिंघवी जी उसी परम्परा के राजनेता थे जिस परम्परा में महात्मा गाँधी, पुरुषोत्तम दास टंडन, सेठ गोविन्द दास, भारतेन्दु हरिश्चन्द्र आते हैं। उन्होंने भारतीय साहित्य और संस्कृति की सेवा की। उनके सम्पादकियों में भारत की अस्मिता, भाषा, कला, साहित्य, दर्शन, मूल्य और सभ्यता के बारे में चिन्ता थी। अपने अस्तित्व और विरासत की अवहेलना और अनदेखी के प्रति भारी दुख था। प्रवासी भारतीयों के लिए उन्होंने जो कुछ किया उसका कोई सानी नहीं है। ब्रिटेन में जब मैं हिन्दी और संस्कृति अधिकारी के पद पर गया तब तक सिंघवी जी के बाद दो–तीन उच्चायुक्त आ चुके थे परन्तु आम भारतीय और ब्रिटिश केवल उन्हें जानते थे। उनके भाषण, उनसे मुलाकात, उनकी स्मृतियाँ, बड़ी कही–कहीं उनकी लगाई मूर्ति, कहीं उनका लगाया पौधा। ब्रिटेन के प्रवासी भारतीय समाज के रेशे–रेशे में उनकी स्मृतियाँ हैं। शायद ही कोई ऐसा हिन्दी सेवी या हिन्दी लेखक होगा जिसके घर उनका जाना ना हुआ हो। किसी के यहाँ शादी, मुंडन किसी के यहाँ कोई कार्यक्रम। वे लोगों के अपने हाई कमिश्नर थे। उनके कार्यकाल में ही ब्रिटेन में कवि सम्मेलनों की परम्परा प्रारम्भ हुई। फिर तो हिन्दी का कोई कवि होगा जो ब्रिटेन ना गया हो। गोपालदास नीरज, शिवमंगल सिंह सुमन, कन्हैयालाल नन्दन, केदारनाथ सिंह, कुँवर बेचैन, रामदरश मिश्र, अशोक चक्रधर आदि प्रख्यात कवि वहाँ गये। हिन्दी के जिन वरिष्ठ साहित्यकारों से भारतीय विदेश सेवा के कनिष्ठ अधिकारी मिलने से भी बचते थे उन्हीं साहित्यकारों को सिंघवी जी अपने घर पर बुलाते थे। कमलेश्वर जैसे साहित्यकारों की नंगे पाँव आगवानी करते थे। ब्रिटेन के लेखक–लेखिकाओं की प्रकाशित प्रारम्भिक पुस्तक उठा लें आपको सब में उनकी भूमिका और आशीर्वचन मिलेगा। उषा राजे, पद्मेश गुप्त, गौतम सचदेव, दिव्या माथुर सब के लेखन को उनकी स्नेहिल गोद मिली। भारतीय डायसपोरा उनके सजीव सम्बन्ध वहाँ समाप्त नहीं हुए। इन अनुभवों के आधार पर भारतीय डायसपोरा को जोड़ने के लिए भारत सरकार ने जिस समिति का गठन किया वह उसके अध्यक्ष थे। उन्होंने ही प्रवासी भारतीय दिवस की संकल्पना दी जो प्रवासी भारतीयों को भारत से जोड़ने का सेतु बना। पर आप कह सकते हैं कि सवाल तो यहीं पर रह गया कि उनका हिन्दी साहित्य में क्या योगदान है?

जैसा मैंने पहले कहा कि भाषा और साहित्य को इस तरह बैठ कर देखने वाले आयोजित विजन मिशन के शिकार होते हैं यूँ तो प्रवासी साहित्य को पुष्पित–पल्लवित करने में उनका महत्त्वपूर्ण योगदान है पर बात यहीं रुकती ना हो तो भारत आकर उन्होंने हिन्दी की साहित्यिक पत्रिका 'साहित्य अमृत' का सम्पादन कर अपनी साहित्यिक दृष्टि और गहराई का भी परिचय दिया। असम में हिन्दी भाषियों की हत्या हो रही है, हिन्दी भाषियों की ही क्यों? क्या इसका सम्बन्ध अज्ञेय द्वारा प्रतिपादित इस बात से है कि खड़ी बोली हिन्दी क्षेत्र में ही राष्ट्रीयता की अवधारणा विकसित हुई है। उन्हें रामधारी सिंह दिनकर की जन्म शताब्दी और उनके योगदान की जन–जन तक पहुँचाने की चिन्ता थी। परन्तु हिन्दी के बड़े समाचार–पत्र साहित्यकारों की गुटबन्दी के खेल खेल रहे थे। यहाँ यह सतत नूरा कुश्ती चलती रहती है। इन्हें भाषा और साहित्य से मन–वचन–प्राण से जुड़े लोग मूर्ख लगते हैं। इनकी नज़र में वही साहित्यकार हैं जो अकादमी पुरस्कारों की दौड़ में है। जो विशेषांक इसलिए निकाल रहा है कि उससे निर्णायकों को खुश किया जा सकता है। ऐसे सभ्य लोग जो अपनी भाषा और साहित्य से कटे हैं जिन्हें अपनी भाषा का कोई स्वाभिमान नहीं है, उनके लिए तो वह कैरियर है, वही लोग ही पूछ सकते हैं कि जीवन का एक–एक क्षण हिन्दी भाषा और साहित्य के लिए समर्पित करने वाले सिंघवी जी का हिन्दी साहित्य में क्या योगदान है?

प्राण जी, मैं अनल बोल रहा हूँ

हाल में ही लन्दन में आयोजित कवि सम्मेलन में यू.के. हिन्दी समिति द्वारा प्राण शर्मा को उनकी हिन्दी सेवा के लिए सम्मानित किया गया। ब्रिटेन के हिन्दी साहित्य में प्राण शर्मा का विशेष महत्त्व है। क्या वे एक बड़े उपन्यासकार हैं? नहीं? कोई महान कहानीकार हैं! नहीं। लेखक, आलोचक, हाँ लिखते तो हैं पर साहित्य के पुरोधाओं में गिने जाने को उन्होंने कभी महत्त्व नहीं दिया। हिन्दी की कोई संस्था चलाते हैं? नहीं। तो फिर आप कहेंगे क्या हैं वो और उन्हें क्यों सम्मानित किया गया है! प्राण शर्मा इसलिए सम्मान के पात्र हैं क्योंकि वो पोर–पोर साहित्य में डूबे हुए व्यक्ति हैं। चूँकि उनकी हर धमनी में साहित्य की सरिता बह रही है। चूँकि हिन्दी में लिखने वाला हर व्यक्ति उनका प्रिय है।

साठ के दशक में ब्रिटेन पहुँचे प्राण शर्मा ने जीवन में कः पापड़ बेले। कट्टर आर्यसमाजी परिवार में रहते हुए उन्होंने गीत, संगीत, ग़ज़ल को आत्यन्तिक प्यार किया। जहालत झेली, पिटाई खायी। पर साहित्य के अखाड़े से बाहर नहीं आये। बम्बई फ़िल्मनगरी में जा पहुँचे किस्मत आजमाने। बात न बनी। घूमते–घामते किस्मत ब्रिटेन ले आयी। यहाँ बस कंडक्टरी भी की। जीवन की चक्की में अपने फर्ज निभाते रहे। पर साहित्य को दिल से लगाये रखा। धीरे–धीरे रिटायरमेंट आ गयी। अब तो सारा समय पुस्तकालय और पुस्तकों में लगने लगा। उनका शौक है साहित्य पर घण्टों बात करना। साहित्य पढ़ना और उसकी विशिष्टताओं को रेखांकित करना। हर अच्छी रचना के लिए रचनाकार को बधाई देना। ग़ज़ल के तो वो मास्टर हैं। ब्रिटेन के बहुत से ग़ज़लकारों की रिपेयर शाप उनका घर ही है। प्राण शर्मा के प्राण हर पत्रिका में बसते हैं। उन्हें पत्रिकाओं का इन्तज़ार सुबह के समाचार–पत्र की तरह होता है। पत्रिका ना आने पर उनकी पूछताछ, पहले चिन्ता फिर शिकायत से होते नाराज़गी

में बदल जाती है। अपने पंजाबी अन्दाज़ में सातवें सुर पर बोलते हुए उनका फ़ोन ब्रिटेन प्रवास में अक्सर आ जाता था 'अनल जी, मैं प्राण शर्मा बोल रहा हूँ', और घण्टों साहित्य के बारे में बातें होतीं। वैसे कावेंट्री में ऐसे ही लोग रहते हैं चूँकि ऐसी ही एक और शख़्सियत भी कावेंट्री में है, ब्रिटेन में हिन्दी साहित्य के सबसे गम्भीर अध्येता–रामकिशन जी। उनकी बात फिर कभी।

सोचता हूँ साहित्य में प्राण शर्माओं का क्या महत्त्व है। एक लेखक को दूसरे लेखक की प्रशंसा करने में प्राय कष्ट हो जाता है। दोनों महानता और अमरता की चाँदनी का एकछत्र रस पीना चाहते हैं। वो अपने लेखन को दूसरे के लेखन के बरअक्स देखते हैं। उन्होंने लेखन को सिविल सर्विसेज की परीक्षा बना दिया है। अगर साहित्य मानवीय सरोकारों और श्रेष्ठ जीवन मूल्यों का प्रसार है तो यह प्रतियोगिता कैसी! शशिकान्त की एक लघुकथा याद आती है, 'एक व्यक्ति ने एक लेखक से पूछा दो अच्छे लेखकों के नाम बताओ। जवाब आया एक मैं और दूसरा, दूसरा...दूसरा... ।' इस तथ्य को प्राण शर्मा ने समझा। वो एक तरफ़ सत्येन्द्र जी की कविताओं की प्रशंसा करते हैं तो दूसरी तरफ़ दिव्या और उषा जी की कहानी की। पद्मेश को अच्छी पत्रिका निकालने की बधाई देते हैं तो हम लोगों को हाईकमीशन में अच्छा काम करने की। गौतम जी की समीक्षा की समीक्षा करते हैं तो तेजेन्द्र की सक्रियता और तितिक्षा के संगठन कौशल की सराहना करते हैं। सोहन राही की ग़ज़लों के सहयात्री हैं। मसलन कौन है जो उनका स्नेह, दुलार और प्रोत्साहन न पाता हो। इसलिए मैंने ब्रिटेन के कवियों की कविता का संकलन उन्हें समर्पित किया था। वास्तव में साहित्य में ऐसे लोगों का ज़िक्र भूमिका में हाशिए में आता है जैसे– मैं अपने उन अध्यापक को नहीं भूल सकता जो वर्षों तक देर शाम को रुक–रुक कर मेरे शोध कार्य में सहायता करते रहे। ये हाशिए के लोग नहीं हैं। सच तो यह है कि सच्ची मानवीय ऊष्मा और ऊर्जा से भरे ये लोग ना हों तो साहित्य ही हाशिए में चला जाता। ये ही साहित्य के सच्चे क़द्रदान हैं। मानवीयता के सच्चे हितैषी। इन्हें सम्मानित करना साहित्य को सम्मानित करना है।

सर्दियों की वह शाम और त्रिनिदाद की प्रधानमन्त्री श्रीमती कमला बशेसर

सन् 2007 का प्रवासी दिवस था। अशोका होटल में गोपियो का कार्यक्रम था। कुछ प्रवासियों को सम्मानित किया जाना था। और तमाम औपचारिकताएँ। गोपियो के आमन्त्रण पर मैं, पंकज दुबे और विनोद सन्दलेश पहुँचे। अभी द्वार पर पहुँचे ही थे कि त्रिनिदाद के पूर्व प्रधानमन्त्री वासुदेव पांडे द्वार पर मिले। डायसपोरा में भारतीयों के राजनीति में स्थान की कहानी सफलताओं से ज़्यादा असफलताओं से भरी है। जहाँ–जहाँ शक्ति का सन्तुलन बारीक है, वहाँ भारतीय सफल नहीं हो पाते। चाहे इसका कारण आपसी फूट हो, अन्य समूहों की सैनिक शक्ति हो, अमेरिका की भारत विरोधी नीतियों का इतिहास हो। त्रिनिदाद में इन शक्तियों से संघर्ष करने वाले, सफल होने वाले और त्रिनिदाद की राजनीति में सिंह की तरह गरजने वाले वासुदेव पांडे डायसपोरा राजनीति के प्रसिद्ध व्यक्तित्व रहे हैं। उनसे मिलने की आकांक्षा बहुत दिनों से थी, सन्दलेश जी का त्रिनिदाद के कार्यकाल में वहाँ के राजनीतिज्ञों से आत्मिक परिचय आया था। उनके माध्यम से परिचय हुआ। उनके साथ कुछ प्रभावी और आकर्षक व्यक्तित्व थे। उन्होंने उनसे परिचय कराया। उनमें श्रीमती पांडे थीं, श्रीमती कमला बशेसर थीं और श्रीमती देवकी थीं। कार्यक्रम के बाद श्री वासुदेव पांडे के पास भीड़ लग गयी। उनके पहले से भी कुछ कार्यक्रम तय थे। अब हम, कमला जी और देवकी जी रह गये थे।

हम नीचे लॉबी में आ गये थे। सन्दलेश जी वहाँ की राजनीति की चर्चा करने लगे। धीरे–धीरे वातावरण में आत्मीयता पसरने लगी। गपशप शुरू हो गयी। राजनीति से होते हुए, दिल्ली का मौसम, प्रवासी भारतीय दिवस, डायसपोरा और घर–परिवार। कुछ देर बाद वे परेशान सी लगने

लगीं। ध्यान में आया कि उनकी एक एपाइंटमेंट थी, भारतीय विदेश सेवा के एक वरिष्ठ सेवानिवृत्त अधिकारी से। वे हमसे शायद लम्बी बातचीत करना चाहती थीं। उन्होंने हमारी ही उपस्थिति में उन सज्जन से बात की। कोई 15 मिनट–औपचारिक–सी बात। थोड़े समय के लिए लगा हम किसी और के साथ हैं फिर उनके जाते ही वे सामान्य हो गयीं। वही मुस्कराहट, वही खिलखिलाहट, वही ज़िन्दादिली, वही हँसमुख मिज़ाज। रात गहराती जा रही थी। शायद 11.30 या 12 बजने वाले हों। बातों का दौर ख़त्म नहीं हो रहा थीं। हम लोग उनके प्रधानमन्त्री बनने की कल्पना में डूबे थे। वे हमें पद बाँट रही थीं। पंकज दुबे तो मीडिया एडवाइजर तय भी हो गये। केवल लैटर देने की औपचारिकता बची रही। ऐसी ही खिली हुई यादों के साथ वह समय बीता। मैं सोचता रहा, यह ख़ुशमिज़ाज व्यक्तित्व कैसे राजनीतिक जटिलताओं को समझेगा, विरोधी शक्तियों को पहचानेगा और इतिहास की धारा को समझ कर अपनी जगह बनाएगा। समय–समय पर मिलने वाली ख़बरों से वह विश्वास मज़बूत होता गया। समस्त सकारात्मक शक्तियों के गठबन्धन के साथ भारी बहुमत से जीतने वाली इस भारतीय मूल की महिला ने एक इतिहास रचा है और एक सुनहरा भविष्य उनकी प्रतीक्षा कर रहा है। हमारी शुभकामनाएँ।

शीर्ष प्रवासी कवि : डॉ. सत्येन्द्र श्रीवास्तव

'Man is a history making creature who can neither repeat his past nor leave it behind' W.H. Auden (डॉ. सत्येन्द्र श्रीवास्तव के काव्य संकलन–'कुछ कहता है यह समय' की भूमिका से)

इतिहास ना आप दुहरा सकते हैं ना उसे छोड़ सकते हैं। अपना इतिहास अपने साथ लेकर सत्येन्द्र श्रीवास्तव 50 के दशक में ब्रिटेन गये। वह लिखते हैं : 'प्रवासियों को दोहरा संघर्ष करना पड़ता है, एक तो अपने को नयी ज़मीन में रचने–बसाने का, दूसरी अपनी ज़मीन को अन्दर बनाये रखने का' ('मिसेज़ जोंस और वह गली' की भूमिका से) यह संघर्ष उन्होंने किया और ख़ूब किया। साहित्यिक उर्वर क्षेत्र बनारस से मुम्बई के रास्ते लन्दन पहुँचे सत्येन्द्र श्रीवास्तव एक युवा कवि के रूप में भारत में अपना स्थान बना चुके थे। सत्येन्द्र श्रीवास्तव की विलक्षण लेखन यात्रा एक प्रवासी कवि के प्रवास का चित्रण नहीं है यह अपनी समग्रता में ब्रिटेन में भारतीय डायसपोरा का पाँच दशक का इतिहास है। उनके लेखन में भारत भी है और ब्रिटेन भी। कहीं वह गुत्थमगुत्था हैं तो कहीं प्रेम से लिपटे हुए। वे हिन्दी के पहले लेखक थे जिन्होंने डायसपोरा लेखन की शक्ति पहचानी और उसकी सीमाओं को भी लाँघा।

डायसपोरा लेखन की सबसे बड़ी ताकत दो संस्कृतियों से घनिष्ठता होती है। प्रायः लेखक वर्षों विदेश में भी रहकर वहाँ की संस्कृति के प्रति सकारात्मक भाव, आत्मीयता विकसित कर नहीं पाते और स्मृतियों में रहना पसन्द करते हैं। निराला लिखते हैं : 'स्मृतियों में रहने वाला व्यक्ति चुक चुका होता है'। दो संस्कृतियों को समझना, उनसे आत्मीयता विकसित करना, उनके परस्पर जटिल विरोधाभासी तत्त्वों की पहचान करना और यह करते हुए भी अपनी आस्थाओं और विश्वासों पर दृढ़ रहना। यह सिर्फ़ साहस नहीं माँगता है, एक गहरी सूझबूझ और सभ्यताओं के विमर्श की

समझ माँगता है। अगर उदाहरण ही देना हो तो मैं बात करूँगा सत्येन्द्र श्रीवास्तव की कविता 'सर विंस्टन चर्चिल मेरी माँ को जानते थे' कविता की। इस कविता की सबसे बड़ी विशेषता है कि इस कविता में एक साथ दोनों विरोधी भावों का सामंजस्य किया है एक तरफ़ तो एक सत्याग्रही माँ का पुत्र है, उस माँ का पुत्र जिसने विंस्टन चर्चिल के सैनिक दस्तों के सामने सत्याग्रह किया था वही पुत्र अब उनके बन्द घर के सामने खड़ा हो कर कह रहा है :

मैं उसी माँ के पेट से जन्मा बेटा हूँ
और मेरा नाम सत्येन्द्र है
और मैं आपसे यह कहने आया हूँ
कि मैं इंगलैंड में आ गया हूँ।

(सर विंस्टन चर्चिल मेरी माँ को जानते थे।)

कविता में एक तरफ़ स्वाभिमान का भाव है, अदम्य आत्मविश्वास है, वहीं दूसरी तरफ़ विंस्टन चर्चिल के नाम के पूर्व सर का उदबोधन है। चर्चिल के अंग्रेज़ी समाज में स्थान और विश्वयुद्ध में फासीवाद के ख़िलाफ़ उनकी भूमिका को देखते हुए यह समझ बरती गयी है कि उनके व्यक्तित्व की विराटता को छोटा नहीं किया गया। हल्की टिप्पणियाँ नहीं हैं। कविता में भारत का महत्त्व भी चर्चिल के शब्दों में व्यक्त किया गया है। समाजों और सभ्यताओं की यह बारीक समझ ही सत्येन्द्र श्रीवास्तव को एक विशिष्ट कवि बनाती है।

यही बात उनकी भारत सम्बन्धी कविताओं के सम्बन्ध में कही जा सकती है। इन कविताओं में भारत के प्रति मोह नहीं है, एक यूटोपिया नहीं है। बल्कि नये और बदलते भारत को बार–बार समझने, जानने की कोशिश है :

उन्हें लगता है कि भारत के लोग
अपने देश की आन्तरिक शक्ति को नहीं पहचानते
कि जिस भारतवासी के मुँह में पैसे का गोश्त लग जाता है
वह अपने देश की आत्मा को
फेरो राजा–रानियों की तरह तहखानों में गाढ़ देता है
उन्हें पश्चिम जगत वह लगने लगता है
जो अनुकरणीय है स्वर्गीय है

....

वह महान देश उन्हें सारे जहाँ से अच्छा नहीं लगा

....

वे अब वहाँ दूसरी बार लौटना चाहते हैं
वे अब विचित्रताओं की तलाश में नहीं–
बल्कि खण्ड–खण्ड सच्चाइयों को जोड़ती हुई
जीवन की किसी अखण्डता का तत्त्व पाने

(बार–बार भारत)

कैम्ब्रिज के विद्यार्थियों के भारत के सम्बन्ध में अनुभवों के माध्यम से उन्होंने समकालीन भारत की पड़ताल की है जो सोने की चिड़िया नहीं है, विरोधाभासों और अन्तर्द्वन्द्वों से भरपूर। कहीं राजेन्द्र माथुर ने लिखा था कि देश की कमज़ोरियों से प्यार करना देशभक्ति नहीं है। उसी बात को कविता में कहा सत्येन्द्र श्रीवास्तव ने। सत्येन्द्र श्रीवास्तव की कविताएँ यथार्थ की तीक्ष्ण धार से तराशी गयी हैं, पर हाँ उनमें एक सकारात्मकता, एक आशावाद, आस्था की किरणें झिलमिलाती दिखाई देती हैं।

सत्येन्द्र श्रीवास्तव की कविताओं को समझने के लिए उनकी मूल प्रवृत्तियों और उनके रोल मॉडल समझने होंगे। सत्येन्द्र श्रीवास्तव भारत से तो गये परन्तु वे लिखते हैं : 'मेरी कविता भारत से शुरू होती है, लेकिन वहाँ के साहित्यिक–सामाजिक माहौल से उपज कर उसका शेष जीवन यूरोप के माहौल से प्राण ग्रहण करता है। अतः दो संस्कृतियों–समाजों से चल कर आये हैं ये शब्द–कहीं–कहीं भारत में लिखी जा रही अपने युग की कविता से किसी बिन्दु पर मिलते तो कहीं एक बिल्कुल भिन्न दिशा की ओर मुड़ जाते'। ('कुछ कहता है यह समय' की भूमिका से) 1958 में ब्रिटेन गये सत्येन्द्र श्रीवास्तव को गींसबर्ग, आडेन, स्टीफन स्पेंडर, पाब्लो नेरूदा, स्टीवी स्मिथ, फिलिप लारकिन आदि को सुनने–समझने का मौक़ा मिला। यह समय यौन व्यवहार की दृष्टि से मुक्ति का था। यूरोपीय या अमेरिका समाज खुलने लगे थे–समाज में यौन क्रान्ति होने लगी थी। गींसबर्ग के नग्न होकर पाठ करने को सत्येन्द्र श्रीवास्तव वास्तविकता की गूँज के रूप में देखते हैं। उनका सौन्दर्यशास्त्र और मूल्यबोध पश्चिम से प्राण ग्रहण करने लगा। उनकी एक कविता है :

वह लड़की
एक छोटी सी लड़की थी वह
कोई आठ वर्ष की

एक पवित्र जल धार की ख़ामोश थिरकन लहर की तरह
कविता आगे बढ़ती है–
उसकी याद कहाँ नहीं आयी
अजन्ता की गुफाओं में
एक नुकीली नाक, बड़ी–बड़ी आँखों
कसे उन्नत उरोजों वाली
उन्मुक्त रक्तवाही कसी जाँघों वाली अप्सरा को जब देखा
तो जो देखा, उसके पार
वही दिखी.. वही मुझे अपनी निगाहों में भरता देख कर
कुछ शर्माती, कुछ चुहल करती
वही मासूम लड़की

यही निर्द्वन्द्वता, हिप्पोक्रेसी से मुक्त अभिव्यक्ति, पश्चिमी मूल्यो से अनुप्राणित है। भारत में रहने वाले कवि की कविता की विकास यात्रा का क्रम यह नहीं होगा।

साम्राज्यवाद के ख़िलाफ़, रंगभेद के ख़िलाफ़ साहित्य में सत्येन्द्र श्रीवास्तव ने लम्बी लड़ाई लड़ी है, मिसेज़ जोंस की वह गली 1960 के दशक के भारतीयों के जीवन का सबसे प्रामाणिक चित्रण है। भारतीयों को किराये पर स्थान प्रदान करने वाले इस गली का, विक्टोरियाई मूल्यों को जीती विधवा मकान मालकिन का–

लोनलीनैस
लोनलीनैस
हर रोज़ और कुछ नहीं
यही मुझे मारता है
यही मुझे उमेठता है
यही मुझे कुरेदता है
यही मुझे रगड़ता है
विदेश में दो इंच ज़मीन ढूँढ़ते युवाओं का पनाहघर

तत्कालीन प्रवासियों की मानसिकता का विशद चित्रण इस लम्बी कविता में मिलता है। प्रसंगतः इस कविता को प्रवासियों द्वारा सम्भवतः लिखी गयी सबसे लम्बी कविता माना जा सकता है।

बाब शिलिंग्टन क्रिकेट खेल रहा है

उसने चाय के लिए पैसे माँगे
एशियायियों ने पैसे नहीं दिये
देखकर आगे बढ़ गया
बाब शिलिंग्टन कुछ देर उसे देखता रहा।
फिर चिल्ला पड़ा
उल्लू के पट्ठे
पहले बिन बुलाये आते हैं।
हमारा ही खाते हैं
और हमीं को कौड़ी तक नहीं देते
एक–एक गेंद को मैं हनूँगा
....
एक–एक की मारूँगा

ब्रिटेन क्रिकेट बोर्ड द्वारा प्रकाशित महत्त्वपूर्ण पुस्तक में छपी यह कविता अपने आप में विशिष्ट है क्योंकि एक तो क्रिकेट साम्राज्यवादी खेल रहा है और उसमें ब्रिटेन का भारत के हाथों पराभव साम्राज्यवादी मानसिकता के अंग्रेज़ पचा नहीं पा रहे हैं दूसरे एक पागल या मानसिक रूप से अस्थिर व्यक्ति एक मायने में महत्त्वपूर्ण होता है क्योंकि वह समाज की क्रूड भावनाओं की अभिव्यक्ति का माध्यम होता है। क्रिकेट के माध्यम से समाजों के सम्बन्धों को पारिभाषित कर सत्येन्द्र श्रीवास्तव ने इस कविता को विशिष्ट बना दिया है।

ना केवल सत्येन्द्र श्रीवास्तव प्रसिद्ध पश्चिमी महान लेखकों से प्रभावित रहे बल्कि ऐसा लगता है कि पश्चिमी कला शास्त्र या सौन्दर्य शास्त्र का भी उनके जीवन पर गहरा असर पड़ा। पश्चिम में मोनालिसा की मुस्कान, एलग्रेको के सन्तों के चित्र हों, माइकेल एंजेलो का मनु (एडम) हो, रूबेन्स के प्रेमियों और सुन्दरियों के भाव हों, टर्नन के समुद्र सम्बन्धी चित्र हों या जेशुआ रेनाल्ड के पोर्ट्रेट–सबमें कोई न कोई क्षण स्तम्भित कर दिया गया है (आनन्द कुमारस्वामी का सौन्दर्यबोध–पूर्वाग्रह पत्रिका, अक्तूबर–दिसम्बर 2009 अंक) अज्ञेय ने दर्शन के रूप में क्षणवाद को चुना था।

सत्येन्द्र श्रीवास्तव भी क्षणों को पकड़ते हैं और उसे अमर कर डालते हैं। साँप, क्षण भर, प्रवाह, शिल्प गीत, नियाग्रा के आगे, विदा की स्मृति

को जैसी ढेरों कविताएँ इसका प्रमाण हैं। प्रसिद्ध कलाकार माइकेल एंजेलो की कलाकृतियों पर लिखी उनकी कविता शिल्प गीत की कुछ पंक्तियाँ हैं :

कितनी आकृतियाँ एक साथ
कितनी भंगिमाएँ
कितनी मुद्राएँ
भावना की अंबुधि पर
कितनी तमाम किन्नरियों की पग ध्वनियाँ, देवों की ढोल–थाप
भावों की ऋतुमय नक्काशियाँ।

सत्येन्द्र श्रीवास्तव ने अपनी आँख बनारस में खोली थी। वे उन अर्थों में आज भी बनारसी हैं। बनारस के संस्कारों ने उनकी चेतना पर गहरा असर डाला है। एक स्वतन्त्रता सेनानी परिवार से आये सत्येन्द्र श्रीवास्तव गर्व से बताते हैं कि ब्रिटेन में 50 वर्ष रहकर भी वे भारतीय रहे उन्होंने पासपोर्ट नहीं बदला, बावजूद यात्राओं में आने वाली तमाम परेशानियों के। उनकी कविताओं में आये प्रतीक, बिम्ब, मिथक, विन्यास, रचना शैली, छन्द विधान भारतीय अस्मिता की पहचान की बेचैनी उनके ठोस बनारसी संस्कार की बार–बार पुष्टि करती है।

उनकी कविताओं में भारत भी है ब्रिटेन भी। व्यक्ति भी है समाज भी, पश्चिमी सौन्दर्यशास्त्र की ख़ूबसूरती है तो भारतीय सौन्दर्यशास्त्र की उदातत्ता भी, क्षणों का चित्रण है तो कालमुक्त समग्रता भी, रोमांस की मिठास है और हिप्पोक्रेसी मुक्त सौन्दर्य चित्रण है, तो नचिकेता के समान बिना भय के जीवन मृत्यु के सवालों से दो–चार होता मनुष्य भी, ब्रिटेन के साम्राज्यवादी तेवरों के ख़िलाफ़ विद्रोह है, तो लोकतन्त्र और स्वाधीनता के मूल्यों को लेकर उसकी पक्षधरता भी। भारत के प्रति नॉस्टेल्जिया है तो उसका वस्तुनिष्ठ आकलन भी। ऐसे प्रवासी शीर्ष कवि हैं–सत्येन्द्र श्रीवास्तव।

मुझे भाषा से इश्क है : जोगिन्दर सिंह कँवल

(फीजी के शीर्ष हिन्दी साहित्यकार)

जोगिन्दर सिह कँवल फीजी में हिन्दी लेखन के भीष्म पितामह हैं। 88 वर्ष की आयु में चहल–पहल, महत्त्वाकांक्षाओं से दूर, बा की पहाड़ियों में साहित्य साधना में रत हैं। जीवन की इस लम्बी दौड़–धूप और यात्रा में उन्होंने अपनी मुस्कान नहीं खोयी है, साहित्यकारों को सामान्य रूप से मिलने वाली सांसारिक असफलताओं के कारण उनमें कोई कटुता नहीं आयी, उदासीनता और निराशा तो उनसे कोसों दूर है। बात–बात पर ठहाके, अपनी कवयित्री पत्नी अमरजीत कौर के साथ वे निरन्तर जीवन और भाषा के सत्यों का अन्वेषण कर रहे हैं। हिन्दी के 4 उपन्यास, 3 काव्यसंग्रह, फीजी के हिन्दी लेखकों की कविताओं, कहानियों और निबन्धों के संग्रह, अपना कहानी संग्रह, अंग्रेजी में एक उपन्यास यानी वे पिछले 40 सालों से लगातार लिख रहे हैं। उनसे मिलकर मुझे हिन्दी के लेखक विष्णु प्रभाकर, रामदरश मिश्र और प्रभाकर श्रोत्रिय की याद आती है। जिनकी कलम को उम्र की आँच ने गला नहीं दिया बल्कि जिन्होंने अनुभवों के प्रकाश में दुनिया को और बारीकी से देखा, उसकी सुन्दरताओं और पल–पल परिवर्तन के स्वभाव को समझा, ज़मीन की खुशबू को महसूस किया और क्षितिज के उस पार के अबूझे भविष्य को जन–जन के सामने प्रस्तुत किया। उनकी पहली पुस्तक 'मेरा देश मेरी धरती' 1974 में प्रकाशित हुई थी। तब से अब तक यानी 40 वर्ष से वे निरन्तर साधनारत हैं। इतिहास को खँगालते हुए, इतिहास के निर्जीव तथ्यों में अपनी रचनात्मकता से प्राण फूँक कर जीवन्त, खिलन्दड़ी कहानियों, कविताओं, उपन्यासों को सृजित करते हुए...।

फीजी में आने के कुछ दिनों के बाद मेरी कँवल जी से फ़ोन पर बात हुई, जब आप किसी वरिष्ठ लेखक से बात करते हैं तो आमतौर पर

पाते हैं कि वह अपनी वरिष्ठता यानी आयु और ज्ञान के बोझ से दबा होता है या आपको दबाना चाहता है। उम्र उसे तल्ख बना देती है। वो आसमान में बादलों को इतनी बार आते–जाते देख चुका होता है कि बरसात की सम्भावना उसमें उत्साह पैदा नहीं करती। पर ये तो अलग थे। खुशमिज़ाज, हर बात में सकारात्मकता देखने वाले, सबको प्रोत्साहित करने वाले, आशावादी। लाटुका (फीजी के पश्चिमी क्षेत्र) में अध्यापकों की एक कार्यशाला 18 सितम्बर को थी। मैं राजधानी सुवा (मध्य क्षेत्र) से लाटुका गया तो कँवल जी के घर जाने का कार्यक्रम बनाया। मेरे साथ पत्नी सरोज शर्मा, यूनिवर्सिटी ऑफ़ साउथ पैसिफिक की श्रीमती इन्दु चन्द्रा और शिक्षा विभाग के अधिकारी थे। लाटुका से बा का रास्ता बहुत सुन्दर है। चारों ओर पहाड़, गन्ने के खेत और हरियाली। यहाँ सुवा (फीजी की राजधानी) की तरह निरन्तर बरसात नहीं होती रहती। अगर आपको बताया जाए कि यहाँ बहुत बार सूखा रहता है तो आप आश्चर्य करेंगे कि समुद्र के इतनी पास और सूखा। कँवल जी के उपन्यास 'सवेरा' में इस बात का ज़िक्र आता है कि सूखा होने पर अंग्रेज़ों के अत्याचार बढ़ जाते थे। बा (कँवल जी का शहर) के रास्ते में चौराहे पर मूर्तियाँ बनी हुई हैं जहाँ अंग्रेज़ों को किसानों को कोड़े मारते हुए गन्ने के खेतों में काम करवाते हुए दिखाया गया है। बा पहुँचे तो पता चला कि कँवल जी का घर हिल व्यू पर है। कुछ भटकाव के बाद पहुँचे तो कँवल जी की प्रसन्नता का पारावार नहीं था। उन्होंने और उनकी कवयित्री पत्नी अमरजीत ने स्वागत की पूरी तैयारी कर रखी थी। खीर और पंजाबी पकौड़े। खीर खिलाने के साथ ही कँवल जी ने अमीर खुसरो की खीर सम्बन्धी पंक्तियाँ सुना दीं। माहौल खुशगवार हो गया था। हालचाल पूछने के बाद कँवल जी से फीजी, साहित्य, यहाँ का जीवन, जीवन–शैली के बारे में बात हुई।

बातचीत शुरू हुई और मैंने पूछा–कब लिखना शुरू किया। जवाब में वही खिलन्दड़ापन और विनम्रता। मैं लिखता–विखता कहा हूँ। मुझे तो भाषा से इश्क है। फिर कहते हैं सुनो पहली कविता अमरजीत (पत्नी) के बारे में लिखी थी :

मैं बेड़े दा माली, तू गलियाँ दी रानी,
वाह वाह फेंका सदरां दा पानी,
रही युगां तू दबी मेरी प्रीत कंबारी,

मेरी कविता बन गयी,
तेरी अलख जवानी–

अमरजीत जी मज़ाक़ में कहती हैं, मैं तो तब तक आपको मिली नहीं थी, ये कविता किसी और पर लिखी होगी। कँवल जी के प्रिय लेखकों में अमृता प्रीतम, फ़ैज़ अहमद फ़ैज़ रहे हैं। फीजी के वरिष्ठ साहित्यकार कमला प्रसाद मिश्र उनके प्रिय मित्र थे।

उन्होंने पचास के दशक में पंजाब में पढ़ाई की थी। वे अर्थशास्त्र में एम.ए. हैं। स्कूल में उस समय पंजाबी और उर्दू पढ़ाई जाती थी। परन्तु डी.ए.वी. कॉलेज में पढ़ने के कारण वे हिन्दी भी पढ़ सके। खालसा कॉलेज में पढ़ाने के कारण वे पंजाबी से भी जुड़े रहे। भगवान सिंह जी की प्रेरणा से जब हिन्दी में लिखने लगे तो प्रारम्भ में मुश्किलें आयी। परन्तु पत्नी अमरजीत हिन्दी की अध्यापिका थीं। वे मदद करतीं। इधर हिन्दी के पढ़ने वालों की संख्या कम होने के कारण वे अंग्रेज़ी में लिखने लगे। अपने उपन्यास 'सवेरा' का अनुवाद 'द मॉर्निंग' के रूप में किया। नब्बे के दशक में उन्होंने 'द न्यू इमिग्रेंट' उपन्यास लिखा। जो प्रवास के कारण नयी पीढ़ी के पति–पत्नी में आये मतभेदों को प्रस्तुत करता है।

लेखन के लिए उन्हें सबसे अधिक प्रेरणा भारत के सत्तर के दशक में उच्चायुक्त रहे भगवान सिंह से मिली। भगवान सिंह फीजी में बहुत लोकप्रिय थे। वे भारतीय हिन्दी और संस्कृति के सच्चे पोषक थे। रेडियो पर हर हफ़्ते उनके प्रसारण होते थे जिसे हज़ारों लोग बड़े चाव से सुनते थे। फीजी आज़ाद हो चुका था। नया देश और सुनहरा भविष्य सबको दिखाई दे रहा था। गिरमिट के नाम पर भारतीयों पर हुए अत्याचारों की याद अभी ताज़ा थी। गिरमिटियों की आख़िरी पीढ़ी अभी जीवित थी। पर उनकी दर्द भरी दास्तान का दस्तावेज़ीकरण (documentation) अभी नहीं हुआ था। भगवान सिह के कहने से कँवल जी में यह प्रेरणा जाग्रत हुई। उन्होंने तोताराम सनाढ्य की किताब 'फीजी में मेरे 21 वर्ष' पढ़ी। वह रोंगटे खड़े कर देने वाली पुस्तक थी। जो लोग पूछते हैं लिखने का क्या प्रभाव होता है, उन्हें तोताराम सनाढ्य की पुस्तक और उसके प्रभाव का अध्ययन करना चाहिए। तोताराम सनाढ्य ने अपने संस्मरण बनारसी दास चतुर्वेदी को सुनाये थे। चतुर्वेदी जी ने उसे पुस्तक का रूप दिया। पुस्तक के प्रकाशन के साथ ही भारत में गिरमिट प्रथा के ख़िलाफ़ जबर्दस्त जनमत बन गया और अन्ततः गिरमिट प्रथा समाप्त

हुई। कँवल जी उस दर्द भरे इतिहास को उसके मानवीय परिप्रेक्ष्य में प्रस्तुत करना चाहते थे। उन्होंने गिरमिटियों के इतिहास पर रिसर्च करनी शुरू की। इसमें उन्हें सबसे अधिक मदद मिली–ऑस्ट्रेलिया के लेखक श्री के.एल.गिलियन की किताब से। गिलियन ने इस विषय पर काफ़ी रिसर्च की थी। गिलियन इस सम्बन्ध में रिसर्च करने भारत, ब्रिटेन और ऑस्ट्रेलिया भी गये। कँवल जी बताते हैं कि इस सम्बन्ध में उनकी चर्चा फीजी के प्रमुख विद्वानों सुब्रामणि, ब्रजलाल, सत्येन्द्र नन्दन, मोहित प्रसाद से होती रहती थी। लेकिन वे केवल किताबी रिसर्च से सन्तुष्ट नहीं थे। वे गाँवों में ब्याह–शादी या अन्य समारोहों में जाते तो पाते कि बड़े–बूढ़े गिरमिट के दिनों की बात कर रहे हैं। और यगोना (फीजी पेय) पीने के बाद तो फिर जो महफिल जमती, तो यादें फीजी की बरसात की तरह उमड़ आतीं, थमने का नाम न लेतीं। कँवल जी ने वहाँ से क़िस्से बटोरने शुरू किये। उनका कहना है कि उनका उपन्यास सत्य घटनाओं से भरा है, उन्होंने तो केवल घटनाओं को एक सूत्र में पिरोने का काम किया है।

'सवेरा' उपन्यास में भारत से फीजी आये भारतीयों की भारत में परिस्थितियाँ, फीजी लाने में झूठ–कपट, बेईमानी का हाथ, अंग्रेज़ों, कोलम्बरों, सरदारों की कारस्तानियों को प्रस्तुत किया गया है। इसमें निरीह भारतीय मज़दूरों के साथ अमानवीय, पशुओं जैसे बर्ताव का मार्मिक वर्णन है। उन दिनों भारतीयों का कोड़ों और जूतों से पिटना कोई ऐसी घटना नहीं थी जो कभी एक बार होती थी, बल्कि यह रोज़ होने वाली घटना थी। घर से हज़ारों किलोमीटर दूर, समुद्र में बिना माझी की एक छोटी नाव, लहरों के थपेड़े खाती..., अपनी नियति को झेलती...। उसे पता नहीं कि भारत में उसका परिवार, बूढ़े माता–पिता किस हालत में हैं, वह कभी मिल पाएँगे अथवा नहीं! उसकी मौत समुद्री जहाज़ पर होगी या फीजी पहुँचने के बाद? वह ज़्यादा काम करने से मर जाएगा या बीमारी से? मुँह खोलने पर उसे जेल में ठूँस दिया जाएगा या विद्रोह करने पर हत्या कर पेड़ से लटका आत्महत्या का मामला बना दिया जाएगा? किसी भी महिला की अस्मिता सुरक्षित नहीं थी। खेतों में काम करती ये औरतें कभी भी सरदार, ओवरसियर या अंग्रेज़ अधिकारी का शिकार बन सकती थीं। 'सवेरा' 1880 से शुरू होता है और 1920 में गिरमिट प्रथा की समाप्ति की ख़बर से समाप्त होता है। इतिहास का यह लोमहर्षक कालखण्ड

जोगिन्दर सिंह कँवल ने 'सवेरा' उपन्यास में बड़े ही संवेदना और विजन के साथ दर्ज किया है।

उपन्यास की खास बात है, पात्रों का चरित्र–चित्रण और कँवल जी की उदात्त दृष्टि। उपन्यास के दो महिला पात्र जमना और शान्ति की कहानी भारतीय महिलाओं के त्याग, संघर्ष, प्रेम, समर्पण और अदम्य साहस की कहानी है। जिस–तिस की बुरी नज़रों की पात्र बनी भारत की बालविधवा जमना परिस्थितियों का शिकार बन फीजी पहुँच जाती है। पर फ़ीजी में उपन्यास के मुख्य पात्र अमर सिंह से सम्पर्क में आने के बाद उसके जीवन में बड़ा परिवर्तन आता है और वह अपनी जान पर खेलकर अमर सिंह की जान बचाती है और आख़िर में पुरुष पात्र जो चाह कर भी ना कर पाये वह करने का साहस दिखाती है और अत्याचारी अंग्रेज़ अधिकारी की महिलाओं से ऐसी पिटाई करती और करवाती है कि वह दुष्ट अपमान के चलते फीजी छोड़कर भाग जाता है। लेखक की दृष्टि इतनी उदात्त है कि छुआछूत में यकीन रखने वाले पंडित परमात्मा प्रकाश को सद्बुद्धि देता है और दलित पात्र कर्मचन्द और मुसलमान रहीम की मानवीयता को सशक्त रूप से प्रस्तुत करता है। इसी प्रकार उपन्यास का नायक जिस प्रेमिका को भारत छोड़कर आ गया था। वह नायक की प्रेरणा और प्रेम पा स्वाधीनता सेनानी बन जाती है। पूरा उपन्यास विडम्बनाओं, कुरीतियों, दुर्बलताओं, द्वेष से ऊपर उठकर मानवता का सशक्त दस्तावेज़ बन गया है।

कँवल जी गिरमिटियों के इस उपन्यास का चित्रण करते हुए गिरमिटिया काल पर नहीं रुके। सामाजिक–राजनैतिक जागृति और 20वीं सदी के नागरिक होने के नाते अपने अधिकारों को लेकर भारतीयों के संघर्ष को उन्होंने अगले उपन्यास 'करवट' में प्रस्तुत किया।

'धरती मेरी माता' उपन्यास का पहला संस्करण 1978 में प्रकाशित हुआ, दूसरा संस्करण 1999 में। दूसरे संस्करण की भूमिका में वे लिखते हैं–'कुछ लोग कहते हैं कि वक़्त रुकता नहीं। वह आगे ही बढ़ता है लेकिन अपनी इस रचना को पढ़कर मुझे महसूस होने लगा कि जैसे वक़्त पिछले इक्कीस सालों से एक ही स्थान पर ठहरा हुआ है। वक़्त की घड़ी की सूईयाँ एक ही जगह पर रुककर खड़ी हैं। ज़मीन की जो समस्याएँ भारतीय किसानों के लिए वर्षों से पहाड़ बनकर खड़ी हैं, वे आज भी उसी तरह सिर उठाए खड़ी हैं।'

कँवल जी सशक्त कवि हैं। उन्होंने फीजी के कवियों के संकलन का सम्पादन किया है और फीजी की कविता शक्ति को एक स्थान पर प्रस्तुत किया है। उनकी अपनी कविताएँ अपने समय का आईना हैं। 1987 के कू यानी विद्रोह के कुछ दिन बाद 'शान्तिदूत' में प्रकाशित एक कविता उनके काव्य कौशल, संवेदन शक्ति और हिम्मत की कहानी कहती है। उन दिनों राजनीतिक अस्थिरता चरम पर थी। देश में अशान्ति थी, हिंसा की लपटें जल रही थीं ऐसे में कँवल जी की प्रकाशित 'जीवन संग्राम' कविता उनके साहस और राजनीतिक परिस्थितियों के सटीक आकलन का प्रमाण है। देखिए–

जीवन संग्राम में जूझते, संघर्ष करते लोग,
कभी रोते, कभी हँसते, ये डर डर जीते लोग
कभी सीनों में धड़कती, उम्मीदों की हलचल,
कभी बनते कभी टूटते, दिलों में ताजमहल
पत्थर जैसी परिस्थितियों के बनते रहे पहाड़,
भविष्य उलझा पड़ा है, काँटे–काँटे आज
चेहरों पर अंकित अब, पीड़ा की अमिट प्रथा,
हर भाषा में लिखी हुई, यातनाओं की कथा
जोश, उबाल व आक्रोश, छाती में पलटे हर दम,
चुपचाप हृदय में उतरते सीढ़ी सीढ़ी गम
दर्द की सूली पर टँगा, कोई धनी है या मज़दूर,
है सब के हिस्से आ रहे, ज़ख्म और नासूर।

जिस तरह से प्रेमचन्द अपने समाज की एक–एक समस्या को समझ, उसको बारीकी से पकड़ उपन्यास लिखते हैं उसी प्रकार कँवल जी की पकड़ अपने देश और समाज की नब्ज़ पर है। आपको अगर फीजी को समझना है तो 'सवेरा', 'करवट', 'धरती मेरी माता' जैसे उपन्यासों को पढ़ना, जानना और समझना आवश्यक है। ये उपन्यास नहीं हैं, यह पिछले 150 वर्षों का फीजी का रचनात्मक इतिहास है।

उर्वशी–वर्ष 2015, विश्व हिन्दी सम्मेलन अंक

साक्षात्कार

मदनलाल मधु से अनिल जोशी और अलका सिन्हा की बातचीत

प्रश्न : *बच्चन जी के सम्पर्क में कैसे आये?*

उत्तर : मैंने अपना पहला काव्य संग्रह 'उन्माद' बच्चन जी के पास उनकी प्रतिक्रिया प्राप्त करने के लिए भेजा था। बच्चन जी ने पढ़ा तो कहा मैं तुमसे मिलना चाहता हूँ। फिर मैंने सम्पर्क किया तो उन्होंने कहा कैम्बिज से आकर मिलते हैं। मैं एक बार कवि सम्मेलन के लिए कलकत्ता जा रहा था। रास्ते में इलाहाबाद चला गया। वहाँ मैं उनके घर रुका। उन्होंने कहा तुम्हारे काव्य संग्रह को पढ़ कर लगा था तुम्हारी आयु 40–50 वर्ष होगी। तुम्हारी रचनाएँ बड़ी परिपक्व हैं। उन्होंने पन्त जी से भी मिलवाया। वहीं महादेवी जी और अमृत राय से भी सम्पर्क हुआ।

प्रश्न : *पचास के दशक में भारत–रूस सम्बन्धों की क्या स्थिति थी?*

उत्तर : 1955 में नेहरू जी रूस गये थे। वहाँ उनका भव्य स्वागत हुआ। ख्रुश्चेव और बुल्गानिन ने कहा कि हम हिमालय के पार हैं। भारत जब भी हमको याद करेगा हम पहुँच जाएँगे। संयुक्त राष्ट्र संघ में, सिक्योरिटी काउंसिल में रूस ने काश्मीर में जनमत संग्रह के मसले पर भारत के पक्ष में वीटो किया। भारत गुटनिरपेक्ष आन्दोलन का नेतृत्व करता था और इस समूह में 100 देश थे। पाकिस्तान नाटो का सदस्य था। दोनों देशों को एक–दूसरे की आवश्यकता थी। इन्हीं यात्राओं में रूस से एक समझौता हुआ जिसमें रूस में प्रकाशन गृह खोलने की बात हुई।

प्रश्न : *आपका रूस कैसे जाना हुआ?*

उत्तर : भारत सरकार ने एक सर्कुलर भेजा। मैं अम्बाला कैंट में उस समय प्रोफ़ेसर था। हमारे कॉलेज के प्रिंसिपल जसवन्त राय ने कहा कि यह आपके लिए है। मैंने कहा यह तो दिखावा है। वहाँ तो अपने ही

लोगों को रख लिया जाता है। उन्होंने ज़ोर दिया तो अर्जी भेजी। उन्होंने तैयार कर मेरे हस्ताक्षर करवा भिजवा दी। विदेश मन्त्रालय का पत्र आ गया। मैं चला गया दिल्ली। वेटिंग रूम में 40–50 उम्मीदवार। कोने में भीष्म साहनी। मुझे देख कर वे भी ख़ुश हो गये। 4 बजे भीष्म साहनी को बुलाया गया। उन्हें लगा कि उनका चयन हो गया। साक्षात्कार में देखा तो बच्चन जी थे। वो मेरे लेखन से पहले ही प्रभावित थे। कुछ महीनों के बाद सूचना आ गयी।

प्रश्न : *प्रकाशन गृह?*

उत्तर : भारत की तरफ़ से पहल हुई। हिन्दी के साहित्य का बहुत भाषाओं में अनुवाद हुआ। उसमें हमारा योगदान रहा हम उनकी सहायता करते थे।

प्रश्न : *रूसी भाषा और हिन्दी भाषा में क्या अन्तर है? क्या आपने रूसी सीखी?*

उत्तर : रूसी भाषा कठिन भाषा है। रूप, कारकों की संख्या ज़्यादा है उनको रटना पढ़ाता है। उच्चारण में स्वर और व्यंजन के बलाघात से उच्चारण बदल जाता है। पुतिन के उच्चारण में ऊ महत्त्वपूर्ण है। इसे सीखने के लिए काफ़ी समय चाहिए। हमें शुरू में बताया गया था कि अंग्रेज़ी के माध्यम से काम करना होगा। हमें रूसी पुस्तकों का अनुवाद अंग्रेज़ी के माध्यम से करना था। पहली पुस्तक दस्तोवस्की की पुस्तक का अनुवाद करने के बाद कंटेंट एडिटर ने कहा कि अनुवाद में विसंगतियाँ हैं। मैंने 2 वर्ष में रूसी भाषा सीखी। यह संस्कृत के नज़दीक है। संस्कृत के अनुसार रूप बदलते हैं। इस पर संस्कृत का प्रभाव लगता है। लातविया भाषा पर संस्कृत का अत्यधिक प्रभाव है। नल और दमयन्ती, महाभारत की कहानी, इनका रूसी में अनुवाद किया गया।

प्रश्न : *प्रेमचन्द और गोर्की पर आपने पुस्तक भी लिखी है। दोनों महान लेखकों में क्या समानता थी?*

उत्तर : वातावरण और स्थितियों की समानता है, दोनों लेखक समकालीन थे। 1936 में ही दोनों का निधन हुआ। गोर्की के निधन के समय प्रेमचन्द बीमार थे। 'आज' ने बनारस में सभा आयोजित की। प्रेमचन्द बीमार होते हुए भी गये। प्रेमचन्द ने कहा कि गोर्की जैसा इस समय कोई लेखक नहीं। दुनिया के क्लासिकल साहित्य के सन्दर्भ में विद्वान गोर्की ने कहा कि भारत ने दो महाकाव्य दिये हैं। उन्होंने एक

सूची बनायी जिनका अनुवाद होना चाहिए उसमें रामायण और महाभारत दोनों थे।

प्रश्न : *अपने लेखन और प्रकाशन के सम्बन्ध में बताएँ?*

उत्तर : मेरी अपनी कविताएँ भारत के अख़बारों में छपती थी। संडे मेल साप्ताहिक में नन्दन जी के कहने पर लिखा। सोवियत नारी से लम्बे समय तक जुड़ा रहा। साहित्यिक और शैली सम्पादक के नाते। 1991 में सोवियत संघ विघटन के समय भारत में 3 लाख प्रतियाँ भेजते थे। इसका प्रकाशन 3 हज़ार से शुरू हुआ। परन्तु इससे मौलिक लेखन की क्षति हुई। पुश्किन, मायकोवस्की के साहित्य का अनुवाद किया। ताल्सताय के 'युद्ध और शान्ति' का अनुवाद किया, चेखव के नाटकों का, गोर्की के साहित्य के अनुवाद का भी मुझे अवसर मिला। इसके कारण अपने लेखन के लिए समय नहीं रहता था। मुझे क्षति का अनुभव हुआ।

प्रश्न : *कहते हैं तालस्ताय पर वेदान्त का प्रभाव था। उन्होंने विवेकानन्द का 'राजयोग' भी पढ़ा था। आपको क्या लगता है?*

उत्तर : तालस्ताय विद्यार्थी थे तो उनकी बौद्ध भिक्षु से भेंट हुई। एक नौजवान के रूप में वे बौद्ध धर्म से प्रभावित हुए। उसके बावजूद जारों के निकट होने के कारण वे युद्ध में गये। उन पर बौद्ध धर्म का प्रभाव पड़ा। शान्ति का प्रभाव पड़ा। युद्ध और शान्ति में डेढ़ हज़ार पृष्ठ, सैकड़ों पात्र, इतने दृश्य। मुझे समझने के लिए आर्मी अटैची से बात करनी पड़ी। यह जानने के लिए कि नेपोलियन को क्यों भागना पड़ा? उस समय के जीवन को समझना पड़ा।

प्रश्न : *क्या अनुवाद मौलिक विचार पर हावी होने लगता है?*

उत्तर : अपनी रचना करते समय मैं अपने वातावरण को देखता हूँ जिसमें मैं जी रहा हूँ। सृजन में मिला–जुला प्रभाव। यादों के उजले धुँधले चेहरे में ये बातें आयी हैं।

पन्त जी, सुमन, अज्ञेय, जाफरी, इस्मत चुगताई, अमृता प्रीतम, करतार सिंह दुग्गल। उन सबकी स्मृतियाँ। उन चीज़ों को उसी रूप में दिया।

प्रश्न : *प्रवासी साहित्य के बारे में विचार?*

उत्तर : प्रवासी लेखकों की रचनाओं के बारे में आपकी याद आयी। दिव्या माथुर की कहानियाँ, दिल्ली में समारोह में मिलना हुआ। प्रवासी साहित्य अपने ढंग से जीवन को अभिव्यक्त करने का प्रयत्न करता है। इसमें नोस्टेल्जिया स्वाभाविक है।

प्रश्न : *साम्यवाद के पतन के क्या कारण थे?*

उत्तर : साम्यवाद के विघटन के कारणों में सबसे पहला कारण स्टालिन स्वयं थे। स्टालिन के ज़माने में सोवियत संघ विजयी हुआ। स्टालिन के जमाने में व्यक्ति पूजा शुरू हुई। लोगों में दहशत पैदा हो गयी। बड़ा कारण था घुटन और अभिव्यक्ति की स्वतन्त्रता पर अंकुश। दूसरे विश्वयुद्ध के बाद तनाव। सारे आर्थिक साधन युद्ध सामग्री पर लगा दिये। परिणाम ये हुआ कि उपभोक्ता वस्तुओं की कमी हो गयी। अच्छे कपड़े, ब्रेड तक उपलब्ध नहीं थी। के.जी.बी. का आतंक। बाप बेटे पर विश्वास नहीं करता था। पता नहीं कौन के.जी.बी. का एजेंट हो। आर्थिक और राजनीतिक क्षेत्र में बदलाव ख्रुश्चेव के ज़माने से आये। बन्दी गृहों से लोग बाहर लाये गये।

ग्रोबोचोव ने ग्लासनोस्त शुरू किया, पेरेस्त्रोइका से बोलने की आज़ादी की बात आयी, लोगों ने खुल कर बोलना शुरू कर दिया। सँभालना मुश्किल हो गया। अपने अन्तर्विरोधों से इसका पतन हुआ।

प्रश्न : *क्रीमिया के वर्तमान विवाद के सम्बन्ध में क्या विचार हैं?*

उत्तर : क्रीमिया शुरू से रूस का अंग है। उसे उपहार के रूप में यूक्रेन को दे दिया था। यह रूस का ही हिस्सा है।

प्रश्न : *वर्तमान में भारत–रूस सम्बन्धों की क्या स्थिति है?*

उत्तर : सोवियत संघ के विघटन से पहले भारत और रूस में साहित्यिक, राजनीतिक, सांस्कृतिक सम्बन्ध बहुत घनिष्ठ थे। इन्दिरा जी के समय में सम्बन्ध इतने घनिष्ठ थे कि इन्दिरा जी कहती थी कि कोई मुश्किल लगे तो बता देना, मैं ब्रेजनेव से कह कर काम करवा दूँगी। सोवियत संघ के टूटने के बाद पूँजीवाद का रूप आ गया। संक्रमण काल में येल्तिसिन ने नेतृत्व किया। वे भारत के प्रति उदासीन थे। उन्होंने यूरोप से सम्बन्ध बढ़ाये।

प्रश्न : *पुश्किन पर आपका विशेष अध्ययन है उनका भारत के प्रति विशेष प्रेम है। उनके बारे में कुछ बताएँ।*

उत्तर : पुश्किन ने भारत आना चाहा था पर आ नहीं सके। वे पूर्व की संस्कृति से प्रभावित थे। बंजारों पर उनकी लम्बी कविता है। पुश्किन ने गीतिकाएँ, लेख, लम्बी कविताएँ, खण्ड काव्य लिखे। पुश्किन की लोककथाएँ भी प्रसिद्ध हैं। नाटिकाएँ। उपन्यास। संवेदनशील प्रेम कविताएँ लिखीं। प्रेम की भावनाओं से ओतप्रोत हैं। पर मैं कहूँगा कि मायकोवस्की

पुश्किन से बड़े कवि हैं। पुश्किन की कहानी बहुत अच्छी हैं। तालस्ताय ने कहा था कि पुश्किन की कहानी को ज़रूर पढ़ें।

प्रश्न : *आपको उम्र के इस पड़ाव पर कैसा लग रहा है?*

उत्तर : बहुत बड़ा सन्तोष है साहित्यकारों से, साहित्य से जुड़े रहने का।

मौलिक सृजन मुझे बहुत प्रिय है। मेरे प्रिय लेखक पुश्किन हैं। गद्य में तालस्ताय। पन्त जी की प्रारम्भिक रचनाओं में रस मिलता है तो निराला जी ने प्रभावित किया। गीति काव्य में महादेवी। बच्चन ईमानदारी के लिए पसन्द हैं। श्यामा के बाद एकान्त संगीत, निशा निमन्त्रण लिखी। है चिता की राख, माँगती सिन्दूर दुनिया। ईमानदार कवि। जीवन का सबसे गौरवशाली क्षण–91 में पद्मश्री मिलना रहा। 2002 में पुतिन द्वारा रूस का सबसे ऊँचा नागरिक सम्मान प्राप्त हुआ। आर्डर आफ मेरिट, 2002। रूस में भारत के दूतावास ने इस सम्बन्ध में समारोह मनाया।

प्रश्न : *प्रवासी लेखक की क्या परिभाषा है?*

उत्तर : जो विदेश में लम्बे समय तक रह कर अपने साहित्य में सृजित करना चाहता हूँ।

प्रश्न : *परिवार में कौन–कौन हैं?*

उत्तर : बेटी लवलीन थडानी फ़िल्म लाइन में है। बेटा राजन, व्यावसायिक। तत्याना मालाशिना पत्नी है। 1964 से उनसे सम्पर्क हुआ।

हरिगन्धा प्रवासी विशेषांक, जुलाई 2014

उमेश अग्निहोत्री से अनिल जोशी और अलका सिन्हा की बातचीत

प्रश्न : *प्रवासी साहित्य को मुख्य धारा के साहित्य में शामिल करना कितना न्यायसंगत है?*

उत्तर : मेरे विचार में किसी भाषा के साहित्य को मुख्य धारा और प्रवासी लेखन के रूप में नहीं बाँटा जाना चाहिए।

यह भाषा ही है जो मानवीय अनुभव को आत्मसात और अभिव्यक्त करती है, यह दीगर है कि किसी मनुष्य को वह अनुभव विदेश में हुआ हो या स्वदेश में। भाषा की शब्दावली एक व्यक्ति को दूसरे से जोड़ती है, उसकी जन्मस्थली भौगोलिक रूप से पृथ्वी का चाहे जो भी हिस्सा रही हो। कहना होगा कि आदमी आदमी के बीच भाषा एक कॉमन डिनोमिनेटर है न कि उनका भौगोलिक स्थल।

साथ ही यह भी है आदमी की बुनियादी समस्याएँ भौगोलिक अन्तरों से ख़त्म नहीं होतीं। यह ज़रूर है कि एक स्तर पर मानव अनुभव स्थान–विशेष के साथ बदलता है...शहर, गाँव, देश या विदेश की संस्कृति का रंग उस पर चढ़ता है...लेकिन लेखक की कोशिश रहती है कि वह मानवीय अनुभव की विश्व व्यापकता को उजागर करे। जब तक कोई लेखक भौगोलिक विशिष्टता की सीमाओं से ऊपर नहीं उठता, उसकी रचना कोई अर्थपूर्ण साहित्यिक योगदान नहीं कर पाती।

इसलिए कहना होगा लेखक चाहे मुख्य धारा का हो या प्रवासी, दोनों ही, चाहे–अनचाहे, इन्हीं उद्देश्यों को ध्यान में रखते हुए साहित्य रचना करते हैं। इसलिए उन्हें दो वर्गों में बाँटना न्यायसंगत नहीं है। हालाँकि अन्तरजाल में देखो तो हर भाषा और देश के साहित्य के साथ उनके प्रवासी लेखकों की सूची भी संलग्न रहती है। कभी–कभी लगता है यह

वर्गीकरण इसलिए किया जाता है ताकि बदलते विश्व में पाठक का ध्यान प्रवासी लेखन की ओर विशेषरूप से आकर्षित हो।

एक बात और।

हम देखते हैं कि अधिकतर प्रवासी साहित्य पहली पीढ़ी द्वारा रचा गया होता है। इस पीढ़ी के अनुभव, उसका विश्व–दृष्टिकोण मूलतः उस देश और समाज की देन होते हैं जिनमें प्रवास करने से पहले वे रहे होते हैं। हिन्दी, अंग्रेज़ी और अन्य भारतीय भाषाओं के लेखक इसी वर्ग में आते हैं। वे अपने नये अनुभवों के बारे में लिखते अवश्य हैं लेकिन उनका विश्व दृष्टिकोण वही रहता है जो उनके अपने देश में ही बना होता है।

प्रश्न : *कई प्रवासी लेखकों को प्रवासी कहे जाने पर आपत्ति है आप क्या सोचते हैं?*

उत्तर : मुझे यह प्रतीत होता है कि प्रवासी लेखक कहे जाने पर यह मान लिया जाता है कि वे हाशिये के लेखक हैं, यह उन्हें पसन्द क्यों आने लगा। उन्हें यह भेदभाव लगता है। पाब्लो नेरूदा स्पेनी भाषा में और नून मीम राशिद उर्दू में लिखते थे, वे अधिकतर विदेश में रहे, लेकिन अपनी भाषाओं के साहित्य में बड़े नाम हैं। हिन्दी लेखिका उषा प्रियंवदा ने अमेरिका में रहते हुए कहानियाँ और उपन्यास लिखे हैं, क्या वह प्रवासी लेखिका कहलायेंगी? वह निस्सन्देह मुख्य धारा की हिन्दी लेखिका हैं। मुझे याद आता है कि लेखक सलमान रुश्दी को लेखन के साथ प्रवासी शब्द जोड़ना अनुचित लगता है। वह कहते हैं अर्नेस्ट हैमिंग्वे पेरिस में रहे जहाँ उनकी गर्ट्रूड स्टाइन, जेम्स जॉएस और एजरा पाउंड से भेंट हुई, उन्हें अमरीकी साहित्यकार ही माना जाता है। वह कहते हैं यही बात अमरीकी लेखक स्कॉट फिट्ज़ेरल्ड के बारे में कही जा सकती है जो फ्रांस के दक्षिण में रहे। जब अमरीकी लेखक जॉन अपडाइट अफ्रीका की पृष्ठभूमि पर कोई उपन्यास लिखना चाहते हैं, तो उन्हें कोई प्रवासी अमरीकी लेखक नहीं मानने लगता। लिखने की यह स्वतन्त्रता हर लेखक के पास होनी चाहिए। उसे जहाँ चाहे वहाँ रहने और जो चाहे वह लिखने की आज़ादी होनी चाहिए। रुश्दी कहते हैं कि अगर तीसरे विश्व का कोई लेखक इलिनॉय की पृष्ठभूमि पर कोई उपन्यास या कहानी लिखता है तो उससे पूछा जा सकता है कि वह क्या सोचता है कि वह यह क्या कर रहा है। मेरे विचार में इस तरह की सोच सांस्कृतिक औपनिवेशिक सोच का परिणाम है, जो अब धीरे–धीरे कम हो रही है। विदेश में रहते हुए

स्वदेश की पृष्ठभूमि को आधार बना कर कोई कृति रचना, या स्वदेश में रहते हुए किसी विदेशी स्थल को रचना का आधार बनाकर कुछ लिखना, और उसका वर्गीकरण करना उपयुक्त नहीं लगता। हाँ, यह कहा जा सकता है अकेलापन, परायापन, जन्मभूमि से प्रेम, वियोग आदि साहित्य में उठाये जानेवाले विषयों को प्रवास ने एक नया और व्यापाक आयाम दिया है। अगर ऐसा न होता तो कोई लेखक अपनी रचनाओं के लिए उपर्युक्त पृष्ठभूमि और चरित्र क्यों चुनता।

इंटरव्यू के दौरान अनिल जोशी ने कुछ प्रवासी लेखकों के नाम बताने के लिए कहा था। मैंने तेजेन्द्र शर्मा और इला प्रसाद के नाम लिए थे। मेरे विचार में सिर्फ़ इन दो नामों का उल्लेख अन्य प्रवासी लेखकों के साथ अन्याय–जैसा होगा, जिनकी अच्छी बड़ी संख्या विश्व भर में फैली है। कृष्ण बिहारी, अचला शर्मा, अनिल प्रभा कुमार, सुषम बेदी, सुधा ओम ढींगरा, दिव्या माथुर, सुमन घई, आदि कई लेखकों ने प्रवासी जीवन पर अच्छी कहानियाँ लिखी हैं।

हरिगन्धा प्रवासी विशेषांक, जुलाई 2014

हिमांशु जोशी से अनिल जोशी और अलका सिन्हा की बातचीत

साहित्य प्रवासी–अप्रवासी नहीं होता, वह जितना लोकल होगा, उतना इंटरनेशनल भी होगा। साहित्य के पैमाने दूसरे होते हैं। अभी तक भी हम अपने आप को इस खुशफहमी से अलग नहीं कर पाये कि कुछ अद्भुत होनेवाला है, यदि कोई कहानी किसी देश में लिखी गयी तो उसका सर्वव्यापी असर होगा। जबकि साहित्य जितना आंचलिक होता है, उतना यूनिवर्सल होता है। भारत का ही नहीं, दुनिया भर का साहित्य ले लीजिए, लोगों को जो पहचान मिली है वह यूनिवर्सल अप्रोच पर ही है। कहने का अभिप्राय है, आंचलिकता रचना को दूर तक पहुँचाती है। इसलिए रचना की पहुँच उसके पाठकों के माध्यम से दूर तक ले जाती है।

प्रवास में लिखी जा रही रचनाओं को प्रवासी साहित्य में न रखा जाना और उसका मूल्यांकन सामान्य तौर पर किया जाना तो आत्मघाती (स्युसाइडल) होगा। ऐसा कैसे हो सकता है कि प्रवासी साहित्य को प्रवासी न कहा जाए? जैसे संगम तो तीन नदियों का होगा न? प्रवासी समस्याओं और धारणाओं पर रचना का लिखा जाना उसकी पहचान है, उसे उससे अलग करके नहीं देखा जाना चाहिए। मॉरिशस में लिखी जानेवाली रचनाओं की समस्याएँ, उसकी अनुभूतियाँ, यहाँ की अनुभूतियों से भिन्न होंगी। ये चीज़ें समय के साथ बदलती हैं और इनमें बदलते समय का चित्रण होना चाहिए।

अभिप्राय यह है कि हमें साहित्य की परिभाषा बदलनी पड़ेगी और उसे अपने परिवेश से जोड़ना पड़ेगा।

अप्रवासी साहित्य को अलग मानने की भावना को गलत नहीं समझा जाना चाहिए। अप्रवासी साहित्य तो अलग होगा ही। घोड़े और बन्दर में,

चिड़िया और कबूतर में अन्तर तो होगा ही। इससे परेशानी नहीं होनी चाहिए। सब एक जैसे ही हो जाएँगे, परेशानी तो तब होगी। एक देश से दूसरे देश के रहन–सहन में अन्तर होगा कि नहीं? नहीं है तो होना चाहिए।

मैं एक कहानी पढ़ रहा था जिसमें पुलिस आती है और बच्चों के माँ–बाप को पकड़ कर जेल में डाल देती है। कोई बच्चों को अपने घर में रखने को तैयार नहीं है। तो यह कहानी हमारे परिवेश से अलग परिवेश की कहानी है। यह विविधता ही अपनी पहचान बनाती है। गुलदस्ता एक फूल का तो नहीं बनेगा न? हर कहानी दूसरी कहानी से भिन्न है, उसका दृष्टिकोण भिन्न है। लेकिन यह परिवर्तन–परिवर्धन से भरा होना चाहिए।

दूसरी बात यह है कि हम दूसरों की तरफ़ देखने से ज्यादा अपनी तरफ़ देखें।

एक समय था कि यहाँ से हमारे देश के लोगों को जानवरों की तरह जहाज़ों में भर कर बाहर ले जाया गया था। जिनमें सुब्रमण्यम जी, रामदेव धुरंदर या नायपाल के पूर्वज थे, उनकी दशा और दिशा को किसी ने देखा नहीं। उनकी सोच और चिन्तन में बहुत फर्क रहा होगा। उनकी तो पूजा करनी चाहिए।

मगर आज जो भारतीय वहाँ गये हैं, वे अपनी शैक्षिक योग्यताओं के आधार पर अपनी पहचान बना रहे हैं। उनकी समस्याएँ बिलकुल अलग हैं। साहित्य में समाज का चित्र तो होगा ही।

मालवीय जी की कहानी मन को छूती है।

जो लोग ब्रिटेन में रह रहे हैं, वे जागरूक हैं। अपने हक लेना जानते हैं, वे साधन–सम्पन्न भी हैं।

ब्रिटेन, अमेरिका, आयरलैंड की कहानियाँ, तोषी अमृता, सोमा वीरा ने बहुत लिखा।

अगर रचनाओं में मैच्योरिटी नहीं होगी तो वे टिकेंगी नहीं। पाठक किसी वर्ण, वर्ग का या उसके लिए अपना–पराया कुछ नहीं होता। पाठक बस रचना देखता है, इसके अतिरिक्त कोई पैमाने नहीं हैं। ये ज़रूरी है कि उनका मूल्यांकन उन्हीं की स्थितियों में किया जाए। बाकी सरवाइवल ऑफ फिटेस्ट में जो आएँगे, वही रहेंगे। अभिमन्यु अनत के लाल पसीना को किसी ने आगे नहीं बढ़ाया, उसके अपने दुख थे। अप्रवासियों ने जो किया है वह कम नहीं है। वे ये भी न करते तो हम क्या कर लेते? मगर

ये सच है, कि इन्हीं से हमारा साहित्य आगे बढ़ेगा। रचना चाहे नाटक के रूप में हो या उपन्यास के रूप में, उसकी अपनी एक अलग पहचान होनी चाहिए, उसकी अपनी एक आभा होनी चाहिए, अपना व्यक्तित्व होना चाहिए।

दूसरी बात ये है कि हमें अध्ययन करना चाहिए, चिन्तन करना चाहिए। केवल किताब लिख देने से या कहानी लिख देने से बात नहीं बनेगी, ये ज़रूरी है कि वे अपने मैरिट पर आएँ।

उल्लेखनीय रचनाकार तो बहुत नहीं हैं। आज का आदमी बहुत समझदार है, वह अपना हक लेना जानता है। ये सिचुएशन बड़ी अलार्मिंग है। कहीं ऐसा न हो कि हमारा साहित्य बहुत आगे निकल जाए और हम ढोल पीटते रह जाएँ। यथार्थ से बड़ा किसी चीज़ के मूल्यांकन का और क्या आधार हो सकता है? यह दुखद है कि हमारे यहाँ राजनीति तय करती है कि किस विषय में क्या करना है।

हरिगन्धा प्रवासी विशेषांक, जुलाई 2014

पुस्तक/पत्रिका/समाचार-पत्र

धीर से अधीर : इन्द्रा धीर वढेरा

इन्द्रा जी जब तक भारत में थीं तब तक 'धीर' थीं क्योंकि भारत में जिस परिवार से वे थीं उसका जातिसूचक नाम 'धीर' था। कम आयु में उन्हें शिक्षा, उच्च पद और समाज में महत्त्वपूर्ण स्थान मिल गया। परन्तु ईश्वर को जिससे महत्त्वपूर्ण काम करवाना होता है नियति उसको सम्भवतः राम की तरह बनवास देती है। वे कनाडा चली गयीं और वे 'अधीर' हो गयीं। अपने परिवेश से बिछड़ना यथास्थिति तोड़ता है और आप अपने आपको नये सिरे से पारिभाषित करते हैं। पारिभाषित करने की यह प्रक्रिया कभी बहुत पीड़ापूर्ण होती है और चाहे भौतिक अर्थों में कोई परेशानी पैदा नहीं करे जैसा कि इस मामले में है परन्तु 'किस लिए जीते हैं हम, किसके लिए जीते हैं...' ऐसे सवालों से व्यक्ति रूबरू होता है।

एक स्थान से दूसरे स्थान पर जाने की इस प्रक्रिया से सब प्रवासियों को गुज़रना होता है और यह पीड़ा ही प्रवासी साहित्य का मूल स्वर है। परन्तु इन्द्रा जी के मामले में यह पीड़ा सम्बन्धों को खोने, और नये परिवेश में जाने की ही नहीं थी बल्कि यह पीड़ा जीवन और जीवन से परे के सवालों के जवाब ढूँढ़ने की भी थी। पीड़ा भी ऐसी नहीं जो केवल कसक की तरह हो बल्कि इतनी सघन कि कभी आँसू आ जाएँ और कभी घोर अवसाद हो। वे एशिया के एक देश भारत को 'मिस' नहीं कर रही थीं बल्कि भारत की संस्कृति के आत्मतत्व और उसकी शाश्वत आत्मीय मिठास को 'मिस' कर रही थीं। वह जो सत्य के निरन्तर अनुसन्धान का मार्ग भी है और प्राण शक्ति भी। जैसे साँस रुक गये हों, वह आक्सीजन जिसके ना होने से वह घुटन, डिप्रेशन, ऐंठन और पीड़ा महसूस कर रही थीं। उसे उन्होंने कविताओं में, श्रेष्ठ साहित्य में, श्रीराम शर्मा जैसे सन्तों की वाणी में, निर्मल–निश्छल व्यक्तित्वों के साहचर्य में ढूँढ़ लिया। उनकी साँसें फिर से लय पकड़ने लगीं।

इस बीच उनका लेखन शुरू हुआ और अन्दर बह रहा आवेग ज्ञान के प्रकाश में एक शक्ल लेने लगा। कविताओं ने रेचन की प्रक्रिया में काफ़ी मदद की। कई बार जीवन को हम शब्दों से पारिभाषित करते हैं और कई बार शब्दों से जीवन पारिभाषित होने लगता है। शब्द उनके लिए संजीवनी थे। उनको ऊष्मा दे रहे थे, ऊर्जा दे रहे थे, प्राणवत्ता दे रहे थे दूसरी तरफ़ उनके विशिष्ट तरल अनुभव, उनकी जीवन दृष्टि, उनकी तड़प एक विशिष्ट साहित्य को रचने लगी थी। साहित्य की भाषा और मनुष्य की भाषा यह वर्गीकरण भी साहित्य में किया गया है। साहित्य की भाषा और शब्दावली से निकटता सम्भव नहीं थी। पर मनुष्यता और उच्चतर मनुष्यता के रास्ते पर वे तेज़ी से बढ़ी जा रही थीं। इस यात्रा ने एक मनुष्य के रूप में उन्हें गहरी जीवन दृष्टि दी यही गहराई और तात्विक दृष्टि उनके साहित्य में लक्षित होती है, वह मात्र एक जिज्ञासु की भावभूमि नहीं है बल्कि एक गुरुतर साहित्य के सृजन की भावभूमि है। जिसमें अध्यात्म के जटिल और गहरे सवालों से जूझने का संकल्प है। उदात्त भावनाओं के रंग–बिरंगे फूल हैं। साधना के अनुभव का आलोक है, एक निर्मल–निश्छल मन की दूधिया रोशनी है, 'जिसने देख लिया हो' उसका सा उल्लास है, विवेक से उपजा अनासक्ति का भाव है। मीरा सी विह्वलता है।

इनके काव्य में हर शब्द पूजा का फूल है जिसमें अनासक्ति है, उजास है, श्रद्धा है, समर्पण है। इन फूलों का उपवन का होना या जंगल का होना मायने नहीं रखता। मायने रखती है इनकी निश्छलता, निर्मलता, पूजा भाव। यह तमाम कविताएँ उसी पूजा का एक हिस्सा है, यह मात्र ईश्वर की पूज़ा नहीं है, सत्य की पूजा है। पूजा भाव से लिखी यह कविताएँ एक पवित्र, उदात्त, अलौकिक भाव प्रकाश देती हैं, इस काव्य के आलोक में सूक्ष्म मन परत–दर–परत खुलता है और हम अलौकिक यात्रा के सहभागी बनते हैं जो दिव्य है, भव्य है, पवित्र है। इसमें गहन भावों के तालाब और झरने हैं, जिज्ञासाओं की लताएँ हैं, साधना के घुमाव हैं, मोड़ हैं। कहीं ऐसे बिम्ब जो अपनी असाधारणता से आपको चकित कर दें, कहीं–कहीं हिमशिलाएँ जो कालिदास के काव्य की उपमाओं की तरह मुस्कराहट से आपको जीवनदायिनी शक्ति प्रदान करें। ऐसी सृजनशीलता को मेरा प्रणाम और शुभकामनाएँ।

प्रवासी टुडे, जुलाई–सितम्बर 2011

सम्भावनाओं से भरा इतिहास : डॉ. विजय मेहता

एक डॉक्टर कवि यदि इतिहास के क्षेत्र में पदार्पण करे तो उसका क्या परिणाम होगा? उसके भीतर का डॉक्टर वैज्ञानिक विश्लेषण करेगा जबकि उसके भीतर का कवि अपनी कल्पनाओं की उड़ान से चीज़ों को नये आलोक में देखना चाहेगा। कवित्व शक्ति और मनोवैज्ञानिक सूझबूझ से वह घटनाओं में निहितार्थ के आधार पर इतिहास की टूटी हुई कड़ियों को जोड़ने की कोशिश करेगा! वह इतिहास और तत्कालीन सामाजिक–धार्मिक ग्रन्थों को नयी मान्यताओं के प्रकाश में देखेगा!

अमेरिका के निवासी प्रवासी भारतीय डॉ. विजय मेहता को नब्बे के दशक में एक घटना ने इतिहास के अध्ययन की तरफ़ प्रेरित किया। वे बताते हैं कि यूरोप में एक पर्यटन स्थल देखते हुए लोकतन्त्र के प्रारम्भ को लेकर उनकी बहस हो गयी। उनके द्वारा भारत में लोकतन्त्र के प्राचीन इतिहास को उद्धृत करने पर उनका मज़ाक़ उड़ाया गया। इस घटना ने उन्हें भारतीय इतिहास के अध्ययन की तरफ़ प्रेरित किया। उनका न्यूयॉर्क स्थित घर इतिहास की किताबों से भर गया। शब्द और उनकी ध्वनियों पर गहरी पकड़ और संवेदनशील मन होने के नाते उन्होंने इतिहास को महाकाव्यों में पिरोना शुरू किया।

अपने देश के इतिहास से उठाये चरित्रों के आधार पर लिखे गये रचनात्मक साहित्य में कालजयी होने की सम्भावनाएँ होती हैं। शेक्सपीयर इसका उदाहरण है। भारतीय सन्दर्भ में जयशंकर प्रसाद, वृन्दावनलाल वर्मा, अमृतलाल नागर इसी प्रकार के कालजयी लेखक हैं। उन्हीं लेखकों से प्रेरणा लेते हुए डॉ. विजय मेहता ने मगध साम्राज्य, चाणक्य, चन्द्रगुप्त एक ऐतिहासिक विश्लेषण नामक पुस्तक लिख, जहाँ इन तीनों सन्दर्भों में उल्लिखित ऐतिहासिक ग्रन्थों का विश्लेषण किया है वहीं चन्द्रगुप्त महाकाव्य लिखकर अपनी रचनाशीलता के माध्यम से चन्द्रगुप्त व उनके

समकालीन पात्रों में इतिहास और कल्पना के ब्रुश से नये रंग भरे हैं।

क्या उग्रसेन घनानन्द नन्द वंश का राजा था अथवा वह एक दासीपुत्र था जिसने एक षड्यन्त्र के माध्यम से मौर्य साम्राज्य हासिल किया था? क्या चाणक्य चन्द्रगुप्त का महाआमात्य था? यदि ऐसा था तो मैगस्थनीज के द्वारा लिखी पुस्तकों में चाणक्य का कोई उल्लेख क्यों नहीं है? चाणक्य अर्थशास्त्र किस समय में लिखा गया। युद्ध के लिए अस्सी कोटि मुद्राएँ किसके द्वारा प्रदान की गयीं? चन्द्रगुप्त ने किस प्रकार की युद्ध योजना से नन्द साम्राज्य को पंगु कर साम्राज्य पर अधिकार किया? इस तरह के दसियों विषयों पर डॉ. मेहता ने अपने ग्रन्थ में चर्चा की है। वे चाणक्य सीरियल के निर्माता चन्द्रप्रकाश की तरह केवल मुद्राराक्षस पर निर्भर नहीं है। डॉ. मेहता की पुस्तक इतिहास में कल्पनाओं और कयासों के टाँके लगा कर पिरोई गयी है। यह रोचक है और अपने इरादों में विश्वसनीय भी है और प्रगतिशील भी। वे अपनी समग्रता में किसी चीज़ को स्थापित नहीं करते, ना ही झुठलाते हैं। इन पुस्तकों का महत्त्व इस रूप में विशेष है कि भारत के अमर नायकों के चरित्रों और समय को खँगाल कर उन्होंने इतिहास के अत्यन्त महत्त्वपूर्ण पृष्ठों से धूल साफ़ की है। एक प्रतिष्ठित अमेरिकी डॉक्टर का भारतीय इतिहास के प्रति यह लगाव जनमानस का इस तरफ़ ध्यान आकर्षित करने में सफल होगा, ऐसी सम्भावना है।

प्रवासी टुडे, नवम्बर 2008

संवेदनशील मन का प्रस्फुटन : जया वर्मा

जय वर्मा ब्रिटेन की प्रमुख हिन्दीसेवी हैं। शायद ही हिन्दी का कोई कवि, वरिष्ठ साहित्यकार ऐसा हो जो नाटिंघम गया हो और उनके घर न रुका हो।

डॉ. महिपाल वर्मा और जय वर्मा की जोड़ी सदा प्रेम और मुस्कराहट के साथ हिन्दी की सेवा में संलग्न रहती है। पिछले कुछ वर्षों से जब से हिन्दी के वार्षिक कवि सम्मेलन की परम्परा का विस्तार हुआ तो नाटिंघम में कवि सम्मेलन का संयोजन जय वर्मा ही करती रही हैं। इस प्रक्रिया में उन्होंने मिडलैंड्स के बहुत से हिन्दी प्रेमियों और डॉक्टरों को भी जोड़ा है। उनके द्वारा सृजित वातावरण से रचनात्मक विकास हुआ और जीवन की मधुर, कोमल भावनाएँ कविता के रूप में फूटने लगीं।

उनका कविता–संग्रह 'सहयात्री हैं हम' का विमोचन अन्तर्राष्ट्रीय हिन्दी उत्सव के दौरान दिल्ली में किया गया। संग्रह की कविताएँ उनके सहज, सुकोमल, संवेदनशील मन का प्रस्फुटन हैं। इन कविताओं में जहाँ एक तरफ़ प्रकृति अपने विभिन्न रूपों में विद्यमान है वहीं जीवन के प्रश्नों का विश्लेषण और आध्यात्मिक जिज्ञासा भी दृष्टिगोचर होती है–'आओ चलें जहाँ समुद्र से मिलता है आसमाँ / क्षितिज के उस पार क्या कोई है दूसरा जहाँ।'

आम प्रवासी की तरह इसमें भारत की याद और उससे दूर होने की पीड़ा भी है–'अपनी व्यस्त जीवनचर्या में दिल सँवरिया का टूटा होगा / आँखें भी भर आयी होंगी जब ज़िक्र वतन का आया होगा।'

कविता व्यक्तित्व का आईना है जिसमें उनका जीवन और परिवेश अपने सहजतम रूप में अभिव्यक्त हुआ है–'तन सुख, मन सुख संसार के उतार चढ़ाव की / ये कहानी है कर्म संस्कार और जीवन में बदलाव की।'

अपने व्यस्त व्यावसायिक जीवन के बावजूद उन्होंने हँसती, बात

करती, प्रश्न करती कविताओं के माध्यम से अपने परिवेश और मनोजगत से पाठकों को परिचित कराया है।

मैं आशा करता हूँ–हिन्दी के पाठक इस प्रवासी कवयित्री के पहले काव्य–पुष्प की गन्ध का सावन की पहली फुहार की तरह स्वागत करेंगे क्योंकि इसमें वैसी ही अल्हड़ता, सादगी, उत्साह और प्रवाह है।

प्रवासी दुडे, फ़रवरी 2009

आज स्थिर है ज्वार : डॉ. सत्येन्द्र श्रीवास्तव

सत्येन्द्र श्रीवास्तव के काव्य संग्रह 'आज स्थिर है ज्वार' में मुख्य रूप से जीवन, मृत्यु और अकेलेपन के सवालों से जूझती कविताएँ हैं। इसमें काल के सवालों से भय नहीं है, उनकी संवेदनात्मक पड़ताल है। अपने समय को, गुजरते क्षण को, पूरी तरह जीने का आवाह्न है। इस अर्थ में वह अपने प्रिय कवि अज्ञेय के क्षणवाद को काव्यात्मक चिन्तन के रूप में स्वीकार करते हैं। यह अकेलापन उन्हें भीड़ की तरफ़ जाने के लिए प्रवृत्त नहीं करता बल्कि निजी अस्मिता की पहचान की तरफ़ ले जाता है। कवि अस्तित्व के प्रश्नों से जूझता है, व्यक्ति–अस्मिता की स्वतन्त्राता की घोषणा करता है, परन्तु व्यक्ति को एक पृथक् घटक नहीं मानता बल्कि मानव समुदाय के परस्पर आश्रित होने को रेखांकित करता है :

यह विस्तृत दुनिया मशीन है
जुड़े हुए ही सच हैं... (सार)
लगता अन्तिम नहीं कहीं कुछ
चीज़–चीज़ से जुड़ी हुई है...
खुद का साथ–वही अन्तिम है
बस एहसास तेज़–मद्धिम है (साथ)

लेखक मृत्यु के संवेगों को उसके विभिन्न शेड्स में पहचानता तो है परन्तु उससे उसकी जिजीविषा कम नहीं होती। वह संन्यास की तरफ़ प्रेरित नहीं होता, जीवन के आवेग कम नहीं होते। कवि उस मनोभूमि पर है कि उसे चीज़ें साफ़–साफ़ दिखने लगती हैं। कवि के चारों तरफ़ विद्यमान अँधेरे में भी एक रोशनी है। वह अन्तर्दृष्टि से सबकुछ देख सकता है, पूरी वस्तुनिष्ठता के साथ। इस कविता–संग्रह में पश्चिम स्थूल अर्थों में

वस्तु के रूप में नहीं आता जिस तरह से उसके पिछले संग्रहों में आया है, परन्तु पश्चिमी जीवन दृष्टि और चिन्तन का प्रभाव स्पष्ट दिखाई देता है। इस तरह से भारतीय और पश्चिमी मूल्यों के अद्‌भुत मिश्रण से सराबोर ये कविताएँ संवेदनापूर्ण चिन्तन के कारण जीवन–मृत्यु और अकेलेपन पर लिखी कविताओं में एक विशिष्ट स्थान पाती हैं।

मृत्यु की कैसी कविताएँ जिनमें भय और निराशा नहीं, झूठा साहस भी नहीं, जिनका उद्देश्य जीवन–मृत्यु के परत–दर–परत सवालों को काव्यात्मक संवेदना से सराबोर कर एक शाश्वत बहस को आगे ले जाना है। इस विषय पर लिखी ऐसी अद्‌भुत कविताएँ जो आपको डिप्रेशन में नहीं एक सघन विचार मन्थन में ले जाती हैं।

नयी कविता के कवियों में बहुत कम ऐसे कवि हैं जो जटिल संवेदनात्मक विचार–बिन्दुओं को गीतों या लयबद्ध कविता में पिरो दें। सत्येन्द्र जी की हर कविता में लय है, संगीत है जो कविता को शाब्दिक अर्थ से अलग एक रिद्‌म देता है जो अन्तर्मन में गूँजती रहती है और अर्थ को सघन करती है। ठेठ बनारस की संस्कार भूमि में विकसित संवेदनाएँ पश्चिम के मुक्त आकाश में विकसित संकल्पनाओं का आश्रय पा एक ऐसी जीवन दृष्टि की प्रस्तुति करती हैं जो विचार की दृष्टि से वस्तुनिष्ठ, संवेदना की दृष्टि से रागात्मक, शिल्प की दृष्टि से सुघड़ हैं। वे ईश्वर पर प्रश्नचिह्न लगाते हैं, पर विचारों में आस्तिक हैं। वे जीवन की यात्रा वर्षों में ही नहीं करते बल्कि अपनी एक कविता में देह के एक अहम अंग 'हथेली' के माध्यम से करते हैं और स्मृतियाँ सजीव हो उठती हैं। उनकी मान्यता है–जीवन और मृत्यु एक सतत वृत्त है। परन्तु इस सारी बहस में वे हैं जीवन के पक्षधर ही।

इतने जटिल और संश्लिष्ट विषय पर लिखी इतनी ताजगी भरी सघन कविताएँ अपने टाइम और स्पेस को लाँघ कालजयी रचनाओं में परिवर्तित हो जाती हैं। मुझे पूरा विश्वास है कि इन कविताओं में पाठकों के मनोजगत का स्थायी अंग बनने की क्षमता है।

आँखों की आँधी में अब भी शेष
जीने की आस्था सतत मशाल..
धारों के उस पार प्रवाहित दीप
बुला रही है उसकी ज्योति समीप..

तोड़ रहा हूँ अब बन्धन–घेरे
अब स्मृति है जो कल थे मेरे
आज सभी का हो जाने का मन
लगा रहा अपने ही फेरे (आँधी)

ऐसी कविताओं की अद्‌भुत दुनिया में आपका स्वागत है।

प्रवासी टुडे, जनवरी 2008

साढ़े सात दर्जन पिंजरे : डॉ. गौतम सचदेव

एक शोध प्रबन्ध, दो कविता संग्रह, एक व्यंग्य संग्रह के बाद अब एक स्वतन्त्र कहानी संग्रह गौतम जी का प्रकाशित हुआ है। बी.बी.सी. से दो दशक से अधिक समय से जुड़े रहे गौतम जी के इस संग्रह में 33 कहानियाँ हैं। कुछ छोटी, कुछ मध्यम आकार की, परन्तु छह़–सात पृष्ठों से लम्बी कोई कहानी नहीं है! हम इन कहानियों को तीन भागों में बाँट सकते हैं–प्रवासी जीवन से जुड़ी कहानियाँ, विभाजन की त्रासदी से जुड़ी कहानियाँ, भारत में बिताए जीवन से जुड़ी कहानियाँ।

गौतम जी के दो कविता संग्रह प्रकाशित हो चुके हैं 'अधर का पुल' और 'एक और आत्म–समर्पण'। उनकी कविताओं पर ब्रिटेन की कविताओं की सम्पादित पुस्तक 'धरती एक पुल' पर टिप्पणी करते हुए मैंने लिखा था कि उनके भाषा संस्कार और मनोभाव छायावादी रुझान लिए हुए हैं। संस्कृत की तत्सम शब्दावली और दार्शनिक भूमि पर लिखी यह कविताएँ प्रसाद और महादेवी से प्रेरित हैं। प्रसाद सम्भवतः उनके प्रिय कवि हैं। परन्तु गौतम जी का शोध प्रबन्ध प्रेमचन्द पर है। प्रेमचन्द के कहानी शिल्प पर लिखा उनका एक शोध प्रबन्ध आज तक प्रेमचन्द के शिल्प पर एक मानक पुस्तक के रूप में माना जाता है और विश्वविद्यालय के प्राध्यापक आज भी उसे ही आधार मान प्रेमचन्द को समझते और समझाते हैं। इस तरह से उनके लेखन में ऊपरी तौर पर एक विरोधाभास नज़र आता है : प्रेमचन्द की तरह यथार्थवादी या प्रसाद की तरह छायावादी हैं। मुझे लगता है, कविताओं से शुरू हुई उनकी दार्शनिक यात्रा उनके काव्य संग्रह 'सच्चा झूठ' के माध्यम से यथार्थवाद तक पहुँच गयी है।

यथार्थवाद का सबसे बड़ा औजार व्यंग्य है। व्यंग्य गौतम जी के लेखन में अन्तर्निहित धारा की तरह नज़र आता है। इस कहानी संग्रह के साथ गौतम जी ने दो क्षेत्रों में अग्रणी कहानीकार के रूप में स्वयं

को स्थापित किया है। ये क्षेत्र हैं–प्रवासी जीवन से जुड़ी कहानियाँ और विभाजन की त्रासदी से जुड़ी कहानियाँ।

गौतम जी के बचपन का एक हिस्सा वर्तमान पाकिस्तान में गुज़रा होगा परन्तु उनके मन और हृदय में विभाजन की टीस कभी नहीं गयी। गौतम जी के इस संग्रह में अनुष्ठान, छोटा चरनदास, साढ़े सात दर्जन पिंजरे, बेचारा दरियाई शाह, मिठाई, उस पार जैसी मर्मस्पर्शी कहानियाँ हैं। कहानियों को पढ़ते–पढ़ते अपहरण, बलात्कार की शिकार होती महिलाओं, चाकुओं और गोलियों से छलनी शरीर, श्मशान में बदले हरियाले मैदान, अनाथ बच्चों की क़तारें, पूरे उपमहाद्वीप में गूँजता विलाप, सदियों तक ना मिटने वाले घावों के चित्र और अनुभूतियाँ हृदय पटल पर अंकित हो जाती हैं। 'मिठाई' कहानी में मंटो की कहानी 'खोल दो' की तरह पाशविकता की अन्तिम सीमा पर पहुँचे लोगों की हृदयविदारक तस्वीर है।

'तोषी मानो सिंहनी की तरह से पलट कर उठने लगी। हसन का हाथ जाने कब और कैसे उसकी गर्दन पर पड़ गया और कस गया। तोषी छटपटाकर ठंडी होने लगी। हसन दबाता चला गया। अब तक वह सलवार फाड़कर तोषी को नंगा कर चुका था। तोषी ने कोई हरकत नहीं की। जब उसकी आग ठंडी होने लगी तो उसने महसूस किया कि तोषी बेजान लाश की तरह पड़ी है। वह उठ खड़ा हुआ और ममटी का दरवाज़ा खोलकर बिम्मो के घर होता हुआ अँधेरे में ग़ायब हो गया।' (मिठाई, पृ. 91)

गौतम जी की कहानी 'अनुष्ठान' शिल्प और कथ्य की दृष्टि से अत्यन्त सशक्त कहानी है। उनके मन से वह देश, वह ज़मीन कभी नहीं छूटी। ज़मीन एक भूगोल का टुकड़ा नहीं है। कहानी में एक व्यक्ति स्मृति में पाकिस्तान में छूटे अपने घर में है। जहाँ वर्तमान में रहने वाले लोग उसे भूत समझकर परेशान हैं। वे किसी पीर को झाड़–फूँक क़रने के लिए बुलाते हैं।

'मुझे दूसरी मंज़िल के कमरों के आगे खुली छत पर लगे झूले पर पेंगें मारनी थीं। छत पर उपलों वाले स्टोर में जमा और कई–कई बार गिनी अपनी पतंगों की गिनती करनी थी। उस पुरानी जाली का मुआयना करना था जिसमें घोंसला बनाने के चक्कर में एक चील फँस गयी थी और मैंने डर और कुतूहल के अद्‌भुत मिश्रण का परिचय देते हुए ना उस चील को छुड़ाया था और ना ही दूर से घण्टों तक उसको देखते जाना

बन्द किया था। मुझे उस भीमकाय ट्रंक को देखना और अपने दोस्तों के साथ उसमें घुसकर आँखमिचौली का खेल खेलना था जो घर के पूरे कमरे जितना लम्बा था।'

'वह किसी पेड़ से यह अंडे चुराकर लाया था, मैं भागने लगा था लेकिन उसने दूसरा अंडा मुझ पर दागा था। उसका निशाना चूक गया था और ज़मीन पर अंडे ने एक अजीब सा नक्शा बना दिया था हिन्दुस्तान और पाकिस्तान का मिला–जुला नक्शा, जिसमें देशों को अलग–अलग देखना मुश्किल था।' (अनुष्ठान, पृ 10)

'मैं उस दिन अभी कहाँ गया था, जिस दिन मेरे माँ–बाप एक रोते हुए एक बच्चे को घसीटकर किसी सरहद के पार ले गये थे। वह बच्चा ठीक बीच से कट गया था, लेकिन जल्दी ही दोनों हिस्से फिर से ज़िन्दा हो गये थे। उसने अपना कत्ल अपनी आँखों से देखा था। उसने देखा था कि लूटमार के बेमौसम पतझड़ ने पूरे वतन के पेड़ों का गला घोंट दिया था। जिन पर लटकती हुई ज़ख्मी टहनियाँ फाँसी पर लटकी लाशों की बाँहों और टाँगों जैसी लगती थीं, लेकिन उसने सब कातिलों को माफ कर दिया था। वह खोजा नजमुद्दीन को भी समझाना चाहता था कि मैं आपका शत्रु नहीं हूँ, वे क्यों ज़िन्दा भूतों को भगाने के अनुष्ठान कराते रहते हैं? भला कोई अपनी जन्मभूमि का भी बैरी हो सकता है। मैं बस इतना ही तो चाहता हूँ कि जिस भूमि पर काटे जाते समय मेरा खून गिरा था वहाँ के उजाले और हवा में मेरी कोई चाह या कराह रह जाए। अगर किसी को इतना भी स्वीकार नहीं, तो ना सही मेरी नापसन्द मौजूदगी को मनहूस तो ना माना जाए।' (अनुष्ठान, पृ. 12)

'छोटा चरनदास' भी ऐसी ही एक कहानी है जो बच्चों के माध्यम से विभाजन की विभीषिका को अभिव्यक्त करती है। विभाजन का आतंक उसके सपनों में है। उसके डर से रातों में उसका पेशाब निकल जाता है। जिन्न के डर से वह अपने प्रिय जूतों को अपने साथ चिपका कर सोता है। छोटा चरनदास बाल मन की अभिव्यक्ति की सशक्त कहानी है। इसी प्रकार की कहानी साढ़े सात दर्जन पिंजरे भी है जिससे इस कहानी संग्रह का शीर्षक भी लिया गया है। पाकिस्तान छोड़कर आये व्यक्ति की वहाँ रह गयी सम्पत्तियों की चाबियाँ ही वह पिंजरा है। उसे विश्वास है कि उसे अपना खोया हुआ सब कुछ प्राप्त हो जाएगा उसका पुत्र उन चाबियों यानी पिंजरों को गंगा में प्रवाहित कर स्मृतियों से मुक्त होने का

प्रमाण देता है। परन्तु उन स्मृतियों से यह उपमहाद्वीप कहाँ मुक्त हुआ है!

गौतम जी की विभाजन पर लिखी कहानियाँ आँसू, पीड़ा, दर्द, टीस, स्मृतियों की अनुगूँज और त्रासद इतिहास का प्रस्तुतीकरण और विश्लेषण है। इन कहानियों को रचकर गौतम जी ने इस सम्बन्ध में लिखी कहानियों में एक विशिष्ट जगह बनाई है। दूसरे जिस क्षेत्र में गौतम जी ने महत्त्वपूर्ण उपलब्धि हासिल की है, वह है प्रवासी जीवन से सम्बन्धित कहानियाँ उनकी कहानियाँ प्रवासी जीवन का महत्त्वपूर्ण दस्तावेज़ हैं। पश्चिम के जीवन के मूलभूत सवालों से उलझती उनकी कहानियाँ पश्चिम की मूल्य व्यवस्था की गहरी पड़ताल करती हैं। उनकी एक कहानी 'रोशनी की छुअन' में भारतीय मूल के युवक की ब्रिटिश मूल की युवती से विवाह के कारण उत्पन्न हुई जटिलताएँ हैं। इस कहानी में भारतीय युवक ब्रिटिश युवती को समझा नहीं पाता कि शादी और मातृत्व के बारे में उसकी धारणाएँ कितनी गलत हैं। यह सम्बन्ध क़ैद या नफ़रत नहीं उपजाते और उम्र के साथ ढलने में भी एक ख़ूबसूरती होती है। प्यार को पेड़ की तरह बढ़ना और फूलना–फलना चाहिए। पूरी ना अपनी, ना परायी पार्टनर? अंग्रेज़ी का यह शब्द कितना ओछा और बेमानी है, जिसे जीवन साथी होना चाहिए, वह पार्टनर कहलाता है। उसी तरह 'लम्बोतरे मुँह वाली लड़की' कहानी में एक भारतीय युवती के ब्रिटिश मूल के लड़के से विवाह के कारण उपजे सवाल हैं।

'भारत की गर्मी, धूल और गन्दगी से लन्दन के इस सीमावर्ती उपनगर की सड़क, स्वच्छता और व्यवस्था पर मोहित पम्मी घर के आगे वाले पौधों को देखने में लग जाती है। अपनी मिट्टी से वे सब कैसा पोषण प्राप्त कर रहे थे, फल और फूलों से लदे अपने कटे–सँवरे उपवन से कितने प्रसन्न थे। यदि इन्हें भारत की ज़मीन में रोपा जाए तो क्या इसी तरह हरे–भरे रह सकेंगे। अपनी ज़मीन और जलवायु क्या इतनी ज़रूरी चीज़ें होती हैं।' (लम्बोतरे मुँह वाली लड़की, पृ. 76)

'दमयन्ती की गलती' फिर कमिटमेंट के सवाल को उठाती है और पश्चिम में चरमराती विवाह संस्था के कारणों का विश्लेषण करती है।

गौतम जी ने पश्चिम में व्याप्त रंगभेद नस्लभेद को उसके विविध रूप–रंगों में प्रस्तुत किया है। समानता के मखमली ओवरकोट के नीचे यहाँ नस्लवाद के बदबूदार कपड़े थे।

'एकाध जगह उसे पार्ट टाइम काम मिला लेकिन एक तो पारिश्रमिक

कम, दूसरे उसके सहकर्मी उससे कटे–कटे रहते। अंग्रेज़ी लड़कियाँ उसके साथ कुछ देर काम करने के बाद बेशर्मी से अपने शरीर पर बॉडी स्प्रे छिड़कने लगतीं।

'एक दिन वह यह सुनकर सन्न रह गयी थी जब उसकी साथिन सिंथिया ने अपने सुपरवाइजर से दूसरे कमरे में ट्रांसफर करने के लिए अनुरोध किया था। उसके कानों में कमरे में घुसते ये शब्द पड़े थे–यू नो इसके शरीर से पसीने की विचित्र गन्ध आती है। मुझे हर शाम अपने कपड़े वाश करने पड़ते हैं।' (लम्बोतरे मुँह वाली लड़की, पृ. 80)

पर उनकी पैनी दृष्टि वहाँ भारतीयों द्वारा किये शोषण को भी सशक्तता के साथ प्रस्तुत करती है। 'मीट की मंडी' में पंजाबी मूल के भारतीय जो देह व्यापार के सौदागर हैं, द्वारा चेकोस्लोवाकिया से आयी लड़कियों के शोषण की लोमहर्षक दास्तान है। इन लड़कियों में से एक किसी तरह भागने में सफल होती है और दूसरी उसके द्वारा दिये गये सैकड़ों ज़ख़्मों की शिकार होकर अन्ततः आत्महत्या कर लेती है। हम भारतीय प्रायः पूरे यूरोप को एक जैसा समझते हैं और पूर्वी यूरोप की भयावह गरीबी से परिचित नहीं हैं। मैंने स्वयं इटली में पूर्वी यूरोप से आयी लड़कियों का शोषण देखा था।

स्त्री–पुरुष सम्बन्धों को गौतम जी यथार्थवादी चश्मे से देखते हैं। 'चमड़े का सिक्का' कहानी भारतीय मूल की कैरियरिस्ट युवतियों द्वारा कैरियर की सीढ़ियों पर चढ़ने के लिए अपनाये गये खुर्राट रास्तोंकी पहचान कराती है। इन रास्तों को अन्दर से दिखाते हुए वे हमें बी.बी.सी. की अन्दरूनी दुनिया की भयावह सच्चाई से भी परिचित कराते हैं, जहाँ उन्होंने वर्षों काम किया है।

वे प्रेम की अमरता जैसे नारों पर विश्वास नहीं करते बल्कि किशोर प्रेम के देह आकर्षण की कलई खोलते हैं। भारत के सन्दर्भ में लिखी उनकी कहानियाँ ज़्यादातर विश्वविद्यालय से जुड़ी हैं। इनमें भ्रष्टाचार, संस्थानों की राजनीति, राजनीतिक उठापटक और अवसरवादिता से सम्बन्धित कहानियाँ हैं। गौतम जी ने एक साथ अपने जीवन के तीन काल खण्डों का चित्रण किया है–बचपन में छूट गया आज का पाकिस्तान, युवावस्था में देखा भारत और परिपक्व जीवन में जाना और समझा पश्चिम। उनकी कहानियाँ यथार्थ की मिट्टी से निर्मित हैं और उनमें व्यंग्य की अन्तर्निहित धारा है। समृद्ध शब्द सम्पदा और सुघड़ शिल्प उनकी रचनाओं की

विशेषता है। वे अपने समय के सजग प्रहरी हैं। कहानियों में चंचलता, रोचकता और सारगर्भिता का विलक्षण संयोग है। वे परिवेश के तन्तुओं को बड़ी गहराई के साथ बुनते और शब्दों के माध्यम से उकेरते हैं।

प्रवासी जीवन के विविध विषयों को चित्रित कर उन्होंने प्रवासी साहित्य को समृद्ध किया है और अपनी विशिष्ट पहचान बनाई है। उन्होंने प्रवासी जीवन की जो तस्वीर प्रस्तुत की है वो स्टीरियो टाइप नहीं है, यह वे प्रवासी हैं जो वहाँ की मिट्टी में रोप तो दिये गये हैं पर उन्हें कहीं पानी नहीं मिलता तो कहीं भारतीय संस्कृति की धूप नहीं मिलती। वह फूल हैं जिनकी सुगन्ध ऑर्गेनिक नहीं है। यहाँ कई जातियाँ, समाज, नस्लें, संस्कृतियाँ, पीढ़ियाँ मिल रही हैं। यह संक्रमण का समय है। देश और काल दोनों दृष्टि से एक बड़े फलक पर लिखी ये कहानियाँ सम्बन्धित संसार को समूचे सन्दर्भों के साथ, पूरी विविधता और गहराई से प्रस्तुत करती हैं। यह कहानियाँ हिन्दी साहित्य की महत्त्वपूर्ण धरोहर हैं।

पुरवाई, जनवरी–मार्च 2012

एक लम्बी यात्रा में पाँच साला पड़ाव : पुरवाई

आज जब हिन्दी की पत्रिकाएँ बन्द होती नज़र आ रही हैं तो दूर ब्रिटेन में हिन्दी की किसी पत्रिका के 5 वर्ष पूरे होना एक सुखद अनुभूति देता है। वह पत्रिका भी कोई मनोरंजक पत्रिका न होकर यदि शुद्ध साहित्यिक पत्रिका हो तो यह और भी प्रसन्नता और गौरव की बात है। अब समय है कि पुरवाई की इस यात्रा का सिंहावलोकन किया जाए और इसके साहित्यिक और व्यवस्थात्मक पहलुओं पर विचार किया जाए।

पुरवाई की यात्रा ब्रिटेन में हिन्दी की यात्रा का ही एक अंग है। श्री लक्ष्मीमल्ल सिंघवी जिस समय ब्रिटेन में भारत के उच्चायुक्त थे उन्होंने हिन्दी के प्रचार–प्रसार के लिए कार्यक्रमों की श्रृंखला दी। अन्तर्राष्ट्रीय कवि सम्मेलनों, अन्तर्राष्ट्रीय हिन्दी सम्मेलनों की कड़ी उनके समय में ही प्रारम्भ हुई जिसकी परिणति विश्व हिन्दी सम्मेलन के आयोजन में हुई। इन कार्यक्रमों के आयोजन में उनके प्रमुख सेनानियों में से थे भारतीय उच्चायोग में तत्कालीन हिन्दी और संस्कृति अधिकारी डॉ. सुरेन्द्र अरोड़ा और यू.के. हिन्दी समिति के पद्‌मेश गुप्त। कार्यक्रम और कवि सम्मेलन प्रभाव सृजित करते हैं परन्तु हिन्दी की जड़ें स्थायी रूप से इस देश में लगाने के लिए, साहित्यकारों की रचनाशीलता को उत्प्रेरित करने के लिए, उनके साहित्य को मंच प्रदान करने के लिए यह आवश्यक था कि हिन्दी की एक साहित्यिक पत्रिका यहाँ से प्रारम्भ की जाए। पद्‌मेश गुप्त कठिन–से–कठिन काम को हँसते मुस्कराते करने की कला में दक्ष हैं। यह गुरुतर भार उन्होंने उठाया और एक लघु पत्रिका के रूप में पुरवाई प्रारम्भ हो गयी।

पद्‌मेश बताते हैं किस प्रकार शुरुआती दिनों में वह और डॉक्टर सुरेन्द्र अरोड़ा पत्रिका के लिए भाग–दौड़ करते थे। पत्रिका के सम्पादन और प्रकाशन में सक्सेना दम्पति का भी विशेष योगदान रहा है। जहाँ

उषा राजे सक्सेना ने साहित्यिक मोर्चा सँभाला वहीं के.बी.एल. सक्सेना ने प्रकाशन और वितरण के काम में भरपूर सहयोग दिया। पत्रिका के उत्तरोत्तर विकास में प्रकाशक का भी महत्त्वपूर्ण योगदान है। पत्रिका यद्यपि यू.के. हिन्दी समिति द्वारा प्रकाशित की जाती है परन्तु इसके लेखन और प्रचार–प्रसार में गीतांजलि बहुभाषी समुदाय बर्मिंघम, हिन्दी समिति मानचेस्टर, भारतीय भाषा संगम यार्क का महत्त्वपूर्ण योगदान रहा है।

प्रारम्भिक अंकों से ही पत्रिका का साहित्यिक स्तर उत्कृष्टता प्राप्त करने लगा क्योंकि पत्रिका से जुड़ी टीम में ऐसे साहित्यकार शामिल थे जिनकी रचनात्मक प्रतिभा उर्वर थी और जो इस देश में हिन्दी की पत्रिका को स्थापित करने के लिए उत्साहित और प्रतिबद्ध थे। पुरवाई अपनी शुरुआत एक पत्रिका से ज़्यादा लघु पत्रिका के रूप में करती है परन्तु इसके स्तर में निरन्तर सुधार और परिष्कार परिलक्षित होता है। दूसरे अंक से ही यह एक पत्रिका का कलेवर पकड़ती है और धीरे–धीरे उसकी साज–सज्जा और प्रस्तुति भी निखरती जाती है।

कई अर्थों में पुरवाई पत्रिका नहीं आन्दोलन है क्योंकि पत्रिका का सम्पादक मात्र एक साहित्यकार नहीं है अपितु एक साहित्यिक–सांस्कृतिक पृष्ठभूमि वाला हिन्दी के प्रति समर्पित एक सक्रिय कार्यकर्ता है इसलिए पत्रिका एक दस्तावेज़ बनकर विकसित हो रही है जिसमें आप यू.के. में हिन्दी की धड़कन सुन सकते हैं, उसका स्पन्दन महसूस कर सकते हैं। समय–समय पर यू.के. में हुई हिन्दी की गतिविधियाँ अपनी शिद्दत के साथ पत्रिका में मौजूद हैं। हिन्दी के तमाम लेखक और गण्यमान्य लोग यू.के. में समय–समय पर आते रहे हैं और पुरवाई की गन्ध को और सुवासित करते रहे हैं। उनके प्रवास पुरवाई ने ही दर्ज किये हैं।

यह कहना कि पुरवाई ने यू.के. में हिन्दी के लेखकों को एक मंच प्रदान किया है शायद अंडरस्टेटमेंट होगी। वास्तव में मनोवैज्ञानिक सत्य यह है कि पुरवाई ने ही यहाँ के हिन्दी के लेखकों को लिखने की प्रेरणा भी दी है, यदि छपने का अवसर ना हो तो फिर रचनाएँ स्वान्तः सुखाय ही रह जाएँ। पुरवाई के लेखक मंडल में जहाँ सत्येन्द्र श्रीवास्तव, गौतम सचदेव, कैलाश बुधवार और नरेश अरोड़ा जैसे वरिष्ठ लेखक हैं तो वहीं उषा राजे सक्सेना, दिव्या माथुर, उषा वर्मा, शैल अग्रवाल जैसी सामर्थ्यवान महिला लेखिकाओं की योग्य टीम। वहीं मोहन राणा जैसे युवा रचनाकारों का रंग कुछ अलग ही है। श्री के.के. श्रीवास्तव, ब्रज गोयल

और प्राण शर्मा जैसे रचनाकारों का योगदान भी महत्त्वपूर्ण है। भारत से बहुत से लेखक पुरवाई में लिखते रहे हैं उनमें डॉ. रामदरश मिश्र, केदारनाथ सिंह, कमल किशोर गोयनका, शिवमंगल सिंह सुमन, नरेश शांडिल्य, विक्रम सिंह जैसे लेखक शामिल हैं। ज़्यादातर प्रकाशित रचनाएँ उनके ब्रिटेन प्रवास के संस्मरण हैं। डॉ. रामदरश मिश्र के संस्मरण मात्र डायरी के पन्ने नहीं बल्कि उनकी अनुभवसम्पन्न दृष्टि से वे घटनाओं और कार्यक्रमों के माध्यम से गहरी मौलिक और तांत्रिक बात कह जाते हैं। केदारनाथ सिंह का ब्रिटेन में हिन्दी कविता पर लेख यहाँ की कविताओं को समझने के लिए एक विशिष्ट दृष्टिकोण प्रस्तुत करता है। इस मायने में नरेश शांडिल्य भी तपाक और स्पष्टता के साथ अपनी बात कह सकते हैं। डॉक्टर गोयनका विदेश में रचे जा रहे हिन्दी साहित्य के विशेषज्ञ हैं और समय–समय पर इस विषय पर लिखे गये उनके लेख विदेश में रचे जा रहे साहित्य को सही परिप्रेक्ष्य में प्रस्तुत करते हैं। विदेशों में लिखे जा रहे हिन्दी साहित्य को मान्यता और प्रतिष्ठा दिलाने में उनकी भूमिका अत्यन्त सार्थक रही है।

पुरवाई की टीम की प्रमुख सदस्य उषा राजे सक्सेना हैं जिनका एक स्थायी स्तम्भ 'मुलाकात' पुरवाई में प्रकाशित होता है। उषा राजे सक्सेना की रचनाएँ पढ़ते हुए ऐसा लगता है जैसे कोई ख़ूबसूरती से रचना बुन रहा हो। बहुत कम स्थानीय रचनाकारों का हिन्दी के शब्द–भंडार पर उनकी तरह अधिकार है। एक अत्यन्त सक्रिय लेखिका उषा राजे कहानियाँ और कविताएँ दोनों ही अधिकारपूर्वक लिखती हैं। गौतम सचदेव एक ऐसे वरिष्ठ लेखक हैं जिनकी कहानियाँ, लेख, कविताएँ, व्यंग्य रचनाएँ और समीक्षा पुरवाई को साहित्यिक स्तर और गरिमा प्रदान करती हैं। उनके लेखन की धार पैनी और रचना प्रतिभा प्रेरणादायी है। उनकी समीक्षाएँ वस्तुनिष्ठ और धारदार होती हैं। दिव्या माथुर एक कहानीकार के रूप में न केवल यू.के. बल्कि उसके बाहर भी स्थापित हैं, उनकी रचनाएँ उनके व्यक्तित्व की तरह संवेदनशील और गहरा प्रभाव छोड़ने वाली हैं। तेजेन्द्र शर्मा इसलिए तो महत्त्वपूर्ण हैं ही कि वे एक महत्त्वपूर्ण कहानीकार हैं बल्कि इसलिए भी उनकी बहुमुखी प्रतिभा अनेक रचनाकारों को प्रोत्साहित कर रही है। अपनी संस्था कथा के माध्यम से उन्होंने साहित्यिक वातावरण सृजित करने में तो महत्त्वपूर्ण योगदान किया है बल्कि बहुत से लेखकों को लिखने के लिए धूप–खाद–पानी मुहैया कराया है। उनका लेखन उसी

तरह रोचक और मुक्त करने वाला है जैसा उनका व्यक्तित्व। पुरवाई में प्रकाशित उनकी कहानियाँ देशकाल का सच्चा प्रतिबिम्ब हैं। डॉक्टर के.के. श्रीवास्तव के चुटकुले सिर्फ़ चुटकुले नहीं हैं उनमें ब्रिटेन का हास्य–व्यंग अपनी दृष्टि के साथ परिलक्षित होता है। पत्रिका को परिवारों में पठनीय बनाने में उनकी एक भूमिका है। परिचयात्मक आयाम लिए हुए शैल अग्रवाल का रचना जीवन अभी अधिक नहीं है परन्तु चाहे कविता हो या कहानी उन्होंने अपनी वैशिष्ट्य की छाप छोड़ी है। उनकी प्रतिभा की उर्वरता लगातार सवाल करती है और इसी खोज में ताजगी भरा साहित्य हमारे सामने आता है। पुरवाई के लेखन मंडल में शामिल और लोगों की चर्चा करना यहाँ समीचीन होगा। डॉ. सत्येन्द्र श्रीवास्तव की स्मृति परिक्रमा और कविताएँ तमाम प्रवासी लेखकों के लिए एक मानक हैं। उनका यायावर चरित्र, जनसंवेदना से सम्पूर्ण रचनाएँ पुरवाई की विशेष उपलब्धियाँ हैं। राकेश माथुर ने समय–समय पर फ़िल्म समीक्षा कर पत्रिका की रोचकता में वृद्धि की है और हिन्दी की सबसे लोकप्रिय और आकर्षक विधा से पाठकों को अवगत कराया है। मोहन राणा भीड़ के कवि नहीं हैं उनकी कविताएँ जितने गहरे बैठती हैं उतनी गहराई और सूक्ष्म दृष्टि बहुत कम लोगों के पास होती है। एक विलक्षणता उनकी कविताओं में व्याप्त है। सोहन राही और भारतेन्दु विमल की रचनाओं ने भी समय–समय पर पुरवाई को समृद्ध किया है।

रिपोर्टिंग की दृष्टि से यदि प्रारम्भिक पुरवाई की रिपोर्ट आप पढ़ेंगे तो आप एक ऐसे शख़्स की रिपोर्टों को पढ़ सकेंगे जिसने ब्रिटेन में हिन्दी के प्रचार–प्रसार में सिपाही बनने के लिए अपनी रचनाशीलता की एक तरह से बलि चढ़ा दी। डॉ. सुरेन्द्र अरोड़ा एक समर्थ कहानीकार हैं परन्तु ब्रिटेन में अपने कार्यकाल के दौरान माननीय सिंघवी जी के सपनों को साकार करने के लिए उन्होंने दिन–रात एक कर दिया। ब्रिटेन में उनकी रचनाशीलता उनकी रिपोर्टों में प्रकट होती है। पूर्व प्रधानमन्त्री श्री वी.पी. सिंह के कार्यक्रम की रिपोर्ट हो या किसी अन्तर्राष्ट्रीय कवि सम्मेलन की रिपोर्ट, डॉक्टर अरोड़ा की कलम घटनाओं को जादुई तरीके से अभिव्यक्त करती है। परत–दर–परत घटनाएँ खुलती हैं, एक आँखों देखा हाल चलता रहता है और एक निर्झर शुरू से अन्त तक बहता रहता है। पाठक के लिए उसे बीच में छोड़ना सम्भव नहीं है। डॉक्टर अरोड़ा की रिपोर्ट शैली का उपयोग पत्रकारिता के महाविद्यालय रिपोर्ट लिखनी सिखाने के

लिए कर सकते हैं। पद्मेश गुप्त की हरिप्रसाद चौरसिया के कार्यक्रम की रिपोर्ट भी काफ़ी सशक्त है। न जाने क्यों उसके बाद पद्मेश गुप्त ने अपनी रिपोर्टों से पुरवाई को और समृद्ध नहीं किया।

पुरवाई का सम्पादकीय प्रभावित करने वाला है। पद्मेश जी ने अपने सम्पादकीय का प्रयोग अपने समय और साहित्य के ज्वलन्त सवालों को उठाने के लिए किया है। चाहे विमान अपहरण के समय बहुत लोगों के परिवार सदस्यों और मीडिया द्वारा भारत सरकार पर बनाया गया दबाव हो या ब्रिटेन में परिवार में बच्चों का हिन्दी और भारतीय जीवन मूल्यों से पृथक होते जाना हो। पुरवाई का सम्पादकीय एक अनूठा और झिंझोड़ने वाला सवाल उठाता है। सम्पादक की वैचारिक क्षमता और दृष्टि का परिचय पुरवाई के सम्पादकीय के माध्यम से प्राप्त होता रहा है।

किसी व्यक्ति के योगदान की पहचान उसके समय में नहीं होती, उसके परिदृश्य से दूर जाने पर उसके योगदान का वस्तुनिष्ठ मूल्यांकन हो पाता है। डॉक्टर सिंघवी का ब्रिटेन के हिन्दी के परिदृश्य में योगदान का एक जीवन्त प्रतीक है पुरवाई। उसके पास रीजन था सामर्थ्य था। यह सामर्थ्य केवल संसाधनों पर आधारित नहीं था उनकी प्रखर बौद्धिकता, भावप्रवण मन हिन्दी की जड़ इस देश में लगाने के लिए आधार बना। इस कार्य में उनकी अर्धांगिनी श्रीमती कमला सिंघवी ने भी भरपूर योगदान किया। पुरवाई उनके इस विजन का जीवन्त प्रमाण है। इसलिए जहाँ ब्रिटेन में उनके द्वारा विभिन्न अवसरों पर लगाई गयी कोंपलें अब पौधे बन चुकी हैं और वातावरण को सुरभित कर रही हैं। वहीं उनकी पुरवाई की सुगन्ध भी चहुँ दिशा में फैलने लगी है। इस अवसर पर उनकी दृष्टि और हिन्दी के प्रति उनके लगाव और योगदान को याद करना और उसे श्रद्धा सुमन अर्पित करना अत्यन्त आवश्यक है।

पुरवाई का प्रकाशन निश्चित रूप से प्रवासी हिन्दी साहित्य के लिए एक बड़ी उपलब्धि है। यहाँ यह भी विचार योग्य है कि हिन्दी की बड़ी मात्रा में साहित्यकारों के अमेरिका, त्रिनिदाद, मॉरिशस आदि स्थानों पर रहते हुए भी हिन्दी की कोई साहित्यिक पत्रिका इन स्थानों पर पुष्पित–पल्लवित नहीं हो पायी। मुझे इसका मुख्य कारण संगठनात्मक क्षमता या व्यवस्थापक क्षमता का अभाव नज़र आता है। पद्मेश गुप्त और उनकी टीम की इस क्षमता के चलते ही पुरवाई को वर्तमान रूप में ला पाये। केवल साहित्यिक क्षमता से ही पत्रिका चल नहीं पाती है ऐसी

संगठनात्मक और व्यवस्थात्मक क्षमता यदि हिन्दी के लोग अन्य स्थानों पर विकसित कर सकें तो हिन्दी को अन्तर्राष्ट्रीय स्तर पर प्रतिष्ठित करने में सहायता मिलेगी।

परन्तु पुरवाई को अभी कई मंज़िलें तय करनी हैं। पुरवाई में रचनाओं का क्रम कई बार अटपटा होता है। कई बार असम्बद्ध लेख रंग में भंग डालते हैं और पत्रिका की मज़बूत पहचान बनने में बाधा डालते हैं। भारत से साहित्यिक जगत की हलचल ब्रिटेन में सांस्कृतिक जीवन की झाँकी ना होना खटकती है। साक्षात्कार, हिन्दी शिक्षण, बाल जगत जैसे स्तम्भ और जोड़े जा सकते हैं। विश्व हिन्दी सम्मेलन अंक, हिन्दी में कम्प्यूटर अंक, हिन्दी कहानियाँ अंक, आतंकवाद विरोधी रचना अंक जैसे विषयों पर केन्द्रित अंक प्रकाशित कर पुरवाई ने अपनी पहचान और भव्य स्तर पर स्थापित करने के लिए प्रयत्नों को सघन किया है। इस तरह के प्रयासों में निरन्तरता चाहिए। पुरवाई में अभी यहाँ रहने वाले भारतीयों का जीवन इतनी समग्रता में अभिव्यक्त नहीं होता, जितना हो सकता है। यहाँ की सांस्कृतिक–साहित्यिक गतिविधियों को और विस्तार दिया जा सकता है। यदि कहीं अवरोध है तो तोड़ने की कोशिश की जानी चाहिए। लेखकों का दायरा बढ़ाया जाना चाहिए। पत्रिका के लिए अलग–अलग पृष्ठों पर अलग–अलग फोंट्स का प्रयोग करना अखरता है। ऐसे कितने ही सुझावों पर विचार किया जा सकता है परन्तु बेहतरी की सम्भावनाएँ तो किसी भी पत्रिका के साथ हो सकती हैं। यह समय तो एक उपलब्धि के उत्सव का है। आइए इस अवसर पर पुरवाई के सम्पादक और इस यज्ञ के ऋषि पद्मेश गुप्त और उनकी टीम को डॉ. सत्येन्द्र श्रीवास्तव की इन पंक्तियों के साथ बधाई दी जाए :

देखा–तराशा फिर रंगीन चित्रित किया सब कुछ को, अर्थ दिया कलाकार, तुमने कितना देखा कितने आयामों के आर–पार, पारावार डूब–डूब लाये सच्चे मोती/और रचा एक नया विस्तृत संसार–शिल्प गीत से आइए पुरवाई की महक को पोर–पोर में भर लिया जाए।

पुरवाई, जुलाई–सितम्बर 2002

अपने समय और समाज का आईना : 'पंगा तथा अन्य कहानियाँ'

प्रस्तुत कहानी संग्रह 'पंगा तथा अन्य कहानियाँ' दिव्या माथुर की साहित्य यात्रा में से एक लम्बी छलाँग है ही। ब्रिटेन का हिन्दी प्रवासी साहित्य भी इस एक संग्रह से ही अपने अगले महत्त्वपूर्ण पड़ाव पर जा पहुँचा है।

यह कहानियाँ ब्रिटेन में रहने वाले भारतीय समाज का आईना हैं। प्रवासी साहित्य की सभी विशेषताएँ जैसे मूल्यगत द्वन्द्व रेफरेंस पॉइंट के रूप में भारत का सतत प्रयोग, भारत को लेकर नॉस्टेल्जिया पश्चिम सोच की फ्रैंक, सभी कुछ तो है इसमें...ये कहानियाँ कभी नदी की तरह सीधी, टेढ़ी और कभी धीरे चलती हैं तो कभी वेगवान हो चट्टानों से टकराती, शोखी में इतराती सी, तो कभी हवा के मानिन्द अपनी सुगन्ध से परिवेश को सुगन्धमय कर देती हैं। ये कहानियाँ, कहानियाँ नहीं हैं, ये नाम और स्थान बदल कर प्रवासी जीवन का प्रमाणित दस्तावेज़ हैं, इतिहास हैं। सरलता, सहजता, ताज़गी इन कहानियों की विशेषता है। ये विषयों को चुनकर सायास नहीं लिखी गयी हैं। ना ही ये पश्चिमी साहित्य का बैकयार्ड हैं। ये ब्रिटेन में भारतीयों के तेज़ी से दौड़ते जीवन का वस्तुनिष्ठ अंकन हैं।

इन कहानियों में बड़े फ्लैटों और बँगलों में उकताए हुए प्रवासी भारतीयों की बौद्धिक जुगाली नहीं है, ये कहानियाँ ब्रिटेन के सबसे वंचित समाज की हैं। इसमें जीवन में मूलभूत सुविधाएँ पाने के लिए संघर्ष करते अफ्रीकी मूल के लोग हैं (खल्लास), पैटीशन देने की एवज में यौन शोषण का शिकार होती भारतीय स्त्रियाँ हैं (बचाव), मृत्यु और जीवन की सार्थकता पर विमर्श करता जीवन है (अन्तिम तीन दिन), भारत की लोककथाओं, मिथकों, पौराणिक प्रसंगों का प्रासंगिक और सार्थक प्रयोग

है (एक था मुर्गा, कथा सत्यनारायण की), एक बिल्कुल नये और गहन सन्दर्भों में पश्चिम में रह रहे बुजुर्गों की मानसिकता का चौंकाऊ चित्रण है (ठुल्ला क्लब)। संग्रह की उपलब्धि 'पंगा' कहानी है। यह एक बहुकोणीय और बहुस्तरीय कहानी है। यह अपने ट्रीटमेंट में नितान्त आधुनिक है जो कथ्य, तकनीक और भाषा के स्तर पर नये प्रयोगों से दीर्घकालिक प्रभाव छोड़ती है।

इन कहानियों में साउथ हॉल, वैम्बली, हाल्सडर्न जैसे स्थानों का बार–बार उल्लेख कोई संयोग नहीं है। ये वे स्थान हैं जहाँ भारतीयों को ब्रिटेन में पाँव रखने की जगह मिली थी। उनके शोषण, विडम्बनाओं, विरोधाभासों, महत्त्वाकांक्षाओं, जिजीविषा शक्ति का यह संग्रह सबसे प्रामाणिक और सशक्त चित्रण है। अफ्रीकी मूल के लोग, अवैध रूप से रहते भारतीय, मज़दूरी या निम्न स्तर की क्लर्की करते भारतीय, शोषण की शिकार भारतीय महिलाएँ, वापसी के डर से गुलामों–सा जीवन जीते भारतीय यानी ब्रिटेन में रहने वाले दलितों और वंचितों का ऐसा चित्रण ब्रिटेन के हिन्दी साहित्य में अन्यत्र उपलब्ध नहीं है। इन कहानियों में एक साथ प्रवासी विमर्श, पश्चिमी सन्दर्भ में दलित विमर्श, स्त्री विमर्श और भारतीय जीवन दृष्टि विद्यमान हैं। इसमें बड़बोलापन और आडम्बर नहीं है, यह एक साधारण और विनम्र स्त्री के जीवन संघर्षों से उमड़ा–घुमड़ा साहित्य है।

शिल्पगत स्तर पर विभिन्न बोलियों और भाषाओं का प्रयोग अंग्रेज़ी (पंगा), गुजराती (बचाव) ठेठ चाँदनी चौक की कायस्थों वाली भाषा (ठुल्ला क्लब), पंजाबी (निशान) संग्रह की रोचकता और प्रामाणिकता में चार चाँद लगाता है। यह लेखिका के व्यापक कैनवास और अनुभव समृद्ध जीवन का भी प्रतीक है। संवाद शैली चुटीली, सन्दर्भानुकूल और सहज है।

यू.के. हिन्दी समिति के बीस वर्ष

यू.के. हिन्दी समिति बीस वर्ष की हो गयी। पूरी युवा। पद्‌मेश गुप्त की तरह जो हिन्दी का युवा तेजस्वी चेहरा है। 1990 में हिन्दी समिति का जब गठन हुआ था तो लगा कि लन्दन के किसी एक क्षेत्र में हिन्दी शिक्षण की मशाल जली रहे इसके लिए कुछ प्रौढ़ लोगों ने एक संस्था का निर्माण किया है। परन्तु ब्रिटेन का हिन्दी का नक्शा पलटने वाला था। लगभग उसी काल में यशस्वी विद्वान डॉ. लक्ष्मीमल्ल सिंघवी ब्रिटेन में भारत के उच्चायुक्त बन कर पधारे। उनके व्यक्तित्व की सरलता, सहजता और भाषा और संस्कृति के प्रति समर्पण ने उन्हें ब्रिटेन में लोकप्रिय कर दिया। उनके पास हिन्दी को लेकर योजनाएँ थीं। परन्तु उन योजनाओं का कार्यान्वयन कौन करता? डॉ. सुरेन्द्र अरोड़ा ने पद्‌मेश गुप्त और यू.के. हिन्दी समिति को इसके लिए तैयार किया। डॉ. सिंघवी द्वारा चलाए गये कवि सम्मेलन इसलिए चल रहे हैं कि कोई दिन–रात उनकी चिन्ता करने वाला है। कवि सम्मेलनों की यह अनवरत शृंखला जिसमें केदारनाथ सिंह, रामदरश मिश्र, कन्हैयालाल नन्दन, शिवमंगल सिंह सुमन, अशोक चक्रधर, अरुण कमल, कुँवर बेचैन जैसे नामी कवियों ने भागीदारी की, पद्‌मेश गुप्त और यू.के. हिन्दी समिति के कामों और विजन का परिणाम है।

इस बीच ब्रिटेन के साहित्य जगत में दो महिला कथाकारों ने तेज़ी से अपनी जगह बनायी। उषा राजे सक्सेना और दिव्या माथुर ने कविता और कहानी के क्षेत्र में एक के बाद एक उपलब्धियाँ दर्ज कीं और प्रवासी साहित्य जगत में अपनी जगह बनायी। साथ ही अपने विशद अनुभव और सक्रियता के साथ डॉ. सक्सेना भी जुड़ गये। यू.के. हिन्दी समिति लन्दन में हिन्दी गतिविधियों का पर्याय बन गयी और एक भीनी–भीनी आत्मीयता और सांस्कृतिक सुगन्ध के साथ यू.के. हिन्दी समिति ने अन्तर्राष्ट्रीय जगत में अपनी जगह बनाई।

इस टीम के लिए सबसे बड़ी चुनौती तब आयी जब अमेरिका में आपसी विवाद के चलते विश्व हिन्दी सम्मेलन करना सम्भव नहीं लग रहा था। अब सवाल था कि इसे कहाँ आयोजित किया जाए? डॉ. सिंघवी ने पद्मेश गुप्त से यह चर्चा की जो सहर्ष तैयार हो गये। पद्मेश गुप्त के संयोजकत्व में केवल 3 महीने के नोटिस पर डॉ. कृष्ण कुमार, के.बी.एल. सक्सेना, उषा राजे सक्सेना, दिव्या माथुर आदि ने ब्रिटेन की अन्य संस्थाओं से सहयोग ले 1999 के विश्व हिन्दी सम्मेलन का आयोजन कर ब्रिटेन और यू.के. हिन्दी समिति को विश्व में हिन्दी के नक्शे पर उभार दिया।

जिस समय वर्ष 2000 में मैं हिन्दी और सांस्कृतिक अधिकारी होकर ब्रिटेन पहुँचा, ब्रिटेन में हिन्दी उठान पर थी। मुझे लगा कि साहित्य के साथ क्यों ना उसे नयी पीढ़ी और हिन्दी शिक्षण के साथ जोड़ा जाए। हिन्दी ज्ञान प्रतियोगिता की परिकल्पना की गयी। उसके संयोजन का भार पद्मेश गुप्त ने लिया। विश्व में हिन्दी शिक्षण को लेकर सबसे व्यवस्थित प्रयास की नींव पड़ी। उषा राजे सक्सेना ने पहले पहल विद्यार्थी को भारत का टिकट दिया। वेद मोहला ने अकादमिक संयोजक की ज़िम्मेदारी ली।

एक के बाद एक क्रियाकलाप कर यू.के. हिन्दी समिति ने विश्व पटल पर हिन्दी की सबसे प्रमुख संस्था के रूप में अपनी जगह बनायी। अभी तो वह युवा है। ना जाने कितने आसमान, चाँद सितारे इसकी प्रतीक्षा कर रहे हैं। विश्व के हिन्दी प्रेमियों की इस अग्रणी संस्था और इसके संचालक और संचालिकाएँ वास्तव में अभिनन्दन के पात्र हैं।

प्रवासी टुडे, जुलाई 2010

फीजी में हिन्दी पत्रकारिता के 80 साल के गौरवपूर्ण इतिहास का प्रतिनिधि : 'शान्तिदूत' साप्ताहिक

फीजी में भारतीय मूल के लोगों का गौरवशाली और संघर्षपूर्ण इतिहास है। इन साधनविहीन भारतीयों ने, अपने जन्मस्थान से हज़ारों किलोमीटर दूर, समुद्र की गर्जना करती लहरों के सान्निध्य में और मूल रूप से जंगलों में रहने वाले अपरिचित मूल निवासियों के साथ रहकर तालमेल बिठाया, अंग्रेज़ों के अत्याचारों को सहा और अपने परिश्रम और कर्मठता से घने और बीहड़ जंगलों को हरे–भरे खेतों में बदल दिया। यह यात्रा बड़ी संघर्षपूर्ण रही है। इसमें इतनी कठिनाइयाँ, इतनी चुनौतियाँ हैं कि फीजी के गिरमिटियों की कहानी एक रोचक, लोमहर्षक परिदृश्य प्रस्तुत करती है। इस इतिहास को जानना–समझना भारत और उसके डायसपोरा के लिए बहुत आवश्यक है। इस गौरवगाथा को, उसके उतार–चढ़ाव को, उसकी चुनौतियों को उनकी भाषा में प्रस्तुत करना बहुत ही चुनौतीपूर्ण कार्य था। लेकिन दो–चार साल नहीं, दो–चार दशक नहीं बल्कि आठ दशक तक ऐतिहासिक घटनाओं, युद्धों, विद्रोहों, समस्याओं को प्रस्तुत करने का काम हिन्दी भाषा में 'शान्तिदूत' नामक साप्ताहिक हिन्दी समाचार–पत्र ने किया। वर्ष 2015 में 11 मई को साप्ताहिक शान्तिदूत के 80 वर्ष पूरे हुए। शायद ही भारत से बाहर किसी हिन्दी समाचार पत्र की इतनी आयु हो। शान्तिदूत के इस गौरवशाली प्रकाशन का प्रवासी हिन्दी पत्रकारिता के इतिहास में महत्त्वपूर्ण स्थान है।

शान्तिदूत की शुरुआत की पृष्ठभूमि द्वितीय विश्वयुद्ध की है। विश्वयुद्ध के बादल मँडरा रहे थे। इटली की सेना युद्ध में उतर चुकी थी। उस समय अंग्रेज़ी समाचार–पत्र फीजी टाइम्स छपा करता था। उसके जनरल

मैनेजर थे श्री बाकर। वे विश्वयुद्ध में फीजी की जनता के सामने मित्र राष्ट्रों का पक्ष रखने और ब्रिटेन के पक्ष में जनमत तैयार करने के लिए चर्चाएँ कर रहे थे। बैठकें इत्यादि आयोजित की जा रही थीं। ऐसे ही एक बैठक में विचार आया कि स्थानीय लोगों को मित्र राष्ट्रों के पक्ष में विश्वयुद्ध से जोड़ने के लिए क्यों ना हिन्दी में अख़बार निकाला जाए? उसी बैठक में एक युवा मौजूद था जिसकी वर्षों से इच्छा थी कि फीजी में रहने वाले भारतीयों के लिए हिन्दी में एक समाचार–पत्र होना चाहिए। उसने मौक़े के महत्त्व को समझा और स्वयं को यह कार्य करने के लिए प्रस्तुत कर दिया। उसका नाम था पंडित गुरुदयाल शर्मा। परन्तु अख़बार की अपेक्षा केवल सम्पादन करना ही नहीं था। अख़बार में समाचार संग्रह, चयन, प्रूफ रीडिंग, सम्पादन, ले–आउट, प्रस्तुति, वितरण सब अपेक्षित है। गुरुदयाल शर्मा ने यह सारा कार्य एक–दो साल नहीं, दस–बीस साल नहीं, बल्कि अनवरत 48 साल तक किया।

11 मई, 1935 में शान्तिदूत के प्रकाशन से हिन्दी का जो शंख बजा वह हुँकार आज भी ध्वनित हो रही है। गुरुदयाल शर्मा का जन्म 10 दिसम्बर, 1913 को सुवा में हुआ था। उन्होंने अपनी पत्रकारिता की पारी पैसिफिक प्रेस से शुरू की जहाँ वे हिन्दी पत्र के सहायक सम्पादक बने। इन्होंने 'वृद्धिवाणी' जैसे नये पेपर की भी शुरुआत की। अन्ततः 1935 में उन्होंने शान्तिदूत के सम्पादक का कार्यभार सँभाला और 48 वर्ष तक शान्तिदूत के माध्यम से हिन्दी पत्रकारिता की अनवरत सेवा की। वे प्रसिद्ध ऋषिकुल कॉलेज के संस्थापकों में से थे और बहुत–सी सामाजिक गतिविधियों से जुड़े थे। वर्ष 1982 में उन्होंने सेवानिवृत्ति ली। उन्होंने एक पुस्तक भी लिखी 'Memories of Fiji 1887–1987'।

शान्तिदूत का नाम कैसे पड़ा होगा पहले इसको सोच लें! यह विश्वयुद्ध का समय था तो ऐसे समय में ब्रिटेन का पक्ष या मित्र राष्ट्रों का पक्ष ही शान्ति का पक्ष है, इसके लिए जनमत तैयार करना तात्कालिक प्रबन्धन की दृष्टि रही होगी। 11 मई, 1935 को लिखे पहले सम्पादकीय में श्री गुरुदयाल शर्मा पत्र की नीतियों को स्पष्ट करते हुए लिखते हैं– 'इस पत्र के द्वारा भारतीयों को समस्त संसार की जानकारी मिलती रहेगी जिससे हिन्दी भाषा जानने वाली जनता अनभिज्ञ रहती है।' वे लिखते हैं–'इस पत्र में भारत, इंगलैंड, चीन, जर्मनी के समाचार बेतार द्वारा प्राप्त किये जाएँगे, जो आज तक कोई हिन्दी का अख़बार नहीं कर सका है।

लोक भलाई को स्मरण रखना प्रत्येक पत्रकार का कर्तव्य है अर्थात असत्य एवं विवाद विषयों से दूर रहकर शान्ति का प्रचार जनसमूह में करना उद्देश्य होना चाहिए।' उन्होंने सम्पादकीय में लिखा–शान्तिदूत पार्टीबंदियों से दूर रहेगा। द्वीप की भलाई और लोकप्रियता को बढ़ाएगा और सभी लोगों के लिए इसके कालम बिना भेदभाव के खुले रखेंगे। इसका मुख्य उद्देश्य समाज और जनसेवा है। उस समय शान्तिदूत की सबसे बड़ी विशेषता समुद्री तार से प्राप्त विदेशों के समाचार बनी। नयी तकनीक के द्वारा नवीनतम समाचार तार के द्वारा उपलब्ध करवा–शान्तिदूत जो कि विश्वयुद्ध में भारतीयों को अपने पक्ष में करने को आधार बना निकाला गया समाचार–पत्र था, धीरे–धीरे फीजी में हिन्दी का मुख्य समाचार–पत्र बन गया और उसने अपने जन्म के समय लिए गये सभी संकल्पों को पूरा किया।

प्रबन्धन का कुछ भी लक्ष्य रहा हो परन्तु जल्दी ही शान्तिदूत ने फीजी में रह रहे भारतीय मूल के लोगों का हित पोषण करना शुरू कर दिया और अपने दूसरे ही सम्पादकीय में श्री गुरुदयाल शर्मा ने फीजी की संसद में चल रही मनोनीत प्रथा का ज़ोरदार विरोध किया और आम निर्वाचन की माँग की। शान्तिदूत के वर्ष 1935 में प्रकाशित अंकों में इस सम्बन्ध में विचारोत्तेजक रिपोर्ट और आलेख हैं। जिससे स्पष्ट होता है कि शान्तिदूत ने प्रारम्भ से ही फीजी में रहने वाले भारतीय मूल के लोगों में अपने अधिकारों के प्रति जागरूकता पैदा करनी शुरू कर दी थी। प्रवासी भारतीयों के प्रति सरोकार सिर्फ़ फीजी में नहीं बल्कि भारत में भी हो इसके लिए शान्तिदूत में पर्याप्त सक्रियता दिखाई देती है। शान्तिदूत के 1935 के अंकों में भवानी दयाल संन्यासी के दो लेख छपे हैं। पहले लेख में उन्होंने एक तरफ़ तो कांग्रेस के नेताओं जैसे महात्मा गाँधी, बनारसी दास चतुर्वेदी आदि की प्रशंसा की है दूसरी तरफ़ कांग्रेस के प्रवासी भारतीय प्रकोष्ठ की कम सक्रियता पर दुख प्रकट किया है। उन्होंने कांग्रेस के विदेश विभाग को प्रभावी बनाने के लिए नेहरू जी की सराहना की। ब्रिटिश प्रभाव का समाचार–पत्र होते हुए भी शान्तिदूत में नेताजी सुभाष चन्द्र बोस के यूरोप दौरे के भाषणों को प्रकाशित किया गया। प्रवासी भारतीयों के लिए महत्त्वपूर्ण नाम भवानी दयाल संन्यासी ने दक्षिण अफ्रीका और फीजी में भारतीयों की स्थिति सुधारने के लिए बहुत महत्त्वपूर्ण काम किया है। शान्तिदूत में 1935 में प्रकाशित एक लेख में

उन्होंने गिरमिटिया प्रवासन के सम्बन्ध में भारत में किसानों की स्थिति को ज़िम्मेदार ठहराया है। स्थितियों को बेहतर बनाने के लिए आह्वान किया। प्रारम्भिक काल से ही शान्तिदूत में गन्ना किसानों की स्थिति की बेहतरी के लिए भी रिपोर्ट और लेख छपने लगे थे। भारतीयों के अधिकारों को लेकर एक पत्र में पासपोर्ट पर तत्कालीन सरकार द्वारा लिखी जा रही इन पंक्तियों के सम्बन्ध में आपत्तियाँ दर्ज की गयीं–'बिना फीजी सरकार के लेंडिंग परमिट के इस पासपोर्ट द्वारा फीजी वापिस नहीं आया जा सकता।' पाठक सम्पादक के नाम पत्र में सम्पादक जी महाराज का सम्बोधन भी प्रयोग करते थे। उस समय समाज में फैले अन्धविश्वास, जादू–टोने आदि का भी परिचय शान्तिदूत में प्रकाशित रिपोर्ट और लेखों से मिलता है। शान्तिदूत प्रारम्भ से ही भारत और फीजी में समस्याओं, मुद्दों, सरोकारों को समझने में समर्थ था और निष्पक्ष व प्रभावी रूप से उसको प्रस्तुत करता था।

शान्तिदूत की सबसे बड़ी विशेषता यह थी कि उसने भारत के साथ सम्बन्धों को मज़बूत बनाये रखने का काम किया। 1935–1947 तक तो ऐसे लगता है कि यह भारत का ही कोई समाचार–पत्र है। भाषा भी चुस्त–दुरुस्त। भारतीय स्वतन्त्रता आन्दोलन से सम्बन्धित प्रत्येक समाचार प्रमुखता से छापा जाता था। पंडित गुरुदयाल शर्मा गाँधी जी के विशेष भक्त थे। गाँधी जी की प्रत्येक गतिविधि शान्तिदूत में छपती थी। विशेषकर हिन्दू–मुसलमानों में सौहार्द के लिए उनके प्रयास। भारत में हिन्दू–मुस्लिम सम्बन्धों में तनाव भी शान्तिदूत में ख़बर बनता रहा। स्वतन्त्रता आन्दोलन, भारतीय गणतन्त्र की स्थापना इस सबको यहाँ के लोग जानना चाहते थे।

हिन्दुस्तान–पाकिस्तान युद्ध के बारे में फीजी–भारतीयों की जिज्ञासा शान्तिदूत से शान्त होती थी। सनातन धर्म सभा के राष्ट्रीय सचिव विजेन्द्र प्रकाश लिखते हैं–'भारत और पाकिस्तान के बीच जब प्रथम युद्ध हुआ था, उस समय गिरमिटिये पागलों की तरह उधर–उधर शान्तिदूत की खोज में दौड़ पड़े थे। जिसे शान्तिदूत मिला वह पहले पढ़ लेता और जिसे नहीं मिला वह दूसरों से पेपर लेने के लिए लालायित रहता और कभी–कभी तो होड़बाजी भी लग जाया करती थी। गिरमिटिए यह जानना चाहते थे कि इस युद्ध में भारत का क्या हुआ, क्या वह पराजित हो गया या उसकी जीत हो गयी।'

जिस समय महेश चन्द्र विनोद शान्तिदूत के सम्पादक बने वह समय राजनीतिक अस्थिरता का समय था। इस समय कू यानी विद्रोह भी हुआ। शान्तिदूत के पत्रकारों को बन्दूक की नोक पर कार्यालय से निकाला गया। परन्तु उसके बाद भी साहस और निर्भीकता व सन्तुलन और विवेक से शान्तिदूत ने अपनी बात रखी। डर, भय, आशंका और हिंसा के उस दौर में शान्तिदूत की भूमिका अविस्मरणीय रही। शान्तिदूत ने विभिन्न समुदायों में एकता और शान्ति की मशाल जलाए रखी। इसके सम्पादकीयों मे राष्ट्रहित को सर्वोपरि रखा गया। महेश चन्द्र विनोद प्रभावी पत्रकार थे। राजनीतिक अस्थिरता के दौर में उन्होंने शान्तिदूत की नीति के अनुसार निर्भय होकर अपने विचार रखे। वे सांसद भी रहे। उन्होंने लेबर पार्टी की तरफ़ से संसद का चुनाव जीता। उसके बाद सम्पादक श्री हेमन्त विमल शर्मा सम्पादक बने, वे इस समय ऑस्ट्रेलिया में रहते हैं। वे लगभग 6 वर्षों तक शान्तिदूत के सम्पादक रहे। वर्ष 2000 से श्रीमती नीलम शान्तिदूत के सम्पादन का दायित्व उठा रही हैं। इनके प्रमुख सहयोगी हैं श्री राकेश कुमार और श्रीमती ज्ञानप्रभा। दोनों रेडियो फीजी से आये हैं। घर–परिवार, सामाजिक दायित्वों को निभाते हुए श्रीमती नीलम ने जिस तरह से इतने वर्षों तक साधनों की कमी और विपरीत वातावरण में अख़बार निकाला है, वह प्रशंसनीय है। श्रीमती नीलम ने अपना हिन्दी सम्बन्धी प्रशिक्षण केन्द्रीय हिन्दी संस्थान से किया है। गुरुदयाल जी के समय से ही वे शान्तिदूत से जुड़ीं। पत्रकारिता उन्होंने यूनिवर्सिटी ऑफ़ साउथ पैसिफिक और नेशनल फीजी यूनिवर्सिटी से सीखी।

फ्रीलांसर के रूप में बाद में पूर्णकालिक शान्तिदूत में आ गयीं। उनके युवा साथी राकेश कुमार भी उसी तरह निष्ठावान और कर्मठ हैं। पिछले कुछ वर्षों से शान्तिदूत भारतीय समाज का सामाजिक–सांस्कृतिक आईना बन गया है। यहाँ होने वाले प्रत्येक सामाजिक–सांस्कृतिक कार्यक्रम का रिपोर्ताज शान्तिदूत में प्रकाशित होता है। एक महिला होकर भी श्रीमती नीलम ना दिन देखती हैं ना रात। पारिवारिक विपरीत परिस्थितियों के बावजूद भी कार्यक्रमों में नज़र आती हैं। वे एक पत्रकार ही नहीं हिन्दी की समर्पित सिपाही हैं जो हिन्दी के प्रोत्साहन के लिए सदा तत्पर हैं। महेश चन्द्र विनोद, लो कर लो बात और हेमन्त विमल शर्मा शूलपाणि नाम से फीजी हिन्दी में स्तम्भ भी लिखते रहे।

हिन्दी शिक्षण और हिन्दी के प्रचार–प्रसार में तो शान्तिदूत की भूमिका

बहुत प्रशंसनीय है। एक तरह से शान्तिदूत फीजी में हिन्दी का प्रवक्ता है। वर्ष 1935 में ही यानी अपनी स्थापना के वर्ष से शान्तिदूत में हिन्दी के स्वरूप को लेकर बहस शुरू हो गयी। इस सम्बन्ध में 1935 के शान्तिदूत में श्री बंभानी के लेख मिलते हैं और उन्हें शान्तिदूत में क्रमवार छापा गया। शान्तिदूत के कारण हज़ारों लोगों ने हिन्दी सीखी। वर्ष 1987 के शान्तिदूत में हिन्दी अध्यापकों के लिए की जा रही कार्यशाला का उल्लेख है। हिन्दी के तत्कालीन प्रथम सचिव श्री विमलेश कांति वर्मा का भाषा अस्मिता पर लेख है। वर्तमान में भी हिन्दी विद्यार्थियों के लिए दो पृष्ठ विशेष रूप से आरक्षित हैं जिनमें स्कूलों के पाठ्यक्रम से जुड़े विषयों को क्रमवार प्रस्तुत किया जाता है। प्रसन्नता की बात है इस सम्बन्ध में उन्हें शिक्षा मन्त्रालय से भी सहयोग प्राप्त हो रहा है। दूरदराज के लोग किस प्रकार शान्तिदूत के कारण हिन्दी तथा भारत से जुड़े रहे, यह जानना अत्यन्त रोचक और प्रेरणादायक है।

शान्तिदूत की एक अन्य विशेषता यह है कि वह भारतीय समुदाय विशेष रूप से हिन्दू मान्यताओं, आस्थाओं, विश्वासों को पालित–पोषित करता रहा है। यह भारतीय संस्कृति के प्रमुख प्रवक्ता के रूप में उभरा है। हिन्दुओं की दो प्रमुख संस्थाओं सनातन धर्म सभा और आर्य समाज की गतिविधियाँ शान्तिदूत में प्रमुखता से प्रकाशित होती रही हैं। दीवाली विशेषांक तो शान्तिदूत की जीवनवाहिनी शक्ति है। कभी–कभी तो यह 365 पृष्ठों तक का होता रहा है। प्रत्येक अंक में ना केवल उस समय के त्योहार आदि की विशेष जानकारी होती है बल्कि उस अवसर पर किये गये धार्मिक–सांस्कृतिक आयोजनों को भी इसमें प्रमुखता से छापा जाता है। सनातन धर्म सभा के अध्यक्ष रहे शालिग्राम शर्मा इसके नियमित स्तम्भकार थे। वे विभिन्न त्योहारों की धार्मिक–सांस्कृतिक–दार्शनिक व्याख्या प्रस्तुत करते रहे हैं। अंग्रेज़ी का अख़बार सांस्कृतिक–धार्मिक मान्यताओं से एक दूरी बना लेता है परन्तु हिन्दी का अख़बार, उसका सम्पादक मंडल, उसका प्रबन्धन उन गतिविधियों में एक द्रष्टा के रूप में नहीं एक सहभागी के रूप में भाग लेता है। रामायण मंडलियों की गतिविधियों को भी इसमें प्रमुखता से प्रकाशित किया जाता है। ईद के अवसर पर इसमें विशेष सामग्री प्रकाशित की जाती है। क्रिसमिस के अवसर पर सम्पादकीय लिखे जाते हैं। इन विषयों में पाठकों की रुचि का यह आलम है कि 1935–36 में द्रौपदी द्वारा दुर्योधन को अपशब्द कहने

के समय धृतराष्ट्र उपस्थित थे या नहीं इस विषय पर सम्पादक के नाम पत्र कालम में कई अंकों तक विवाद चलता रहा।

शान्तिदूत फीजी मूल के भारतीय किसानों का अख़बार रहा है। गाँवों में पढ़ा जाता रहा है। इसकी प्रसार संख्या गाँवों में शहरों से अधिक है और वहाँ यह पंचायती अख़बार रहा है जहाँ एक समय में दसियों लोग इसे पढ़ते थे। किसानों की समस्याओं को लेकर यह प्रारम्भ से ही आवाज़ उठाता रहा है।

फीजी डायसपोरा को जोड़े रखने में भी शान्तिदूत का विशेष हाथ रहा है। पिछले पचास वर्षों में ऑस्ट्रेलिया, न्यूजीलैंड और अमेरिका जाने वाले प्रवासियों में फीजीवासियों की संख्या बहुत है। सिडनी, मेलबोर्न, आकलैंड में तो ये बड़ी संख्या में हैं। वे लोग आज भी शान्तिदूत पढ़ते हैं। शान्तिदूत के लेखक हेमन्त विमल शर्मा मेलबर्न, तेजराम शर्मा, सिडनी, मास्टर राधे प्रसाद, सिडनी, पंडित हरिश्चन्द्र शर्मा सिडनी में रहते हैं। यहाँ तक कि कैलिफोर्निया में भी फीजी का डायसपोरा हिन्दी और शान्तिदूत के माध्यम से जुड़ा हुआ है।

जहाँ तक रचनात्मक साहित्य की बात है। शान्तिदूत में कविता, कहानी, व्यंग्य निरन्तर प्रकाशित होते रहे हैं। फीजी के वरिष्ठ लेखक जोगिन्दर सिंह कँवल शान्तिदूत में निरन्तर लिखते रहे हैं। कविता, शायरी को लेकर एक नियमित स्तम्भ छपता है। इसमें नये लिखने वाले को स्थान दिया जाता है। भारत की आज़ादी से पहले शान्तिदूत में वे कहानियाँ प्रकाशित की जाती रही हैं जिससे भारत की स्वतन्त्रता की ज्वाला और प्रदीप्त हो।

फीजी हिन्दी

शान्तिदूत मानक हिन्दी में प्रकाशित होता है परन्तु फीजी हिन्दी में भी इसके कई–एक कालम छपते हैं। फीजी हिन्दी की अपनी मिठास है, भोजपुरी–अवधी मिश्रित, फीजी के स्थानीय समाचार–पत्र शान्तिदूत में एक कालम आता है बईठकी–इसमें वरिष्ठ लोगों से बीते समय और घटनाओं के बारे में चर्चा की जाती है। बईठकी में दी जा रही फीजी हिन्दी की एक बानगी प्रस्तुत है :

बईठकी–कुशल सिंह

बड़का के घर आए रही बड़का के सास, बबरीबन से। एक सौ सात

बरस के रही। लेकिन रही बड़ी चरफर, नाक में बड़का किल पहिने, बड़का-बड़का मोहर, हथवा में चाँदी के मोट–मोट चुड़िया, कनफुलवो रहे सोना के, बड़का लहंगा, मुड़िया पे फुल टायेम ओढ़नी अऊर बातचीत में तो पूछो नई भाई, मू तोड़ जवाब। बईठकी दल वाले भी पहुँच गईन, सोचिन चलो थोरा पुराना समाचार ले लई जाए। वही डरमवा वाला फूस घर में पाल–वाल बिछा, घोर–घार भय, एक–एक चला अऊर गपोड़वार्ता शुरू होई गये। अऊर हाँ, बड़का के सास के सब माई बोलत रहिन (पहिले के टेम पे ससुर के 'बाबा' अऊर सास के 'माई' बोला जाता रहा, आज कल तो सब मम्मी डैडी होई गईन है)।

शान्तिदूत ने कई प्रतिभाओं को स्थान दिया है। इसमें रामा नारायण, मास्टर सुधाकर, मास्टर राम नारायण गोविन्द, बाल राम वशिष्ठ, काशी राम कुमुद, जे.एस. कंवल जैसे लेखक लिखते रहे हैं। कई प्रतिभाएँ तो ऐसी हैं कि उन्हें केवल शान्तिदूत में ही स्थान मिला है। उनकी प्रतिभा को अन्य प्लेटफार्म नहीं मिल सकता। ऐसे ही एक कवि हैं 'हलाहल' उनकी कविताएँ 1946–1947 में शान्तिदूत में प्रकाशित होती रहीं। आइए इस अचर्चित कवि की एक कविता का आनन्द लें :

'कोई कहता है न्यूजीलैंड जा कर तुम बस बी.ए. कर लो,
कोई कहता है तुम भारत जा कर विद्यालंकार करो
कोई कहता है पुलिस बनो, कोई कहता सैनिक बन लो,
कोई कहता कि 'सिविल सर्विस' से ही भवसागर पार करो
कुछ कहते अरे फकीर बनो, झटपट संन्यास ग्रहण कर लो,
कोई कहता तुम घूम घूम बस विद्या का प्रचार करो
कोई कहता है कि वकील बनो, कोई कहता कि बनो लीडर,
भारत से जब कोई नेता आये तुम टग आफ वार करो
कोई कहता इस ओर चलो, कोई कहता उस ओर चलो,
मुझको अब सच्ची राह दिखा, गुरूवर मेरा उद्धार करो।'
गूरुवर ने झट ब्लूबुक देखी, आँखें मूँदीं, कुछ ध्यान किया,
कुछ सोच–समझ कर फिर बोले–'प्यारे चेला! व्यापार करो'

राजनीतिक अस्थिरता जब चरम पर थी। देश में अशान्ति थी, हिंसा की लपटें जल रही थीं ऐसे में फीजी के शीर्षस्थ साहित्यकार जोगेन्द्र सिंह कँवल की प्रकाशित कविता 'जीवन संग्राम' देखिए :

जीवन संग्राम में जूझते, संघर्ष करते लोग,
कभी रोते, कभी हँसते, ये डर डर जीते लोग
कभी सीनों में धड़कती, उम्मीदों की हलचल,
कभी बनते कभी टूटते, दिलों में ताजमहल
पत्थर जैसी परिस्थितियों के बनते रहे पहाड़,
भविष्य उलझा पड़ा है, काँटे–काँटे आज
चेहरों पर अंकित अब, पीड़ा की अमिट प्रथा,
हर भाषा में लिखी हुई, यातनाओं की कथा
जोश, उबाल व आक्रोश, छाती में पलटे हर दम,
चुपचाप ह्रदय में उतरते सीढ़ी सीढ़ी गम
दर्द की सूली पर टँगा, कोई धनी है या मज़दूर,
है सब के हिस्से आ रहे, ज़ख्म और नासूर
बोझल बोझल है ज़िन्दगी, टुकड़े टुकड़े सपने,
हम सब पीते हैं दोस्तो आज दर्द अपने अपने

शान्तिदूत गिरमिटिया अनुभव का प्रस्तोता रहा है। देखिए शान्तिदूत की अस्सीवीं वर्षगाँठ के अवसर पर प्रकाशित एक गिरमिटिया अनुभव को। श्री गंगा प्रसाद–ये 1916 में फीजी आये थे। लिखते हैं–'अपनी अम्मा सुगमा और पिता सोमई के साथे हम जहाज़ पर आया रहा। हमें बहुत डर लगत रहा और मैया बहुत डांटत रही कि बोट में चुप्पे बैठो। मैया भी काँपत रही जब बहुत देरी तक बोट पानी में रहा। ऊ सोचे कि हम लोग कुछ ही दूर पर जात रहिन लेकिन जब दिन से रात होवत रहा और फिर से दिन से रात तो मैया घबरात रही कि ई का होवत है और केतना दूर जाए के है। बप्पा धीरज धरात रहा और थोरा याद है बोले कि तुम काहे के डरत हो, जब पैसा कमईहो तो डर सब भाग जई।'

फीजी में गिरमिटियों के हालात बदलने में गाँधी जी का बहुत हाथ रहा। गाँधी जी के आदेश पर मणिलाल फीजी आये थे। सी.एफ. एंड्रयूज़ भी गाँधी जी की रुचि के चलते फीजी में गिरमिटियों की दशा सुधारने के लिए फीजी आये। वर्ष 1935 के शान्तिदूत में ही श्री मणिलाल का एक पत्र छपा है जिसमें प्रवासियों को धर्ममार्ग पर प्रेरित करने वाली पुस्तक के लिए शुभकामना सन्देश है। साथ ही एक ब्रिटिश प्रमुख व्यक्तित्व की भारत यात्रा का उल्लेख है जो भारत जा कर पुणे में गाँधी जी को मिला और फीजी की स्थितियों से गाँधी जी को अवगत कराया।

बॉलीवुड फ़िल्मों, कलाकारों आदि के सम्बन्ध में शान्तिदूत किसी भारतीय पत्रिका जैसा ही है। प्रत्येक अंक में फ़िल्मों की समीक्षा, फ़िल्म कलाकारों के जीवन के बारे में क़िस्से–कहानियाँ छपते हैं। दीवाली अंक का एक विशेष आकर्षण किसी फ़िल्मी सितारे का रंगीन पोस्टर होता है। वर्ष 1935 के अंकों में भारतीय फ़िल्मों के विज्ञापन हैं। जिससे स्पष्ट है कि फीजी में रहने वाले भारतीयों के लिए वर्षों से मनोरंजन का प्रमुख माध्यम बॉलीवुड है।

इसके सतत प्रकाशन के लिए फीजी टाइम्स बधाई का पात्र है। जबकि अन्य अख़बार बन्द होते चले गये शान्तिदूत चलता रहा। इसका कारण फीजी टाइम्स का प्रबन्धन है जिसने केवल व्यावसायिक लाभ को ही ध्यान में नहीं रखा बल्कि हिन्दी के प्रचार–प्रसार को मिशन बना कर निरन्तर निकालते रहे।

कुल मिलाकर डायसपोरा पत्रकारिता में शान्तिदूत का विशेष महत्त्व है। फीजी में रहने वाले भारतीय समाज के आशाओं–अपेक्षाओं, आशंकाओं, रुचियों और सरोकारों को शान्तिदूत ने प्रभावी तरीके से प्रस्तुत किया। इस कार्य के लिए शान्तिदूत की सम्पादकीय टीम ने हिन्दी पत्रकारिता की गौरवशाली परम्परा का पालन किया। इस सन्दर्भ में प. गुरुदयाल शर्मा फीजी में हिन्दी पत्रकारिता के भीष्म पितामह हैं। फीजी में भारतीय समाज विशेष रूप से हिन्दी समाज की धड़कनें इसमें सुनाई पड़ती हैं। इनकी शब्द–साधना और तपस्या को हम सबका प्रणाम।

दृश्यात्मक शैली में लिखा गया रोचक व विचारोत्तेजक उपन्यास

प्रतिष्ठित कथाकार दिव्या माथुर का उपन्यास 'शाम भर बातें' प्रवासी लेखन के क्षेत्र में एक महत्त्वपूर्ण साहित्यिक उपलब्धि है। एक जीवन्त, खिलंदड़ा, मुस्कराता, गुनगुनाता, नदी की तरह खिलखिलाती प्रामाणिक भाषा में प्रवाहमान, यह उपन्यास एक घरेलू पार्टी में पाठकों को आमन्त्रित करता है और अभिवादन, बातचीत, बॉडी लैंग्वेज़, हावभाव, कूटवाक्यों के माध्यम से रस पैदा करता है; हिन्दी, उर्दू, पंजाबी, इंग्लिश–हिंगलिश, अवधी आदि से सजी भाषा और चुटीले और बहुअर्थी संवादों से रोचकता को धार मिलती है। उपन्यास के चरित्र वैविध्यपूर्ण व दिलचस्प हैं। उपन्यास तीन घण्टे की आस्कर विजेता फ़िल्म जैसा है। पार्टी में शिरकत कर रहे हैं मेजबानों के रिश्तेदार, अड़ोसी–पड़ोसी, युवा, बुजुर्ग, एकल, नवविवाहित, तलाकशुदा, लन्दन के रईस, दक्षिण भारतीय, पंजाबी, मुसलमान, भारतीय और ब्रिटिश सरकारी अधिकारी आदि। इस रोचक और दिलचस्प पार्टी में हो रही बातें धीरे–धीरे चरित्रों की तह खोलने लगती हैं। अपने सांस्कृतिक मूल्यों से कटे पश्चिमी जीवन शैली के ग्लैमर से अभिभूत, ईमानदारी, सच्चाई और कर्मठता जैसे गुणों से विहीन परन्तु पश्चिम की जड़ों से कटे इस समाज की रंग और गन्ध विचित्र है–ना हिन्दुस्तानी, ना ही विदेशी... उनके जीवन की महत्वाकांक्षाएँ, कुंठाएँ, तुच्छताएँ, सोच, अतृप्त इच्छाएँ, जीवन शैली, व्यक्तिगत–सामाजिक सरोकारों से रू–ब–रू करते हुए आप पाते हैं कि आप एक ऐसे भयावह दृश्य के सामने खड़े हैं जिसकी ज़मीन दरकी हुई है, जिसके चरित्र खोखले हैं। अवसरवादी, महत्वाकांक्षी, दोगले, कामुक, नस्लीय, चरित्रों से बने समाज को दर्शाता यह विचारोत्तेजक और दृश्यान्तर उपन्यास जलते सवालों के सामने आपको खड़ा कर देता है।

अब तक कहानियों के माध्यम से टुकड़ा–टुकड़ा सच और ज़िन्दगी को दर्शाते ब्रिटेन के प्रवासी कहानीकारों की परम्परा छोड़ एक पूरा उपन्यास लिख दिव्या माथुर ने प्रवासी चेहरे का एक क्लोज–अप और एक मुकम्मल तस्वीर हमारे सामने प्रस्तुत की है। अन्तःदृष्टि और गहराई से भरा यह उपन्यास प्रवासी भारतीयों की ज़िन्दगी का एक सच्चा आईना प्रस्तुत करता है जो गुदगुदाता, हँसाता और बेचैन ही नहीं करता, ढेरों सवाल भी छोड़ जाता है। लेखिका की रेंज और आब्सर्वेशन–पावर के आप मुरीद हो जाते हैं। भाषा, शिल्प की दृष्टि से मज़बूत, प्रयोगधर्मी यह उपन्यास रोचक और पठनीय तो है ही, प्रवासी समाज की दशा और दिशा पर एक बड़ा प्रश्न चिह्न भी खड़ा करता है।

कविता

ब्रिटेन की कविता के रंग

ब्रिटेन में हिन्दी की कविता की बात कहाँ से शुरू करें? भारत में हिन्दी कविता के क्या मायने हैं? भारत से बाहर उसके क्या मायने हैं? जब हिन्दी के ही मायने बदल जाते हैं, तो हिन्दी कविता के मायने तो बदलेंगे ही। भारत से बाहर बैठे हिन्दी के लेखक की रचनाओं में हम क्या ढूँढ़ते हैं, या हमें क्या ढूँढ़ना चाहिए? उसकी कविता हिन्दी में है, इतना ही पर्याप्त है या प्रवासी हिन्दी कविता के कुछ अलग मायने हैं? कितने वर्ष विदेश में बिताने के बाद किसी कवि को आप्रवासी कवि मान लिया जाएगा? जहाँ सत्येन्द्र श्रीवास्तव जैसे लेखक पचास के दशक से यहाँ पर हैं, वहीं तेजेन्द्र शर्मा तो अभी चार–पाँच साल पहले ही आये हैं। वे जो कई वर्ष यहाँ रहकर चले गये, उनके लेखन को किस श्रेणी में डाला जाए?

यहाँ की कविता के कई रंग हैं। कवि पहले कवि होता है बाद में कुछ और। जैसा कि अमेरिका में रह रही हिन्दी लेखिका सुषम बेदी ने भी कहा, 'लिखते हुए मेरे ध्यान में लेखक या संकल्पना पहले रहती है, शेष बातें बाद में आती हैं!' फूल, खुशबू, नदी, समुद्र तट, नीला विस्तृत आकाश, खेलते हुए बादल सब को कवि बना देते हैं। विरह का दुख, विश्वासघात की पीड़ा, सम्बन्धों में खोखलापन, जीवन की विचित्रताएँ, उपलब्धि के झूठे–सच्चे एहसास सबको लिखने के लिए प्रेरित करते हैं, परन्तु आप्रवासियों के लेखन में वो क्या है, जो भारत में रह रहे हिन्दी के लेखक से अलग है?

मैं डॉक्टर सत्येन्द्र श्रीवास्तव की एक कविता से अपनी बात शुरू करूँगा। कविता है 'वह लड़की' :

एक छोटी सी लड़की थी वह
कोई आठ वर्ष की।
एक पवित्र जल–धारा की ख़ामोश।

थिरकन लहर की तरह
कविता आगे बढ़ती है–
और उसकी याद कहाँ नहीं आयी? अजन्ता की गुफाओं में
एक नुकीली नाक बड़ी–बड़ी आँखों,
कसे उन्नत उरोजों वाली
उन्मुक्त रक्तवाही कसी जाँघों वाली।
अप्सरा को जब देखा।
तो जो देखा, उसके पार।
वही दिखी
वही मुझे अपनी निगाहों में भरता देख कर
कुछ शर्माती, कुछ चुहल करती
वही मासूम लड़की
विचारणीय बात यह है कि हिन्दी का।...

भारतीय कवि इस निर्द्वन्द्व भाव से क्या यही बात कहेगा। उसकी कविता की यात्रा और विकास का क्रम क्या यही होगा। तो मैं समझता हूँ कि यहाँ कवि की दृष्टि एक विशिष्ट दृष्टि है। उसमें भारतीयता के साथ–साथ पश्चिम की मुक्तता भी है। अभिव्यक्ति में हिपोक्रेसी नहीं है।

सवाल यह है कि यहाँ रह रहे हिन्दी कवि का कौन–सा देश अपना है? उसकी निष्ठा कहाँ है? क्या क्रिकेट में भारतीय टीम का साथ देने से उनकी निष्ठाएँ भारतीय हो जाती हैं? भारत के प्रति गर्व, गौरव या एक गरीब देश की भुला देने वाली यादें, दूसरी तरफ़ वर्तमान देश की महानता से अभिभूत या रंगभेद की रोज़ हरी होती यादों को लेकर कटुता। इसी तरह के एक सवाल का जवाब देने की कोशिश डॉ. सत्येन्द्र श्रीवास्तव ने बी.बी.सी. रेडियो को दिये साक्षात्कार में अपनी प्रसिद्ध कविता 'सर विंस्टन चर्चिल मेरी माँ को जानते थे' के बारे में यह पूछे जाने पर कही थी–इस कविता में एक साथ स्नेह, आदर, चिढ़ और आक्रोश की भावनाएँ निहित हैं। ऐसा क्यों है? इसका उत्तर उन्होंने यह कह कर दिया कि 'हम भारतीयों की संवेदनाएँ ऐसी हैं। भारतीय ब्रिटिश साम्राज्य और शोषण की बातों से घृणा करते हैं किन्तु, अंग्रेज़ जाति की लोकतांत्रिक नीतियों और सच्चाई के प्रति उनके मन में आदरभाव भी है। सत्येन्द्र जी की पंक्तियाँ :

मैं उसी सत्याग्रही (सत्याग्रही) माँ के पेट से जन्मा बेटा हूँ।
और मेरा नाम सत्येन्द्र है

और मैं आपसे यह कहने आया हूँ।
कि अब मैं इंगलैंड में आ गया हूँ (सर विंस्टन चर्चिल मेरी माँ
को जानते थे)

उनकी कविताओं में भारत के प्रति मात्र मोह नहीं है, बल्कि भारत को बार–बार समझने, जानने की कोशिश है।

मुझे यह कहने में तनिक भी सन्देह नहीं कि प्रवासी भारतीय कविता के सबसे सशक्त हस्ताक्षर सत्येन्द्र श्रीवास्तव हैं और उनकी काव्य–साधना व्यापक स्तर पर मूल्यांकन माँगती है। यह दुःख की बात है कि उनके साहित्यिक अवदान का समीचीन मूल्यांकन नहीं हुआ है।

कीर्ति चौधरी भारत और ब्रिटेन की एक सम्मानित कवयित्री हैं। वे 'तार सप्तक' की कवयित्री रही हैं ऐसा लगता है कि वह अपने कवि कर्म को अन्य व्यस्तताओं के चलते पर्याप्त समय नहीं दे पायी परन्तु उनकी कविताओं का स्तर उनके लेखन की श्रेष्ठता का द्योतक है। प्रत्येक शब्द एक गम्भीर कविता है :

जो जीवन भर ईमानदार बने रहे
जिन्होंने सच बोलते–बोलते उम्र गँवा दी
वो भी अन्त में कहीं नहीं पहुँचे
औरों के बारे में तो तय था
कि पहुँचेंगे ही नहीं।

बी.बी.सी. से रिटायर हुए गौतम सचदेव 70 के दशक में दिल्ली विश्वविद्यालय की नौकरी छोड़ आये थे। कवि, कहानीकार और आलोचक गौतम जी द्वारा प्रेमचन्द के कहानी–शिल्प पर किये काम को अभी भी एक मानक माना जाता है। हिन्दी, अंग्रेज़ी, उर्दू और पंजाबी के विद्वान गौतम जी की कविताओं पर प्रसाद जी की रचना–शैली का सीधा प्रभाव लगता है। गौतम जी यूँ तो अपनी बिना लाग–लपेट की आलोचना के लिए जाने जाते हैं परन्तु उनकी कविताएँ जहाँ एक तरफ़ छायावादी शैली के साथ मन की विविध भावनाओं को दार्शनिक धरातल पर प्रस्तुत करती हैं, वहीं दूसरी ओर उनकी कविताओं में समकालीन जीवन की प्रकृति के चित्र भी हैं। उनकी कविता 'अलविदा दिल्ली' एक अत्यन्त सफल रचना है :

अलविदा दिल्ली की ज़िन्दा महफिलें
अलविदा मुर्दा बनाती मुश्किलें
अलविदा संसद व दफ़्तर गजब के

अलविदा बाबू निकम्मे भी थके
अलविदा सब बाबुओं की अफ़सरी
अलविदा सब राजनीतिक मसखरी

मोहन राणा मेरे प्रिय कवि हैं। इसलिए नहीं कि उम्र में वे मेरे नजदीक पड़ते हैं, बल्कि इसलिए कि वह सर से लेकर पैर तक कवि हैं। उनकी अभिव्यक्ति में गहनता और सूक्ष्मता है। निरन्तर लेखन में रत मोहन राणा की कविताएँ जितनी बार की बाहर की यात्रा है उतनी अन्दर की भी। उनका कहना है कि उनकी कविता सच की खोज की कविता है परन्तु यह खोज आध्यात्मिक नहीं है वह वादों में भटका सच भी नहीं है उनकी भीतरी यात्रा दुर्गम है जिससे उनका काव्य केवल स्थल स्थूल प्रतीकों तक नहीं रुकता बल्कि संग्रहालय में रखी मूर्तियाँ रात को क्या सोचती हैं, यह भी उनकी काव्य चिन्ता है :

खड़ी हैं पत्थर और धातुओं में तराशी मूर्तियाँ
संग्रहालय के गलियारे में
विशेष कमरों में सुनती पदचाप और कोलाहल
कभी फुसफुसाहट और कभी सिर्फ़ दिन–रात की उपस्थिति को
(संग्रहालय)

बी.बी.सी. हिन्दी सेवा की प्रमुख के नाते अपने दायित्व को निभाने के बीच अचला शर्मा साहित्य–सर्जन के लिए समय निकालती हैं। हाल ही में उनकी रेडियो नाटकों की दो पुस्तकें प्रकाशित हुई हैं। कहानियाँ भी यदा–कदा पत्रिकाओं में प्रकाशित होती रहती हैं परन्तु उनका स्वतन्त्र काव्य–संग्रह अभी प्रकाशित नहीं हुआ है।

उनकी कविताओं में एक अलग किस्म का सौन्दर्य–बोध भी है और अलग किस्म के सवाल, अलग किस्म के सरोकार भी :

सुबह होगी तो ढूँढ़ लेंगे राहें।
एक मेरी
एक तुम्हारी
तब तक यूँ ही मौन रहें।
प्यार की बहस में अब क्या रखा है (प्रेम प्रसंग)

सोहन राही हिन्दी के कवि हैं, उर्दू के शायर हैं उनकी उपस्थिति के बिना मुशायरा और कवि सम्मेलन दोनों अधूरे रहते हैं। ग़ज़ल और गीत उनको दोनों प्रिय हैं। उनकी कविता की ये पंक्तियाँ ब्रिटेन की हिन्दी

कविता की सिग्नेचर पंक्तियाँ हैं :

'समन्दर पार करके अब परिन्दे घर नहीं आते
अगर वापस भी आते हैं तो लेकर पर नहीं आते'

वे शायरी में डूबे हुए शायर हैं। उनका शब्द–चयन अद्‌भुत है। वे पारम्परिक कविता में विश्वास करते हैं। हर दीवाली और नये साल पर उनका नया कलाम सामने आता है। परन्तु कविता की धार प्रगतिशील है।कविता में दर्शन भी है और हिन्दू लोक जीवन के विश्वासों के बिम्ब भी। उनके भजन भी काफ़ी लोकप्रिय हैं और भजन लिखना उनको तथाकथित छोटा काम नहीं लगता।

एक कवि जिसकी कविता पर बहुत बात नहीं होती पर जिनके काव्य–संग्रहों में प्रकाशित कविताएँ उनकी कविताओं की श्रेष्ठता की प्रमाण हैं। वह हैं वेल्स के प्रसिद्ध नेत्र चिकित्सक डॉक्टर निखिल कौशिक।

समुद्र की कौन सी लहर
हमें ले जाएगी किनारे
कौन सा किनारा
हमें थाम लेगा
मिट्टी का कौन सा हिस्सा हमें
जकड़ लेगा
हम नहीं जानते (कोई लहर)

उनकी कविताएँ कथ्य की दृष्टि से नवीनता लिए हुए हैं। उनके विचार बिना किसी रोक–टोक के बाहर आते हैं, अपनी सादगी के साथ बिना लाग–लपेट के चौंकाते चलते हैं और सोचने पर विवश कर देते हैं उनकी कविताएँ ज़्यादा चर्चा और ज़्यादा ध्यान माँगती हैं।

'पुरवाई' के सम्पादक और यू.के. हिन्दी समिति के अध्यक्ष पद्‌मेश गुप्त के पास मौलिक विचार बिन्दु हैं, जिन्हें वह काव्य–भाषा में पिरोकर प्रस्तुत करते हैं। उनका प्रकाशित काव्य संग्रह है–'सागर का पंछी'। उनकी 'वैशाखी', 'बर्लिन की दीवार' जैसी कविताएँ काफ़ी चर्चित हुई हैं :

मुझे सीढ़ी बनाने वालो
मैं ऐसी धातु का हूँ
जब तुम गिरोगे
मैं बैशाखी बन जाऊँगा। (बैसाखी)

परन्तु इधर की उनकी कविताओं में विचार–बिन्दुओं का प्रवाह परिवर्तन

होने लगा है। कविताएँ चमत्कारपूर्ण अन्त के बजाय एक व्यापक रचना संसार बुनने का प्रयास करती हैं। पौधा, कबूतर आदि ऐसी ही कविताएँ हैं। देश और विदेश के बीच बँटी आस्था का सवाल उनकी कविताओं में बार–बार आता है। मुक्तछन्द की उनकी कविताएँ शिल्प की दृष्टि से सुघड़ हैं।

कावेंट्री में रहने वाले प्राण शर्मा एक अत्यन्त सक्रिय रचनाकर्मी है। उनकी ग़ज़ल पर विशेष पकड़ है। लेखन में प्रवाह है। यद्यपि कथ्य पारम्परिक है, पर शैली बड़ी रोचक है।

कोई उमंग चाहिए चलने के वास्ते
माना, बुरा नहीं है ख़यालों का पालना।
बिजलियों का शोर था, यूँ तो घड़ी भर का
घोंसले में देर तक सहमा रहा पंछी (पंछी)

भारतीय उच्चायोग के सांस्कृतिक विभाग 'नेहरू केन्द्र' में कार्यरत दिव्या माथुर के तीन काव्य संग्रह प्रकाशित हो चुके हैं। 'अन्तः सलिला', 'रेत का लिखा' और '11 सितम्बर' इसके अतिरिक्त अपने कहानी संग्रह 'आक्रोश' से भी आपने विशेष यश पाया है।

धत् शब्द का ख़ूबसूरत उपयोग देखिए
सीधा
मेरी आँखों में
बेधड़क घूरती
बिल्ली–सा
वह एक निडर ख़याल तेरा
टाँगों के बीच
पूँछ दबा
मेरी एक धत् से
भाग लिया (धत्)

शैल अग्रवाल के इधर कई कहानी और कविता संग्रह प्रकाशित हुए हैं। उनकी कविताओं में संवेदना के साथ विचारशीलता भी है और खोई हुई अस्मिता की तलाश भी :

गणेश, शिव और नन्दी
विदेशी संग्रहालय के कोने में
अनादरित और उपेक्षित/बिना किसी नैवेद्य और दिये के
(गणेश, शिव और नन्दी)

उषा राजे सक्सेना पुरवाई की सह–सम्पादिका और चर्चित कहानीकार है। उन्होंने मुक्तछन्द में सशक्त कविताएँ लिखी हैं और इधर कुछ सफल ग़ज़लें भी कहीं हैं उनकी कविता ष्साँप और फरिश्ता' एक सार्थक रचना है :

जब मैंने झूठ को
अपने जीवन में सच–सच उतार लिया तो
सारा का सारा झूठ
मुझे बुलंदियों तक ले गया
यहाँ तक कि लोग मुझसे।
मन्नतें माँगने लगे, और।
मैं फरिश्ता बन गया (साँप और फरिश्ता)

इधर जिस एक कहानीकार ने कविताएँ लिखनी शुरू की हैं और काव्य मंचों पर अपनी सार्थक उपस्थिति दर्ज की है, वे हैं तेजेन्द्र शर्मा। 'कथा' संस्था के माध्यम से इस देश में हिन्दी कहानी के विकास में उनका सार्थक योगदान है। मुक्तछन्द और ग़ज़ल दोनों लिखने वाले तेजेन्द्र की विशेषता, उनका समसामयिक जीवन से विषयों का चुनाव है।

बाज़ार–संस्कृति में नदियाँ, नदियाँ नहीं रह जाती हैं
बनती हैं व्यापार का माध्यम माँ नहीं बन पाती हैं
(टेम्स का पानी)

चमन लाल 'चमन' पूर्वी अफ्रीका से ब्रिटेन आये वरिष्ठतम प्रसारकों और साहित्यकारों में से हैं। राही जी की तरह हिन्दी, पंजाबी और उर्दू में लिखने वाले 'चमन' लन्दन के एक कद्दावर व्यक्ति हैं। उनकी यह पंक्तियाँ उनके रचनाकर्म की ऊँचाई को दर्शाती हैं :

परदेस में रहकर हमें एहसास हुआ है
हर दौर में इंसान को बनवास हुआ है

'सोन मछली' उपन्यास से चर्चित हुए उपन्यासकार व प्रसारक भारतेन्दु विमल मुक्तछन्द की कविता और गीत दोनों लिखते हैं। उनका एक काव्य संग्रह प्रकाशित भी है। प्रस्तुत हैं उनकी कुछ पंक्तियाँ :

ज़मीन के टुकड़े काटे
ज़र्रा ज़र्रा
ज़रा–ज़रा आपस में बाँटे
बेपेंदी के लोटे भर–भर
ख़ुद की लगाई प्यास को बुझाए (कलंक का टीका)

उनके पास गीत भी हैं :

बन्द पलकों में छिपी जो तृप्ति
उसको जानता हूँ
जो प्रतीक्षा में खुली आँखें, उन्हें पहचानता हूँ

(मैं पवन हूँ, मैं गगन हूँ)

एक खिलखिलाते जीवन्त व्यक्तित्व का नाम है तोषी अमृता। उनके गीत अपनी सादगी और रवानी से सीधा दिल में उतर जाते हैं :

मैंने कब चाहा सरिता बन सागर में
सिमट सिमट जाऊँ
रचनाकार का विश्वास देखिए
तुम थोड़ा सम्बल दो मुझको,
अन्तिम छोर स्वयं पा लूँगी
तुम आशा का दीप जला दो,
खोई राह स्वयं पा लूँगी (मैंने कब चाहा)

हाल ही में गम्भीर शारीरिक आघातों से उभरी तोषी अमृता ने मुक्तछन्द में भी 'आशंका' जैसी सार्थक रचना की है।

बर्मिंघम की गुजराती मूल की तितिक्षा शाह, महासचिव कृति यू.के. का ब्रिटेन में और विशेषकर मिडलैंड्स में हिन्दी के प्रचार–प्रसार में विशेष योगदान है। उनकी ज़्यादातर कविताएँ रूमानी हैं और मंचों पर अभिव्यक्ति अत्यन्त प्रभावी। पर उनकी जो कविता सर्वाधिक लोकप्रिय हुई है, उसे उन्होंने ब्रिटेन के गृहमन्त्री डेविड ब्लैंकेट द्वारा ब्रिटेन में रहने वाले सभी लोगों से घर में भी अंग्रेज़ी बोलने के आग्रह के प्रतिक्रिया स्वरूप लिखी थी। यह कविता स्वाभिमान की प्रखर अभिव्यक्ति है। कुछ पंक्तियाँ देखिए :

माना कि यह देश तुम्हारा है
पर हमने इसे प्रेम से अपनाया है
शासन के लिए नहीं
सेवा के लिए क़दम बढ़ाया है (तुम्हारी सलाह हमारी सभ्यता नहीं)

उषा वर्मा चिन्तनशील कहानीकार और कवयित्री हैं :

मानती हूँ संवेदनाओं की ऊपरी
परतें उघड़ रही हैं
सीवन की तरह

फिर भी जब तक रिश्ते रहेंगे
कहानी भी रहेगी
कागज कलम स्याही भी
न रहे तो भी
उँगलियाँ लिखेंगी पानी से (कोई तो सुनेगा)

बी.बी.सी. में प्रसारक रहे और आज कल मुम्बई में अपनी मीडिया कम्पनी का संचालन कर रहे अरुण अस्थाना की कविताओं को इस संग्रह में शामिल इसलिए किया गया है क्योंकि लन्दन प्रवास के वर्षों ने उनकी रचनाशीलता पर गम्भीर प्रभाव डाला है :

जब भी लिखना
सच ही लिखना
चाहे मुझको प्यार ना लिखना (प्यार ना लिखना)
ज़रूर होगा वह घर
जहाँ दुख बाँटने के लिए
शब्दों की ज़रूरत नहीं होती
ज़रूर होगा ये सब
कहीं ना कहीं
इसी चीज़ को तेरे शहर में
मैं ढूँढ़ लूँगा
चुपचाप (कहीं)

नरेश भारतीय मूलतः चिन्तक हैं। हाल ही में प्रकाशित उनकी पुस्तकें उनके चिन्तन की विराटता और सूक्ष्म दृष्टि की प्रमाण हैं :

पूरब और पश्चिम का युद्ध
मेरे रक्त का अन्तर्द्वन्द्व है
धमनियों में बहता है
दिल की आवाज़ नहीं बनता (संस्कृतियों की अन्तर्राष्ट्रीयता)

डॉ. महेन्द्र वर्मा मूलतः अध्यापक हैं और हिन्दी के प्रति समर्पित कार्यकर्ता हैं। वे ब्रिटेन में बसे भारतीयों की सम्भावनाएँ इस तरह से अभिव्यक्त करते हैं :

तुम्हारे हमारे संस्कारों
का मिलन

हमारे तुम्हारे मूल्यों की पहचान
और आदान–प्रदान
यही तो ऐसा सच है
जो बनावटी नहीं
बाकी सब तो
क्षणिक है, अपूर्ण है (संस्कार)

ब्रिटेन में हिन्दी को पुष्पित–पल्लवित करने में जिन लोगों का सर्वाधिक महत्त्वपूर्ण योगदान रहा है, उनमें से प्रमुख है–डॉक्टर कृष्ण कुमार। दर्शन व चिन्तन में आपकी विशेष रुचि है। आपकी कविताएँ विचार प्रधान हैं। आप आधुनिक दृष्टि से भारत के अतीत को देखते हैं और तीखे सवाल करते हैं।

क्या वास्तव में
अनिवार्य थी
शंबूक की हत्या? तुम बदल सकते थे
प्रचलित प्रथाओं को,
मोड़ तुम सकते थे
मार्ग इतिहास का....
किन्तु तुमने ऐसा
कुछ भी ना किया
लेकिन क्यों? (लेकिन क्यों)

हिन्दी और भारतीय संस्कृति के लिए वर्षों से काम कर रही पुष्पा भार्गव का साहित्य से लगाव बहुत पुराना है। आप शब्द सम्पदा की दृष्टि से सामर्थ्यवान हैं और तत्सम शब्दों के प्रयोग आपकी कविता को आध्यात्मिकता का स्वर देते हैं...

वर्षा की नन्ही फुहार से
भीगा दिन
अकेला–अकेला कर
रोता और
सिसकता जाता (लन्दन की बरसात)

अक्षरम् संगोष्ठी, जनवरी–मार्च 2005

शब्दातीत अनुभव को शब्दों में उतारने की कोशिश है मोहन राणा की कविताएँ

मोहन राणा की कविताओं में जीवन व्यापक सन्दर्भ में विद्यमान है। जैसे 'जन्म कोई दरवाज़ा' काव्य संग्रह के प्रारम्भ में कविता और जीवन के प्रति दृष्टिकोण परिभाषित करते हुए मोहन रॉबर्ट फॉस्ट की कविता उद्धृत करते हुए लिखते हैं कि उन दो रास्तों में जिस रास्ते पर कम लोग चले हों चलने से जीवन और कविता का अर्थ स्वयं बदल जाता है। मोहन ने साहित्य का वह रास्ता चुना जिस पर कम लोग चलते हैं यह रास्ता है लोकप्रिय और तात्कालिक नारों और वादों से संचालित होने वाली कविता की राह पर ना चलने का। उनके शब्दों में उनकी कविता सच से साक्षात्कार का प्रयास है। शुरू से ही उन्होंने स्वयं को छन्द के बन्धन से मुक्त रखा यद्यपि उनकी कविता में एक अन्तर्निहित लय है जो उनकी कविता को गेय बेशक न बनाये पर कविता के प्रवाह को बनाये रखती है। उनकी कविता आधुनिक कविता है और अपने समय और समय से आगे के सवालों से जूझती है। वह यायावर हैं, यूरोप के ज़्यादातर देश उन्होंने देख डाले हैं, इन देशों के इतिहास और मिथकों से वह परिचित हैं और यात्रा में कैमरे की तरह उनके साथ कविता भी चलती है जो शब्द चित्र बनाती चलती है उनके पास भारत का इतिहास और मिथक उसकी स्मृतियाँ एक रेफरेंस बिन्दु की तरह मौजूद हैं जो उनको पर्सपेक्टिव प्रदान करता है। आईडहोवन में देखते हैं वह फिलिप्स कॉर्पोरेशन की इमारत और याद ताज़ा हो जाती है फिलिप्स रेडियो की। प्रकृति से तादात्म्य उनकी कविता में सतत विद्यमान है। चिड़िया उनका प्रिय प्रतीक है, चिड़िया को लेकर लिखी गयी उनकी कविताएँ आत्मकथा के रूप में प्रकट होती हैं :

डर नहीं है मुझे पतझड़ के लाल रंग में मिल जाएगा मेरा रक्त
किसी और देश से किसी और दिशा से
फिर शुरू करूँगा उड़ान अपनी
तुम्हारे ही शब्दों से गढ़ती जीवन को
मैं इस दुनिया की चीज़ नहीं हूँ
कुछ और कहना क्या उचित है
अपने बारे में
इतना ही पर्याप्त है (कुछ कहना, पृ. 69)

उनकी एक प्रमुख विशेषता उनकी तर्क पद्धति है। जो साधारण तरीके से बात नहीं करती बल्कि उसमें असाधारणता सर्जित करती है। इस तर्क पद्धति की एक विशेषता है किसी चीज़ को उसके विस्तार और समग्रता में देखना। अगर हाथ में किताब है तो बात काग़ज़ की होती है और कागज से पेड़ तक पहुँचती है और पेड़ और किताब के बीच सम्बन्ध स्थापित करती है :

किताब का दिन
आज किताब का दिन
कितने पेड़ इन पन्नों के बीच
लम्बी यात्रा इस एक किताब में
शुरू होता है यहीं कहीं बीच से कोई जंगल
छिपे हैं कई मौसम इसकी जिल्द में
अनजान सन्नाटे
कोई फड़फड़ाहट
चलती हुई कुल्हाड़ी
बिजली का आरा
हुश यहाँ सोया है पेड़ मेरे हाथों में (किताब का दिन, पृ. 80)

ऊपर मैंने उनकी तर्क पद्धति की बात की जो असाधारण है देखिए :

हमने देखा अनजान रास्तों को पार्क में भटकते (बारिश, पृ. 11)
विचित्रता है जैसे आकाश से गिरती कविताएँ
सनकी लोग बटोरते रहते हैं जीवन भर इन्हें
रेडियो पर चल रही चर्चा में हँस–हँसकर
बदली जा रही है दुख की शक्ल
गुस्सा एक हरे रंग का तोता है (सनकी लोग, पृ. 88)

सूई की नोक–भर भी नहीं हिला कोहरा बाहर
जैसे भूल गया हो रास्ता
जैसे गिर पड़ा हो पाताल लोक में (पाला, पृ. 16)

(जैसे 'जन्म कोई दरवाज़ा')

बिना बिके सस्ते हो रहे हैं जूते
डिब्बों में बन्द रबड़ चमड़े और प्लास्टिक
अगर रास्ते ना होते
तो जूतों को कौन खोजता (जूतों की दुकान, पृ. 100)

(जैसे 'जन्म कोई दरवाज़ा')

इस तर्क प्रक्रिया को असाधारण बनाती है उनकी जीवन दृष्टि जो ना केवल सजीव व निर्जीव चीज़ों के भी पक्ष को समझाती–समझती और साहित्य में जगह देती है। यदि कहानी और उपन्यास की दृष्टि से सशक्त मनोविज्ञान के चलते लेखक में सभी पात्रों को समझने और उनकी तरफ़ से बात कहने की क्षमता होनी चाहिए तो उस दृष्टि से तो मोहन सजीव व निर्जीव चीज़ों की तरफ़ से भी बात कहते हैं :

ट्राम भूल गयी है आज रास्ता
वह नदी को उड़कर कर रही है पार
गुनगुनाती है ट्राम पलक झपकाते समीर के कानों में (पृ. 24)
कल सी बैठी हैं कुर्सियाँ और मैच आज भी
आने वालों की प्रतीक्षा में
और प्रतीक्षाएँ मुरझाती नहीं
लोगों के पहुँचते ही वे तुरन्त बदल जाएँगी
जीवन की आवश्यकताओं में
दुनिया की हालात पर ख़ामोश
कुर्सी और मेज़ (कुर्सी और मेज़, पृ. 34)

उनके कवि मन में चर्चित प्रतीक और सिर्फ़ वह विजुअल नहीं है जो सबको देखते हैं। बल्कि जो फोकस में नहीं है, किसी भी लैंडस्केप से बाहर हैं वह भी उनकी कविता में उपस्थिति दर्ज कराते हैं जैसे नाव पर बैठी हुई काली बिल्ली जिसका नाम नहीं है, स्थान नहीं है, पहचान नहीं है :

उसका नाम नहीं है
पुरानी घुमन्तू गाड़ी में छुपकर रहती है

टूटी नाव के कबाड़ में
उजड़े खेतों में बची दीवारों में कहीं
मनुष्य की छोड़ी हुई हर जगह
वह मँडराती है ढलानों की गीली हवा की तरह

(काली बिल्ली, पृ. 66)

यही मानवीय दृष्टि उनकी कविता को एक ऊँचाई प्रदान करती है। इसमें हर वक़्त इंसानियत का तकाजा उनको ठेलता रहता है और जहाँ इंसान के रूप में वह चुकता है, कवि पूरी धार के साथ इंसानियत के हवालों को कविता में प्रस्तुत करता है। सदी के अन्तिम दिन रेल स्टेशन पर किसी को सहायता देने से इंकार कविता में मानवीयता के तकाजे के रूप में प्रस्तुत होता है और कवि को निरन्तर हांट करता है।

शाम को लौटते हुए शहर में
वह लड़की अचानक से खड़ी हो गयी
रोक लिया उसने मेरी आहटों को
चौंक उसके सवाल पे
उसे पैसे चाहिए नया टिकट खरीदने के लिए
खोया हुआ पाने के लिए अगली गाड़ी के लिए
किसी पास के शहर
कौन है यह भीड़ में अकेली सोचता
मैंने उसकी मदद नहीं की
बस उसे देखता रहा भीड़ में गुम होते
वह किसका चेहरा था
जो कभी खोया नहीं डूबा नहीं
मिटा नहीं, स्मृतियों के कोलाहल में
हर दिन और पास आता
बस सदी के अन्तिम दिन भी
विश्वास ना किया किसी और पर

(सदी का अन्तिम दिन, पृ. 66)

उसकी तलाश मनुष्यता की तलाश है और टुकड़ों और खानों में बँटे लोगों को देख कविता का स्वर फूटता है :

मैं ख़ुश हूँ जब मैं मनुष्य नहीं रहा
मुझे लोग मेरे रंग से पहचानते हैं

मेरे क़द से मुझे जानते हैं
मेरी आयु को मापते हैं
मेरी आवाज़ को तौलते हैं
मैं खुश हूँ अब जबकि बस एक जन्तु हूँ
कई बार लगता है भरे पेट लोगों की अनुभूतियाँ
मर चुकी हैं और लोग एक पूरी तरह अलग
दुनिया और अलग परिप्रेक्ष्य में जी रहे हैं
दुनिया की हालत ख़राब है
नीली बनियान पहने आदमी ने कहा धूप की टोपी
ठीक करते, जैसे
नींद में चलते
इन गर्मियों में कहीं जाना चाहता हूँ दूर कहीं
भूख की खोज में
'मैं भूल चुका हूँ अनुभूति भूख की'
गिलास खाली किया किसी ने, जैसे सपने में
यह समय
वाह क्या धूप है! सनटैन लोशन (पृ. 69)

(जैसे 'जन्म कोई दरवाज़ा')

यही मानवीयता के तकाजे उनका पुल बनते हैं जब वे सामाजिक सरोकारों से जुड़ते हैं यह उस आदमी का जुड़ना है जो कोई वादी नहीं है, जिसके सरोकार राजनीतिक विचारधाराओं के समीकरण पर निर्भर नहीं करते। जो बामियान में गौतम बुद्ध की मूर्तियों के ध्वस्त करने को केवल पत्थरों का टूटना नहीं मानता बल्कि आने वाले समय की आहट को कविता में दर्ज करता है, उसके सूँघने की शक्ति का प्रमाण है यह कविता :

सुबह के उजाले में उदास
शिलाएँ बामियान की
बुद्ध के निष्कासन पर
मैं दुख को बाँटता हूँ पर इतना बड़ा यह
कि बँट नहीं पाता
पत्थर थे तथागत
उन्हें वहाँ से हटा दिया गया (बामियान, पृ. 71)

गुजरात के साम्प्रदायिक दंगों पर लिखी उनकी कविता को मैं ऐसे विषय पर लिखी हुई सबसे सशक्त कविता मानता हूँ। कविता में आह्वान नहीं है, नारे नहीं हैं, जलजले नहीं हैं, गर्मी नहीं है, बस चन्द सवाल हैं, सवाल इंसानियत के तकाजों को लेकर हैं। सवाल इंसान के ज्वलन्त सवालों से मुँह मोड़ने पर है। कविता ज़रा भी लाउड नहीं होती है और नारा बनने से बचकर कविता बने रहकर अन्तरात्मा को जब झकझोरती है :

क्या मैं लड़ूँगा
क्या मैं कुछ करूँगा
रोककर पूछूँगा लौटते हुए हत्यारे से
इस सब का क्या कोई मतलब है
क्या वह मनुष्य ना था
जो अब नहीं लौटेगा घर
अपने तुम्हारी तरह
वह अध्यापक था
वह साइकिल पर निकला कामगार था
और यही सोचते कर लूँगा पार

(भारी यातायात को राख, पृ. 55–56)

यह कविताएँ सामाजिक सवालों से दो–चार करती हैं पर बाज़ारवाद पर इसकी निगाह है। और महाकाव्य के रास्ते के बीच मचान बना कर बैठा कवि इस तरह से सच्चाई को पकड़ता है :

कैटलॉग अब तय करता है रुचियाँ
सुझाता उपाय
कविता भी अछूती ना रही उसकी छाया से
हर मौसम में छपकर आ जाता है उपभोक्ता महाकाव्य,
पढ़ते–पढ़ते आ जाती है नींद

(ऑरगास कैटलॉग पढ़ते हुए, पृ. 48)

यद्यपि उनकी कविताओं में भारत को लेकर नॉस्टेल्जिया तो नहीं है पर कविता में भारत तो बार–बार है। घर छूटने और बदलने की कसक है :

यह सातवाँ घर है मेरा 10 साल में
यह मेरा सातवाँ पता है 10 साल में
मैं छोड़ आया हूँ ख़ुद को सात बार दस साल में
घिरे हुए आकाश में कहीं

अकेली समुद्री चिड़िया की आवाज़
नये घर को जाती पुराने को लौटती
पैदल अपने पुरखों के रास्ते को नापती (अस्त व्यस्त में, पृ. 15)

भारत वापस लौटने को लेकर सवाल हैं। भारत एक खोई हुई दिशा है जो किस तरह उनका स्वागत करेगा उसका अन्दाज़ा उनको नहीं है :

उस घर की चौखट पर
अजनबी की तरह झिझकते
खटखटाऊँगा दरवाज़ा आशा करते हुए
स्वागत की,
मैं देता हूँ दस्तक
मैं करता हूँ स्वागत
एक पल को मैं भूल जाता हूँ जीवन के अन्तरों को
एक दिन में लौटूँगा खोई हुई दिशा में
पहेली के रिक्त स्थान में
वह मुझे रख देंगे और अधूरा शब्द पूरा हो जाएगा (आशा, पृ. 40)
(सुबह की डाक)

जहाँ मालूम हो सड़क कहाँ मूड़ती मोड़ पे
रास्ता भूल कर भी मिल जाता हो ठिकाना
बिना देखे भी गुज़र जाता बाधाओं से हवा की तरह
बिना सोचे भी

बोलता मैं झूठ को सच की तरह–अपना शहर (इस छोर पर) पर उनके विज्युल और रूपक एक ताजगी लिए हुए हैं उनके पास कैमरे की आँख है और वह कैमरा स्टिल कैमरा नहीं है, कैमकाडर है जिसमें गति भी रिकार्डेड है :

बैंगनी पहाड़ों पर नहीं दिखता कोई उतरता
सिवा शाम के
मसूरी धनौल्टी रोड (पृ. 36)
(जैसे 'जन्म कोई दरवाज़ा')

जुट गये मज़दूर सुबह ही
काम पर पत्थरों को तराशने
नदी की तरह–पुरानी मनाली (पृ. 26)
(जैसे 'जन्म कोई दरवाज़ा')

हवा और बारिश तल्लीन है एक–दूसरे का हाथ थामे
और धूप सुस्ती में कहीं दीवार से पीठ टिकाए बैठी है (बसन्त, पृ. 20)

(जैसे 'जन्म कोई दरवाज़ा')

उनकी कविताओं की मूल विशेषता उसकी द्वन्द्वात्मकता है। वह सपाट ना लिखते हैं, ना सोचते हैं। परत–दर–परत सच को खोजने का संयम उनकी कविता में मौजूद रहता है। सच की जटिलता के चलते कविता में घुमाव और द्वन्द्वात्मकता स्वाभाविक है, पर सपाटबयानी तो उसका विकल्प नहीं है। मन की तहों में झूलते–कुलबुलाते इन विचारों में वह कतर ब्योंत नहीं करते बल्कि सभी विकल्पों को सामने रखते हैं। इसका कारण आत्मविश्वास का अभाव नहीं बल्कि सच को उसकी जटिल परतों के साथ पकड़ने का प्रयास है। उनकी कविता के मूल में बाहरी सवाल नहीं बल्कि अस्तित्व का सवाल है। होने और ना होने की जिज्ञासा है। होने को भी क्यों और किस तरह होने का सवाल है। यह सवाल उस तरह से आध्यात्मिक भी नहीं है और ईश्वर भजन में अपना रास्ता नहीं खोजता बल्कि मानव जीवन के उत्स से जुड़े सरोकारों की पड़ताल है :

यह रक्त रंजित हाथ
खिड़की पर छाप जिसकी
यह खुशी जिसकी
यह चीख जिसकी
यह मृत्यु किसकी
एक साथ बोल पड़ती हैं दो आवाज़ें
मेरे भीतर से जैसे मेरे ही विरोध में
अपना कहती हुई (दो आवाज़ें, पृ. 84)

(इस छोर पर)

मैं सुबह उठा किसके लिए
अब सो जाऊँगा किसके लिए (तीन बातें)

(इस छोर पर)

दिन खुलते कुहासे में गिरे फूल को देख सोचता
यह अब कभी फल ना होगा
फिर ना जन्मेगा यह
बस यहीं तक उआँस (अपना शहर, पृ. 53)

(इस छोर पर)

और अन्त में वह अपनी कविताओं को ख़ुद ही इस तरह परिभाषित करते हैं :

बिना मुखौटे के पढ़ सकते हो तुम यह कविताएँ
अँधेरे में भी दिख जाते हैं इनमें बँधे ये शब्द
रोशनी की लड़ी की तरह,
उतार के फेंक दो मुखौटों को दीवार पर
इन कविताओं में देख सकते हो तुम अपने को
कहीं कोने में तस्वीर के
और कोई तुम्हें पहचान नहीं पाता है भीड़ में (अपने पास, पृ. 72)
(इस छोर पर)

अक्षरम् संगोष्ठी, जनवरी–मार्च 2006

हिन्दी कविता की यूरोप यात्रा

ब्रिटेन में जनता तक हिन्दी कैसे पहुँचे यह प्रश्न हिन्दी प्रेमियों को सालता रहता है। हिन्दी को जनता तक ले जाने का प्रयत्न कई तरीके से किया जा रहा है इन प्रश्नों को सबसे बड़ा समर्थन उस समय मिला जब वर्ष 1992 में तत्कालीन उच्चायुक्त डॉक्टर एल.एम. सिंघवी के प्रयत्नों से कवि सम्मेलनों की परम्परा प्रारम्भ हुई। 1992 से प्रारम्भ इन कवि सम्मेलनों में भाग लेने के लिए भारत से चोटी के कवि आए नीरज, डॉ. कुँवर बेचैन, माया गोविन्द, अशोक चक्रधर, डॉ. रामदरश मिश्र, केदारनाथ सिंह, अरुण कमल, गिरधर राठी, डॉ. सीतेश आलोक, नरेश शांडिल्य, बेकल उत्साही इत्यादि ने इन कार्यक्रमों में भाग लिया। यह कार्यक्रम लन्दन में प्रायः हर वर्ष भारतीय विद्या भवन के विशाल सभागार में आयोजित किया जाता है। ब्रिटेन में यह कार्यक्रम यू.के. हिन्दी समिति, लन्दन, गीतांजलि बहुभाषी समुदाय, बर्मिंघम, हिन्दी भाषा समिति–मानचेस्टर, भारतीय भाषा संगम यार्क के द्वारा संयुक्त रूप से आयोजित किये जाते हैं। इन अन्तर्राष्ट्रीय कार्यक्रमों के संयोजक यू.के. हिन्दी समिति के अध्यक्ष श्री पद्मेश गुप्त हैं।

इस बार के आमंत्रित कवि थे डॉक्टर सरोजनी प्रीतम, डॉक्टर सुनील जोगी, राजेश चेतन, गजेन्द्र सोलंकी और सुमन दुबे। इनमें से दो कवि उत्तर प्रदेश भाषा संस्थान और उसके अध्यक्ष केसरी नाथ त्रिपाठी के सौजन्य से आये थे। श्री त्रिपाठी का प्रवासी भारतीयों में हिन्दी का प्रचार–प्रसार करने में महत्त्वपूर्ण योगदान रहा है। 21 अगस्त को आई. सी.सी.आर. द्वारा प्रायोजित कवि लन्दन पहुँचे। इन कवियों के रहने की व्यवस्था किसी होटल में नहीं की जाती अपितु इन्हें यहाँ के हिन्दी प्रयोगिक प्रेमियों के साथ घनिष्ठ सम्पर्क का मौक़ा मिले इसलिए घरों में ही इनके रहने की व्यवस्था की जाती है। इससे यहाँ के हिन्दी प्रेमियों को भी हिन्दी के कवियों से घनिष्ठता का मौक़ा मिलता है। कवियों के आते ही

रात्रि भोजन का सिलसिला प्रारम्भ हो जाता है बहुत से कवि तो ब्रिटेन के जीवन से अपरिचित होते हैं उन्हें इन रात्रि भोजन से लोगों से परिचय का और औपचारिक कवि–सम्मेलनों से पहले यहाँ के साहित्यिक सांस्कृतिक जीवन को जानने का मौक़ा मिलता है। इसी क्रम में 21 और 22 अगस्त को क्रमशः मेरे और श्रीमती उषा राजे सक्सेना और श्री के.बी.एल. सक्सेना के यहाँ रात्रि भोज और गोष्ठियों का आयोजन किया गया। 23 अगस्त को कवियों का क़ाफिला ब्रेडफर्ड जाने को तैयार था। शादी जैसी तैयारी थी। कहीं कोई अपने कैमरे के लिए रील ढूँढ़ रहा था तो कोई कवि अपनी डायरी ना पाने से परेशान था। ग्यारह बजे लन्दन से प्रस्थान हुआ। पहला पड़ाव कावेंट्री का था। जहाँ हिन्दी के वरिष्ठ कवि प्राण शर्मा बड़ी बेताबी से भोजन तैयार कर कवियों का इन्तज़ार कर रहे थे। इधर भारत का मैच चल रहा था सचिन का शतक पूरा होने वाला था। सचिन की सेंचुरी पूरी करवा कर ही कविगण माने। ग़ज़लों और कविताओं के छन्द शास्त्र के ज्ञाता प्राण शर्मा से मिलकर यह क़ाफिला रवाना हुआ। रास्ते में शायद कोई दुर्घटना हो गयी थी और ट्रैफिक के चलते सभी कविगण देर तक पहुँचे। ब्रेडफर्ड एक अत्यन्त संवेदनशील क्षेत्र है यहाँ पिछले वर्ष के कार्यक्रम में अधिक लोग नहीं जुट पाये थे। परन्तु ब्रेडफर्ड मन्दिर के हँसमुख शाह, जौहर जी, टेलर भाई के प्रयासों से इस बार सैकड़ों की संख्या में लोग उपस्थित थे। बड़ी बात यह थी कि उनमें गुजराती बहुत संख्या में थे। मन्दिर में रक्षाबन्धन का भी कार्यक्रम था। इस अवसर पर कई सन्त और सामाजिक कार्यकर्ता भी पधारे हुए थे। देरी होने के बावजूद कवि सम्मेलन सफल रहा। तेजेन्द्र शर्मा के कुशल और स्तरीय संचालन में कवि सम्मेलन देर रात तक चला। ज़्यादातर लोगों के लिए यह एक नया अनुभव था। कवि सम्मेलन जहाँ एक ओर वरिष्ठ कवयित्री सरोजनी प्रीतम और हिन्दी के लोकप्रिय कवि सुनील जोगी ने हास्य–व्यंग्य की सृष्टि की वहीं राजेश चेतन और गजेन्द्र सोलंकी ने राष्ट्रीयता के स्वरों को जनता तक पहुँचाया। मधु चतुर्वेदी और सुमन दुबे ने गीतों से सम्मेलन का शृंगार किया वहीं मैंने यू.के. की युवा पीढ़ी के अपनी भाषाओं के प्रति जुड़ाव के सम्बन्ध में लिखी कविता 'भटका हुआ भविष्य' प्रस्तुत की। तेजेन्द्र शर्मा की कविता 'टेम्स और गंगा' भी सराही गयी। इस अवसर पर नॉर्वे से पधारे डॉक्टर सुरेश शुक्ल और श्रीमती उषा वर्मा एवं कई अन्य स्थानीय व्यक्तियों ने भी रचना पाठ किया।

रात को कवियों का यह जत्था प्रतिवर्ष की भाँति यार्क पहुँचा। लन्दन से लगभग तीन सौ मील से अधिक की दूरी पर स्थित इस ख़ूबसूरत छोटे से शहर में हिन्दी का ध्वज बरसों से डॉ. महेन्द्र वर्मा ने उठा रखा है। यार्क विश्वविद्यालय के भाषा विज्ञान विभाग में कार्यरत वर्मा जी वरिष्ठ हिन्दी सेवी हैं उनकी पत्नी उषा वर्मा हिन्दी की कवयित्री–रचनाकार हैं, इनके अतिरिक्त एक अन्य प्रेरणास्पद व्यक्तित्व यार्क में है। पचहत्तर से भी अधिक वर्षों की डॉ. सुगन्धा, जो वर्मा परिवार की इन आयोजनों में मदद करती हैं। सुबह सभी यार्क स्थित विशाल चर्च में गये, जिसकी शीशे की दीवार पर बने चित्र अविस्मरणीय हैं। इस छोटे से रमणीक शहर में डॉ. महेन्द्र वर्मा घुमाते हुए कवियों को इतिहास और वास्तुशिल्प दोनों का ज्ञान कराते हैं। शाम तक घूमते–घूमते कवि मानचेस्टर पहुँचते हैं।

मानचेस्टर में पिछले वर्ष के अनुभव को ध्यान में रखते हुए कवि इस बार पहले पहुँच गये हैं। यहाँ की आयोजक हिन्दी भाषा समिति है। हिन्दी भाषा समिति के डॉक्टर अंजनी कुमार, उनकी पत्नी श्यामा कुमार, हिन्दी के कवि डॉ. निखिल कौशिक और अन्य साथी आयोजनों में जुटे हैं। मानचेस्टर काव्य रसिकों की भूमि है। कवियों को लगता है कि भारत में ही कवि सम्मेलन चल रहा है। यहाँ संचालन राजेश जैन 'चेतन' ने किया। राजेश जैन का संचालन गरिमापूर्ण और सरस था। मानचेस्टर के श्रोता काव्य–रसिक हैं। अतः यहाँ कवि सम्मेलन में कवियों और श्रोताओं को आनन्द आता है और कवि सम्मेलन प्रायः भारत की तरह देर तक चलते हैं। और कोई श्रोता कार्यक्रम समाप्त होने से पूर्व जाता नहीं। इस बार भी यही नजारा था। भारत से आये कवियों ने अपनी प्रस्तुति से कार्यक्रम में रंग भरे। सुनील जोगी तो जहाँ गये, वहाँ लोकप्रिय हुए ही। दिलचस्प बात यह है कि ओज की कविता करने वाले गजेन्द्र सोलंकी और राजेश चेतन को भी लोगों ने हाथों–हाथ लिया। सुमन दुबे मानचेस्टर में पिछले वर्ष भी आयी थीं। पिछले वर्ष ही उनके प्रशंसकों का एक वर्ग बन गया था। इस बार उसमें बढ़ोतरी हुई। यहाँ भी 'भटका हुआ भविष्य' कविता सुनाने के बाद श्रोताओं के अनुरोध पर मैंने 'बाल मज़दूर' कविता सुनाई। कविता अभी बीच में ही थी कि मैंने कई लोगों की आँखों में आँसू देखे। यह इस बात का प्रमाण था कि भारत के बच्चों की पीड़ा यहाँ के समाज को उद्वेलित करती है। यहाँ पर स्थानीय कवि निखिल कौशिक, अब्दुल गफूर, तितिक्षा शाह, श्रीमती श्यामा कुमार ने भी अपनी कविताएँ सुनाईं।

पद्मेश गुप्त की कविता 'पौधा' उनकी कविता 'बैसाखी' जैसी धारदार और असरदार है। तितिक्षा शाह की अदायगी मंच पर बहुत प्रभावशाली है। निखिल कौशिक एक बड़ी रेंज के कवि हैं। मूलतः वह एक मुक्तछन्द के कवि हैं। रात्रि को सब लोग डॉ. अंजनी कुमार के यहाँ ठहरे। यहाँ तो शादी के घर जैसा माहौल था। रात देर तक घर में भी गोष्ठी चलती रही। अगले दिन घूमने के लिए कवियों को मानचेस्टर के ट्रैफर्ड सेंटर में भी ले जाया गया। अगला पड़ाव पच्चीस अगस्त को बर्मिंघम था। गीतांजलि बहुभाषी समुदाय पिछले कई वर्षों से बर्मिंघम में विभिन्न भारतीय भाषाओं के लेखक–लेखिकाओं को मंच प्रदान कर रहा है। यहाँ कार्यक्रम का संचालन डॉ. महेन्द्र वर्मा और श्रीमती वन्दना राव ने किया। कार्यक्रम में हिन्दी के अतिरिक्त बंगाली, गुजराती, पंजाबी, तेलुगु भाषाओं की भी रचनाएँ पढ़ी गयीं। इस आयोजन के कर्णधार थे डॉ. कृष्ण कुमार। श्रीमती चित्रा कुमार, सुश्री तितिक्षा शाह, श्रीमती स्वर्ण लता तलवार, श्री शेखर बसु आदि साथ जुड़े थे। भारतीय भाषाओं का यह कवि दरबार अन्य कार्यक्रमों से विशिष्ट था। कार्यक्रम में मुख्य अतिथि के रूप में भारतीय कांसुलेट बर्मिंघम के श्री जे.एस. सप्रा थे। उन्होंने अपने भाषण में भारत के जीवन के विभिन्न रंगों को प्रस्तुत करने के लिए कवियों को बधाई दी। शेक्सपियर की स्मृति में बने स्मारक को देखते हुए कवि लन्दन लौटे। लन्दन में भारतीय संस्कृति की वाहिका प्रमुख संस्था भारतीय विद्या भवन के सभागार में यह कार्यक्रम 26 अगस्त को यू.के. हिन्दी समिति द्वारा आयोजित किया गया था। श्रोताओं से खचाखच भरे सभागार में यह कार्यक्रम नियत समय पर प्रारम्भ हो गया। कार्यक्रम के मुख्य अतिथि भारतीय उच्चायोग में उच्चायुक्त माननीय रौनेन सेन थे। कार्यक्रम का प्रारम्भ भारतीय विद्या भवन के संस्थापक श्री कृष्ण मूर्ति ने दीप प्रज्वलित कर किया। तेजेन्द्र शर्मा ने एक मुक्तछन्द की रचना और एक सस्वर रचना का पाठ किया। कहानी के बाद कविता के क्षेत्र में पदार्पण करने वाले तेजेन्द्र इस विधा में अपना स्थान बना रहे हैं। इस कवि सम्मेलन की विशेष उपलब्धि अरुण अस्थाना की नगर संकल्पना पर लिखी कविताएँ थीं। श्रीमती स्नेह लता वर्मा ने अपने काव्य पाठ से मंच के अपने अनुभव को दर्शाया और प्रौढ़ रचनाएँ प्रस्तुत कीं। उषा जी की ग़ज़लें काफ़ी सधी हुई थीं। सोहन राही अपने पुराने रंग में थे। शैल अग्रवाल संवेदनशील लेखिका हैं। उनकी रचनाओं में संवेदना की निर्मल धारा बहती है। सुरेश

शुक्ल ने पुरवाई के पाँच साल पूरे होने पर कविता पढ़ी। अभी कवियों का काव्य अपने चरम पर था कि कार्यक्रम ने अपने महत्त्वपूर्ण चरण में प्रवेश किया। हिन्दी के वरिष्ठ कवि–आलोचक श्री गौतम सचदेव को हिन्दी सेवा सम्मान और लोकप्रिय प्रसारक रवि शर्मा को संस्कृति सेवा सम्मान से श्री रौनेन सेन उच्चायुक्त महोदय द्वारा सम्मानित किया गया। अब आश्चर्य की मेरी बारी थी मुझे जानकारी नहीं थी कि इस बार हिन्दी के प्रचार–प्रसार में प्रशंसनीय योगदान सम्बन्धी सम्मान के लिए यू.के. हिन्दी समिति ने मेरा नाम तय किया है। यह मेरे लिए अत्यन्त सम्मान की बात थी। परन्तु कार्यक्रम की तैयारी करते हुए भी पद्मेश गुप्त, सक्सेना परिवार और सुश्री दिव्या माथुर ने यह बात मुझसे छुपाई। उनका कहना है कि इस सम्मान को इसी तरह अन्तिम समय में घोषित किया जाता है।

कार्यक्रम के दूसरे भाग में भारत के जाने–माने मंच कवियों ने कविताएँ प्रस्तुत कीं। सुनील जोगी हास्य–व्यंग्य का पर्याय बन गये हैं। उनकी कविताएँ मंचीय लटके–झटके, अदायगी लोगों को बहुत भायी। उनके संचालन में हास्य की बरसात कर दी। 'कलयुग में तुम ना आना रे, प्यारे कृष्ण कन्हैया' कविता विशेष रूप से पसन्द की गयी। उसके बाद राजेश जैन ने प्रवासी भारतीयों और आतंकवाद पर रचना सुनाई। कविताओं ने श्रोताओं को भारतीयता के स्वरों के साथ ऐसा जोड़ा कि भारत माता की जय के रूप में श्रोताओं ने अपनी अभिव्यक्ति दी। सरोजनी प्रीतम वरिष्ठ कवयित्री हैं। कवि सम्मेलन अपने चरम पर था उन्होंने अपनी क्षणिकाओं से वातावरण में फुलझड़ियों की बरसात कर दी। उनका अपना अन्दाज़ और अनुभव है। उनकी कविताएँ विशेष रूप से महिला–पुरुष सम्बन्धों पर केन्द्रित होती हैं। गजेन्द्र सोलंकी का स्वर और उनकी कविताएँ वातावरण में ओज भर देती हैं। सुमन दुबे अपने रूमानी गीतों के साथ फिर से छा गयीं। पद्मेश को ना–ना करते हुए भी पढ़ने के लिए कहा गया। कार्यक्रम में यू.के. हिन्दी समिति द्वारा यह घोषणा की गयी कि पांडुलिपि चयन के अन्तर्गत इस बार मोहन राणा के कविता संग्रह 'इस छोर से' का चयन किया गया है। विलक्षण प्रतिभा के धनी मोहन राणा पिछले कुछ समय से अपनी रचनात्मक प्रतिभा से हिन्दी के नयी पीढ़ी के कवियों में अपना स्थान बनाने में सफल हुए हैं।

भारतेन्दु विमल के चर्चित उपन्यास 'सोन मछली' के बाद यह दूसरी पुस्तक चयनित की गयी है।

अगले दिन 27 अगस्त को भारतीय उच्चायोग में लन्दन नगर राजभाषा कार्यान्वयन समिति के सदस्यों की बैठक और कवि सम्मेलन का कार्यक्रम था। कार्यक्रम के प्रारम्भ में भारतीय उच्चायोग में उप–उच्चायुक्त श्री सत्यव्रत पाल ने हिन्दी में अच्छा काम करने के लिए वर्ष 2001–2002 में केनरा बैंक, एच.सी.एल. और मझगाँव डॉक को क्रमशः प्रथम, द्वितीय और तृतीय पुरस्कार दिये एवं 2000–2001 के लिए मझगाँव डॉक, केनरा बैंक और भारतीय जीवन बीमा निगम को यह पुरस्कार प्रदान किये गये। सदस्य कार्यालयों को प्रशस्ति पत्र प्रदान किये गये। भारतीय उच्चायोग में पहली बार इस तरह का कवि सम्मेलन आयोजित किया जा रहा था बड़ी संख्या में स्टाफ सदस्यों और टालिक सदस्यों ने कविता का रसास्वादन किया।

इस कवि सम्मेलन की सफलता का प्रभाव सीधे–सीधे हिन्दी की गतिविधियों पर पड़ा। इसी दिन इंडियन ओवरसीज कांग्रेस का कार्यक्रम था। जिमखाना क्लब में आयोजित इस कार्यक्रम में कविगण मात्र दर्शक के रूप में अपेक्षित थे परन्तु श्रोताओं की माँग पर कवियों को रचना पाठ करना पड़ा और देर तक कवि सम्मेलन चला। इस कवि सम्मेलन में कविता सुन रहे एक रसिक श्रोता निर्मल शर्मा ने सब कवियों को अपने यहाँ काव्य पाठ का निमन्त्रण दे डाला। रविवार को उनके यहाँ शानदार गोष्ठी हुई जिसमें एक सौ पचास से अधिक श्रोता थे। इस बीच सुनील जोगी नॉर्वे के हिन्दी सेवी सुरेश शुक्ल के निमन्त्रण पर नॉर्वे गये। जहाँ उन्हें सम्मानित किया गया और उनका काव्य पाठ हुआ। नॉर्वे में यह अपने आप में अनूठा कार्यक्रम था।

इस बार की सबसे बड़ी उपलब्धि थी पेरिस में कवि सम्मेलन। हमारी बड़ी इच्छा थी कि लन्दन जैसी कवि सम्मेलन की परम्परा पेरिस में प्रारम्भ की जाए इस सम्बन्ध में पेरिस में भारतीय दूतावास में कार्यरत सुश्री रोमी टकयार ने पहल की। भारतीय उच्चायोग लन्दन के हिन्दी अनुभाग में कार्यरत सुश्री मीनू टकयार ने सम्पर्क किया और पेरिस के गुजराती हिन्दू समाज नामक संस्था ने प्रसन्नतापूर्वक आयोजन की ज़िम्मेदारी स्वीकार की। पर सवाल था भारत से फ्रांस का वीज़ा ना लेकर आये कवियों को वीज़ा कैसे मिले। मीनू की कई दिन की दौड़–धूप सफल हुई और सब को वीज़ा मिल गया।

कोच द्वारा यह क़ाफिला पेरिस पहुँचा। पूरी की पूरी कोच को सुरंग

से रेल द्वारा ले जाना एक अनुभव था। कवियों की टीम की एव्विज होटल में ठहरने की व्यवस्था हुई थी। कवियों को प्रसिद्ध चर्च घुमाने की व्यवस्था की गयी थी। पेरिस जाते हुए कवियों को आशंका थी कि आयोजक जाने कार्यक्रम में अधिक रुचि लें या ना लें परन्तु संस्था के अध्यक्ष शंभू भाई पटेल से मिलते ही यह आशंका दूर हो गयी। शाम को कार्यक्रम था। साढ़े सात बजे तक कोई लेने नहीं आया। तेज़ बरसात हो रही थी। आठ बजे के आसपास कवियों को ले जाया गया। सोच रहे थे कि सम्मेलन छोड़िए, गोष्ठी भी हो जाए तो गनीमत होगी परन्तु सभागार का दृश्य बिल्कुल अलग था। तीन सौ से अधिक श्रोता कवियों की प्रतीक्षा कर रहे थे। परन्तु यह गुजराती हैं ना जाने कितनी हिन्दी समझें! यह सवाल था। परन्तु कार्यक्रम शुरू होते ही श्रोताओं के उत्साह से यह आशंका समाप्त हो गयी। कार्यक्रम प्रगति के साथ बढ़ने लगा। धीरे–धीरे यह खुमार उन्माद में बदलने लगा। एक रोचक और अविस्मरणीय कार्यक्रम बन गया। कार्यक्रम समाप्त होते–होते कवियों की कैसेट्स और पुस्तकें खरीदने वाले भी बड़ी संख्या में आये। कार्यक्रम के बाद कवियों ने रात की रोशनी में एफिल टॉवर भी देखा।

अब भारत के कवि जा चुके थे परन्तु यहाँ कवि–सम्मेलनों का भूत कहाँ उतरा था। हिन्दी दिवस के अवसर पर कृति यू.के. के द्वारा एक हास्य–कवि सम्मेलन का आयोजन बर्मिंघम के भारतीय काउंसलेट में किया गया था। कवि सम्मेलनों की सफलता का प्रभाव या तितिक्षा शाह की संगठन क्षमता का असर अथवा काउंसलेट में होने का प्रभाव या मिलाजुला कारण कार्यक्रम में बड़ी संख्या में लोग थे। कार्यक्रम के मुख्य अतिथि उत्तर प्रदेश विधानसभा के अध्यक्ष श्री केसरी नाथ त्रिपाठी थे, वहीं कार्यक्रम की अध्यक्षता कैम्ब्रिज विश्वविद्यालय के सत्येन्द्र श्रीवास्तव ने की। इस अवसर पर बर्मिंघम और सेंड वेल के मेयर और सनराइज रेडियो के लोकप्रिय सितारे रवि शर्मा भी उपस्थित थे।

इन कवि सम्मेलनों की श्रृंखला के मुख्य सूत्रधार थे–डॉक्टर पद्मेश गुप्त। छोटे क़द के पद्मेश के काम ऊँचे थे। दाऊजी गुप्त की थाती लिए हुए पद्मेश बड़े–बड़े आयोजन हँसते हुए करने की क्षमता रखते हैं। इन कार्यक्रमों में मुख्य रूप से मेजबानी का भार उठाया उषा राजे सक्सेना और के.बी.एल. सक्सेना ने। कवियों को इनके साथ रहना एक आकर्षण लगता है, एक तो छोटी–से–छोटी सुविधा की चिन्ता करते हैं। दूसरा

कवियों को साहित्यिक वातावरण मिलता है। इस बार के कवि सम्मेलन को लेकर जहाँ हिन्दी की संस्थाएँ उत्साहित हैं और उन्हें लगा है कि हिन्दी के लिए उपयुक्त वातावरण बना है और हज़ारों लोग हिन्दी के साथ जुड़े हैं। वहीं कई प्रबुद्ध बुद्धिजीवियों को यह आशंका है कि कहीं इस लोकप्रियता के कारण हिन्दी की गम्भीर कविता लोगों के सामने आये ही नहीं। इन आशंकाओं का जवाब कार्यक्रमों के अन्तर्राष्ट्रीय संयोजक पद्मेश गुप्त यह कहकर देते हैं कि प्रत्येक कार्यक्रम का प्रयोजन अलग होता है। हम वर्ष में तरह–तरह के कार्यक्रम आयोजित करते हैं जैसे इस वर्ष भी कमलेश्वर, नरेन्द्र कोहली, अलका सरावगी के व्याख्यान आदि आयोजित किये गये। कवि सम्मेलनों का प्रयोजन अधिक–से–अधिक जनता को जोड़ना है और इस बार इस कार्य में आशातीत सफलता मिली है।

अक्षरम् संगोष्ठी, जनवरी–मार्च 2003

ब्रिटेन की कविता यात्रा

ब्रिटेन में प्रत्येक वर्ष हिन्दी दिवस के समय प्रमुख नगरों में हिन्दी की संस्थाएँ कवि सम्मेलनों का आयोजन करती हैं। इस वर्ष मुझे भी इन कार्यक्रमों में आमंत्रित किया गया। तीन वर्ष का अन्तराल बहुत अधिक नहीं होता, बहुत कम भी नहीं होता। मित्रता परिचय में तब्दील हो जाती है। परिचय शायद, किन्तु, परन्तु में। आप भूलते नहीं, यादें धूमिल हो जाती हैं। यह सब धारणाएँ हैं जिन्हें आप लोगों के व्यवहार के आईने में आँकते हैं। वर्ष 2000 से 2005 तक का ब्रिटेन में हिन्दी एवं संस्कृति अधिकारी के रूप में ब्रिटेन प्रवास का समय मेरे लिए रचनात्मक उपलब्धियों और हिन्दी के प्रचार–प्रसार की दृष्टि से छलाँग मारने का था। इस दौरान कितने लोगों के साथ कन्धे–से–कन्धा मिलाकर काम किया। कितने लोगों का परिचय मित्रता में बदला। कितनी मित्रताएँ एक उद्देश्य में सहभागी होने से पवित्र सम्बन्धों में बदल गयीं। कितने साहित्यकारों के साथ जीवन और साहित्य को देखने की दृष्टि विकसित की। यह यात्रा उस सबके आकलन और समीक्षा का अवसर दे रही थी।

भारतीय सांस्कृतिक सम्बन्ध परिषद् के सौजन्य से हम पाँच रचनाकार बुद्धिनाथ मिश्रा, सीता सागर, आचार्य सारथी, अलका सक्सेना और मैं ब्रिटेन गये। हम ज़्यादातर पहले से एक–दूसरे से परिचित थे और अगर नहीं थे तो भी यात्रा के पहले की परेशानियों ने, ग़ज़लों, गीतों और कविताओं ने हमें एक–दूसरे के काफ़ी करीब ला दिया। एक दिन वीज़ा देर से मिलने से बर्मिंघम का कार्यक्रम रद्द हो गया। गीतांजलि की पूरी तैयारी बेकार गयी पर इससे दिल्ली में बैठे लोगों को क्या? 11 बजे की फ्लाइट की 6 बजे सूचना मिलने पर पहुँचे कवि और कवयित्रियों को समझ नहीं आ रहा था किसको बुरा–भला कहें। दुबई में 7 घण्टे कारपेट पर पड़े हुए कवियों ने जैसे–तैसे रात बितायी। बर्मिंघम एयरपोर्ट पर

स्थानीय टीम आदरणीय केसरी नाथ त्रिपाठी, कृष्ण कुमार और भारतीय दूतावास में हिन्दी अधिकारी राकेश दुबे उपस्थित थे। वहाँ से कारवाँ लेस्टर की तरफ़ चला। लेस्टर में राजीव वधवा के घर पर सबने भोजन इत्यादि किया और तैयारी हो गयी पहले कवि सम्मेलन की। संचालन कर रहे थे बर्मिंघम के अजय त्रिपाठी। अजय जी स्वयं बहुत अच्छे कवि हैं उन्होंने और संयोजक राजीव जी दोनों ने माहौल को कवितामय बना दिया था। मेरे अलावा बाकी कवियों का ब्रिटेन में पहला कविता पाठ था। कविता की बारीकियाँ समझने वाले श्रोताओं को पाकर कवियों का आनन्द कई गुना बढ़ गया। सारथी जी की ग़ज़लें–नज़्में ख़ूब जमीं। सीता सागर ने गीतों से प्रेम का रंग उड़ेला। बुद्धिनाथ जी का पहला काव्य पाठ था। भारतीय ग्रामीण जीवन के सघन बिम्ब उनके गीतों में मिलते हैं। इस महारथी गीतकार का परिचय मैंने देना उचित समझा। केसरी नाथ जी तो अध्यक्ष थे ही। केसरी नाथ जी रंग में आये और उन्होंने कुछ गीत सुनाये। कार्यक्रम के बाद एक स्थानीय रेडियो एनाउंसर मंच पर आयी और उसने केसरी नाथ जी के स्वर की तारीफ़ करते हुए कहा कि यदि मैंने केवल इनकी आवाज़ सुनी होती तो मैं इन्हें प्रपोज कर देती। एक तरफ़ हँसी का ठहाका, दूसरी तरफ़ सकुचाते हुए केसरी नाथ जी। रात्रि भोजन के बाद कवि नाटिंघम पहुँचे।

जया वर्मा यहाँ के कार्यक्रम की संयोजिका थीं। जया वर्मा और डॉ. महिपाल वर्मा आतिथ्य और विनम्रता की प्रतिमूर्ति हैं। नाटिंघम राबिनहुड की याद दिलाता, छोटा–सा सुन्दर शहर, उसमें वर्मा जी का ख़ूबसूरत घर और आत्मीय वातावरण कुल मिलाकर यह सब नाटिंघम यात्रा को अविस्मरणीय बना देता है। नाटिंघम में जुगनु महाजन ने प्रोफेशनल अन्दाज़ में संचालन किया। हर बार की तरह नाथ पुरी, प्रसिद्ध उद्योगपति ने कवियों को 100–100 पौंड प्रदान कर उनका उत्साहवर्धन किया। डॉ. पुरी ने अपने मोहक अन्दाज़ में हिन्दी दिवस के अवसर पर कुछ बातें कहीं। उनका हिन्दी दिवस को याद करना तो ठीक था पर हिन्दी के उद्भव, विकास और वर्तमान स्थिति के सम्बन्ध में उनकी धारणाएँ मुझे तर्कसंगत नहीं लगीं।

अब वहाँ से हमें वापिस लन्दन जाना था। लन्दन में कवि सम्मेलन एक यादगार कार्यक्रम था। नेहरू केन्द्र का मंच पद्मेश जी, दिव्या जी, उषा जी ने दुल्हन की तरह सजाया हुआ था। कार्यक्रम में गरिमा प्रदान

करने के लिए ब्रिटेन में भारत के उच्चायुक्त और मन्त्री (समन्वय) पधारे हुए थे। पहले श्री वेद मोहला और सुश्री रीना भारद्वाज को हिन्दी सेवा और संस्कृति सम्मान से सम्मानित किया गया। अब दिल थाम के बैठो मेरी बारी आयी। मुझे अन्तर्राष्ट्रीय वातायन कविता सम्मान से सम्मानित किया गया। दिलचस्प यह था कि उसका प्रशस्ति–पत्र श्रीमती मीरा कौशिक, प्रसिद्ध संस्कृतिकर्मी एम.बी.ई से सम्मानित द्वारा पढ़ा गया। हम लोग दिल्ली विश्वविद्यालय में कविता प्रतियोगिताओं में साथ भाग लेते रहे थे। यह मेरे लिए भावुकता का क्षण था। वातावरण आत्मीयता से सरोबार था। सभागार में नरेश भारतीय, अनिल पोटा जैसे स्थानीय अभिभावक जैसा प्रेम देने वाले व्यक्तित्व और डॉ. कैलाश बुधवार, गौतम सचदेव, सोहन राही, सुदर्शन भाटिया जैसे विशिष्ट व्यक्तित्व थे। यह भावुकता भरा क्षण था। मुझे उन क्षणों में लन्दन दिल्ली से आत्मीय लगा।

अब बात करें काव्य पाठ की। काव्य पाठ के लिए सबसे पहली उठीं अलका सिन्हा जो मुक्तछन्द में संवेदनशील कविताएँ लिखती हैं। उनके एक–एक शब्द को श्रोता समझ और सराह रहे थे। कवियों को समझ में आ गया कि श्रोता गम्भीर और संवेदनशील हैं। ऐसा श्रोतावर्ग दुनिया के किसी कोने में नहीं है। यहाँ काव्य पाठ करने में बहुत मज़ा आया। मैंने अपनी नयी रचनाएँ सुनाईं जिन्हें काफ़ी प्रशंसा मिली। इस अवसर पर आचार्य सारथी द्वारा कमलेश्वर पर सम्पादित पुस्तकों का लोकार्पण हुआ। आचार्य सारथी की शायरी को सुनना हमारे लिए एक अनुभव था।

अब हमें तीन–चार दिन मुझे, बुद्धिनाथ जी और सारथी जी को साथ रहना था। सारथी जी शायर तो उम्दा हैं और बहुत अध्ययनशील भी, पर चैन स्मोकर हैं। सारे फ्लैट में सिगरेट का धुआँ भरा रहता। खैर हमारी साहित्य को लेकर, कमलेश्वर को लेकर, धर्मवीर भारती को लेकर, साहित्यिक परिदृश्य को लेकर ख़ूब चर्चा होती। बुद्धिनाथ जी साहित्य के गम्भीर अध्येता हैं और उनकी टिप्पणियाँ रोचक और अनुभवसम्पन्न थीं। इस बीच उच्चायोग में लंच रखा गया। उच्चायोग में मैं पुराने मित्रों को ढूँढ़ता रहा। भारत से आया स्टाफ तो जा चुका था परन्तु स्थानीय स्टाफ में कुछ मित्र थे। टावर हिल जाने के लिए बाकी लोग तैयार थे। हँसी–खेल करती टीम ने टावर देखा और शाम को उषा राजे सक्सेना के यहाँ गोष्ठी हुई। यहाँ सभी ने मंच से हटकर नयी और गम्भीर रचनाओं का पाठ किया। यहाँ स्थानीय साहित्यकार सोहन राही और कादम्बरी मेहरा

भी थीं। कविता के सौन्दर्य ने रात के अँधेरे में उजास भर दिया।

नेहरू सेंटर इस समय हिन्दी के प्रकाश से आलोकित है। नेहरू केन्द्र की निदेशक मोनिका जी सहृदय साहित्य प्रेमी हैं, उपनिदेशक राजेश श्रीवास्तव हिन्दी में गहरी रुचि रखने वाले और दिव्या जी तो वहाँ के सांस्कृतिक परिदृश्य की केन्द्र हैं। नेहरू सेंटर में कवियों से संवाद कार्यक्रम का आयोजन किया गया जिसमें कवियों ने अपनी कविताओं, रोल–माडल कवि, रचना प्रक्रिया आदि पर बात की। कार्यक्रम में फ़िल्मों में साहित्यिक गीत न होने पर भी जमकर चर्चा हुई। कवियों को इस भागीदारी वाले कार्यक्रम में बहुत आनन्द आया।

लन्दन में 2–3 दिन रुककर हम लोग बर्मिंघम पहुँचे। इस दौरान सीता सागर के बैग गुमने की घटना हुई और कवि मंडली उदास और गमगीन हो गयी।

कवियों के एक दिन देर से ब्रिटेन पहुँचने के कारण बर्मिंघम में जो कार्यक्रम रद्द हो गया था गीतांजलि बहुभाषी समुदाय, बर्मिंघम की तरफ़ से उस कार्यक्रम का आयोजन किया गया था। भारतीय भाषाओं की कविताओं के गुलदस्ते का श्रोताओं ने बहुत आनन्द लिया। बुद्धिनाथ जी के गीत हर जगह पसन्द किये जा रहे थे। आचार्य सारथी विशेष रूप से जमे। दो–दो बार कार्यक्रमों का आयोजन डॉ. कृष्ण कुमार की कर्मठता और प्रतिबद्धता को प्रकट करता है। यू.के. में संस्थाएँ तो बहुत हैं पर संगठनकर्ता डॉ. कृष्ण कुमार जैसा कोई नहीं हैं। रात डॉ. कुमार के यहाँ देर तक गोष्ठी चली। रूके हम चंचल जी के यहाँ। चंचल जी को मेरी सामाजिक जद्दोजहद वाली कविताएँ पसन्द हैं। इसलिए वहाँ भी हमने कविता पाठ किया।

अब हम यार्क के लिए तैयार थे। यार्क में हिन्दी के वरिष्ठ हिन्दी सेवी महेन्द्र वर्मा और उषा वर्मा ने सदा की भाँति कवियों को यार्क दिखाया। वहाँ का कैथोलिक चर्च अपने गाढ़े रंगों से बने अनुपम चित्रों से आपकी स्मृति में सदा के लिए अंकित हो जाता है। यार्क के संग्रहालय में वहाँ के नागरिकों की 19वीं शताब्दी के जीवन की जानकारी थी। मसलन 171 लोगों के लिए केवल एक सार्वजनिक सुविधा केन्द्र (सम्भवतः तीन–चार शौचालयों का सेट) उपलब्ध था, नियमित रूप से नहाने वालों को सनकी समझा जाता था केवल चिकित्सा कारणों से लोग नहाते थे। दुनिया को सभ्यता सिखाने वालों की कैसी दुर्दशा थी। रास्ते में वन्दना जी, मुकेश

जी से रचना प्रक्रिया के बारे में बात होती रही। वन्दना जी विचारशील कवयित्री हैं। एक भरपूर रचनात्मक परिवार।

शाम को कार्यक्रम में यार्क के महापौर और शेरिफ भी थे। श्रोताओं में स्थानीय लोगों की उपस्थिति को देखते हुए मैंने और अलका सिन्हा ने अपनी कविताओं के अंग्रेज़ी अनुवाद भी सुनाये। यहाँ भी श्रोता वर्ग काफ़ी जानकार था। सीता सागर की कविता रक्षा बन्धन पर लोग भावुक हो गये। इस यात्रा की स्मृतियों में लेस्टर में अजय त्रिपाठी और यार्क में वन्दना जी का संचालन ने विशेष प्रभाव छोड़ा।

अगले दिन कारवाँ बोल्टन पहुँचा। यहाँ आतिथ्य बिहारी अन्दाज़ में डॉ. अंजनि कुमार और श्यामा जी के हाथ में रहता है। कार्यक्रम एक होटल में था। मानचेस्टर और बोल्टन का प्रबुद्ध वर्ग उपस्थित था। आचार्य सारथी के कुँवारेपन और महिलाओं के प्रति आकर्षण ने त्रिपाठी जी को व्यंग्यकार बना दिया था। उन्होंने अपनी हास्य–व्यंग्य कविता से लोगों का मनोरंजन किया। स्थानीय वरिष्ठ कवि निखिल कौशिक ने अपनी कविताओं से एहसास कराया कि ब्रिटेन के प्रवासी कवि कितनी सशक्त रचनाएँ कर रहे हैं। कार्यक्रम के बाद अंजनि जी के घर रात और सुबह भी महफिल जमी और ख़ूब शायरी, चोंचलेबाजी और नोकझोंक हुई। केन्द्र में सीता सागर, अंजनि कुमार, केसरी नाथ त्रिपाठी, आचार्य सारथी थे। अंजनि जी को इस सबमें बड़ा मज़ा जो आता है। अपने खास बिहारी स्टाइल में किया गया अंजनि जी का आतिथ्य भुलाये नहीं भुलता। मसलन अपनी पत्नी श्यामा जी की पुरानी स्त्री विमर्श की कविताओं पर टिप्पणी की मंच से जब पुरुषों के ख़िलाफ़ चिल्ला–चिल्ला कर यह घर आती थीं तो रात घर में सोते हुए डर लगता था। रात को कुछ कर ना दें। अब अपना ठीक–ठाक कविता करने लगी हैं। दोनों पति–पत्नी ने उपहारों के साथ रचनाकारों को विदा किया।

वुल्वरहैमटन फाइनल कवि सम्मेलन था। फाइनल जैसा। दरवाज़े पर ही सोलंकी जी मिले। जी हाँ। ब्रिटेन के प्रसिद्ध क्रिकेट खिलाड़ी के पिता। उन्होंने कहा कि मैं आपको सुनने और आपके क्रिकेट प्रेमी बेटे के लिए कुछ देने आया हूँ। फिर उन्होंने भारतीयों की देश–विदेश में प्रतिष्ठा बढ़ाने वाले विक्रम सोलंकी पर लिखी चित्रात्मक पुस्तक की प्रतियाँ भेंट कीं। वही श्रीकृष्ण मन्दिर, वही आत्मीय चड्ढा जी जिनसे कहकर हमने 2003 में यहाँ कवि सम्मेलन की शुरुआत करवायी थी। प्रारम्भिक परिचय

में कृति यू.के. की तितिक्षा और डॉ. के.के श्रीवास्तव ने कृति यू.के. के साथ मेरे भावनात्मक सम्बन्धों की चर्चा की। मेरे जाने के कारण हुए रचनात्मक अभाव का सार्वजनिक रूप से उल्लेख किया। वैसे भी तितिक्षा के व्यक्तित्व की प्रखरता किसी को भावुक बनाने के लिए काफ़ी है। अब वह ख़ुद भी भावुक हो रही हैं। लन्दन के बाद मेरे सबसे आत्मीय सम्बन्ध इस कवि सम्मेलन से रहे हैं जो कवि सम्मेलनों का सिरमौर होता था। प्रवासी टुडे के लिए भी आर्थिक सहयोग प्रदान किया गया। मैं श्रोताओं में अपनी कविता के पुराने प्रशंसकों को देख रहा था। प्रतिनिधि कविताओं और नयी कविता दोनों को सुनाने की इच्छा थी। पद्‌मेश जी संचालन कर रहे थे। उन्होंने अपनी वाक्‌पटुता से श्रोताओं से कहा था कि वन्स मोर जितना मर्ज़ी कहें भारत से आये कवि समय का महत्त्व जानते हैं और अपेक्षित समय से अधिक समय नहीं लेंगे। मैंने कहा कि आज हम लोग पद्‌मेश जी की भारतीय कवियों के बारे में धारणाएँ गलत साबित कर देंगे। बिना घड़ी की तरफ़ देखे काव्य पाठ किया। बाकी कवि शायद कुढ़ रहे थे। पर जमकर कविताएँ सुनाईं। बाल मज़दूरों पर मेरी कविताओं पर चड्‌डा जी और कई श्रोता रो पड़े। सीता अपनी प्रेम कविताओं से जमीं। बाद में श्रोताओं की प्रशंसात्मक टिप्पणियों से सुखद एहसास हुआ। एक स्थानीय युवा मेरे गीत 'मैं भी चुप हूँ तुम भी चुप हूँ फिर यह कहानी कौन कहेगा' अपनी डायरी पर लिखकर हस्ताक्षर करवाने आया था। ब्रिटेन मेरे भीतर के कवि को जगाता है। वुल्वरहैमटन के कवि सम्मेलन सबसे सफल होते हैं, इसका उत्तर तितिक्षा के गतिशील व्यक्तित्व में छुपा है। उसकी आयोजनशीलता, प्रखरता, आत्मीयता, व्यवस्था कौशल, साहित्यप्रेम कार्यक्रम को नया आयाम देता है। उनके गतिशील व्यक्तित्व का ब्रिटेन के हिन्दी जगत में और भी उपयोग होना चाहिए।

अगली सुबह हममें से तीन कवि जा रहे थे और मैं शैल अग्रवाल, मोहन राणा, सत्येन्द्र श्रीवास्तव, दिव्या माथुर, उषा राजे, निखिल कौशिक, तेजेन्द्र शर्मा, गौतम सचदेव, प्राण शर्मा जैसे साहित्यकारों से मिलने और साहित्यिक चर्चा के लिए कुछ दिन और रुक रहा था। जिसकी चर्चा आगे।

करवटें लेता ब्रिटेन का प्रवासी साहित्य

इस बार ब्रिटेन के प्रवासी लेखकों से मिलकर कुछ अलग अनुभव हुआ। अब वह परिचय के मोहताज नहीं हैं। अब वह आपसे मिलते ही किसी प्रकाशक को सिफ़ारिश के लिए नहीं कहते। उनका आत्मविश्वास बुलन्दी पर है। उनका लेखन एक राह पकड़ चुका है। देश–विदेश में उनका एक परिचय बन चुका है। अब वे शुरुआती लेखक की तरह लड़खड़ाते हुए बात नहीं करते। बल्कि लेखन की बारीकियों पर बात करते हैं।

समय के परिप्रेक्ष्य में बदलते रिश्ते के तापमान को जाँचना शैल अग्रवाल का प्रिय विषय है। श्री अग्रवाल की कविताएँ तथा कहानियाँ संवेदना के ब्रुश से पेंट की गयी लगती हैं। वे भावनाओं को बहुत महत्त्व देती हैं। उन्हें 30–40 साल बनारस को छोड़े हुए हो गये पर उनके मन में बनारसी यादें गंगा बनकर चलती रहती हैं। भावनाओं और रिश्तों की इस चितेरी कथाकार ने एक तरफ़ लेखनी और अभिव्यक्ति जैसी वेबसाइटों पर निरन्तर लिखकर साहित्यिक पत्रकारिता को नये आयाम दिये हैं। वहीं 'ध्रुवतारा' कहानी संग्रह और अब उपन्यास के माध्यम से प्रवासी साहित्य में अपनी सशक्त उपस्थिति दर्ज की है। इस यात्रा में उनसे चर्चा का मुख्य विषय उनकी वेबसाइट और रचना–प्रक्रिया पर केन्द्रित रहा।

मोहन मुझे हाइड पार्क के सामने एक रेस्टोरेंट में मिले। हल्की–हल्की बरसात हो रही थी। चाय के लिए बैठने पर उन्होंने एक कविता सुनाई– 'पानी का रंग'। उनकी कविताएँ गहरे सत्य को पकड़ती हैं। वे वस्तु और दृष्टा को इस कदर गड्ड–मड्ड कर देते हैं कि आम पाठक भौचक रह जाता है। वो उसकी सामान्य समझ के प्रेम से बाहर निकल जाती हैं। परन्तु ऐसा वे सनसनी फैलाने के लिए नहीं करते। अपने काव्य के स्रोत के रूप में वे उपनिषदों का उल्लेख करते हैं। हाल में रूसी रोंजेनटाइन ने उनकी कविताओं का अंग्रेज़ी में अनुवाद किया है। क्या यह एक संयोग

है कि 'गीतांजलि' लिखने वाले रवीन्द्रनाथ टैगोर का लेखन भी उपनिषदों से प्रेरित था? मोहन से वह मुलाकात और उनकी कविता का चयन भुलाये नहीं भूलता।

दिव्या जी की कई वर्षों से रुकी लेखनी को पुनः गति मिली है। इधर उनका काव्य संग्रह 'झूठ–झूठ और झूठ' तथा कहानी संग्रह 'पंगा' प्रकाशित हुए हैं। दिव्या माथुर स्त्री विमर्श की कथाकार हैं। उनके लेखन में एक तरफ़ तरल संवेदना है दूसरी तरफ़ आक्रामकता। उनकी विश्लेषण शक्ति अद्भुत है। बहुत दिनों से रुकी उनकी कलम का प्रभाव अब चला है तेज़ गति से। एक साथ दो पुस्तकों का प्रकाशन उसी का प्रतीक है। नेहरू केन्द्र की अपनी तमाम ज़िम्मेदारियों के साथ लेखन में यह सक्रियता साहित्य में उन्हें नयी से नयी मंज़िल तलाशने के लिए प्रेरित कर रही है।

इस यात्रा में निखिल कौशिक व उनके परिवार के साथ आत्मीय व अन्तरंग क्षण गुज़ारने का मौक़ा दिया। निखिल कौशिक जुनून की हद तक फ़िल्मकार हैं। उन्होंने अपना बहुमूल्य समय और ऊर्जा लगाकर भारतीय डॉक्टरों पर केन्द्रित 'भविष्य द फ्यूचर' फ़िल्म बनाई। मैनचेस्टर में ब्रिटेन के हिन्दी सेवी रामपांडे की स्मृति में उन्होंने फ़िल्म का प्रदर्शन किया। डॉक्यूमेंट्री में कृष्णा सरोज के गीत थे। इस साधारण–सी डॉक्यूमेंट्री में रचनात्मक सम्भावनाओं का पूरा दोहन निखिल कौशिक ने किया था। निखिल कौशिक प्रवासी टुडे के प्रकाशन को बहुत महत्त्व देते हैं। उसमें और उत्कृष्टता लाने और व्यावसायिक सजगता लाने के लिए उनके पास ढेरों सुझाव थे। इस बार निखिल कौशिक से उनका गद्य सुनने को मिला। एक विशिष्ट शैली में लिखी गयी रचनाएँ कहीं–कहीं लम्बी कविता लगती हैं। कहीं मानवीय विडम्बनाओं की प्रस्तुति करती हैं तो कहीं जीवन का वैज्ञानिक विश्लेषण। गद्यकार के रूप में उनकी सम्भावनाएँ उनके साहित्यकार रूप को और प्रभावी बनाएँगी।

रामकिशन जी और प्राण शर्मा के साथ मुलाकात विशेष उल्लेखनीय रही। ब्रिटेन के यह दो बुजुर्ग ब्रिटेन के एक कोने में बैठे हुए हिन्दी साहित्य की प्रत्येक नयी धारा से हमसे ज़्यादा परिचित हैं। उनका उठना, बैठना, सोना, खाना–पीना हिन्दी साहित्य है। उनसे भारत और ब्रिटेन में हिन्दी साहित्य के सम्बन्ध में जमकर बात हुई। सत्येन्द्र जी सदा की तरह लेखन में व्यस्त हैं। उषा राजे सक्सेना ब्रिटेन में भाषा और साहित्य पर

शोधपरक काम कर रही हैं। तेजेन्द्र शर्मा की सक्रियता पहले की तरह बनी हुई है। कुल मिलाकर नयी सम्भावनाओं से भरा, थरथराता ब्रिटेन का हिन्दी जगत, प्रवासी साहित्य की दिशा में अग्रिम देश की तरह स्थापित हो रहा है और यह सभी नाम आने वाले समय में प्रवासी साहित्य के उज्ज्वल नक्षत्र के रूप में स्थापित होते दिखाई दे रहे हैं।

प्रवासी टुडे, नवम्बर 2008

प्रवासी पुत्र : डॉ. पद्मेश गुप्त

कमलेश्वर, नीरज, केसरी नाथ त्रिपाठी जी, बालकवि बैरागी, कन्हैया लाल नन्दन, केदारनाथ सिंह, विष्णुकान्त शास्त्री, शिवानी, विद्यानिवास मिश्र, निदा फ़ाज़ली, वेद प्रताप वैदिक, बेकल उत्साही, राजेन्द्र अवस्थी, नरेन्द्र कोहली, अशोक चक्रधर, महीप सिंह, ओम थानवी सबमें एक समानता क्या है? सबमें एक समानता यह है कि सबको पद्मेश गुप्त जी ने ब्रिटेन में आतिथ्य प्रदान किया है। उनके लिए ब्रिटेन के हिन्दी प्रेमियों से सम्पर्क बिन्दु पद्मेश बने। यहाँ तक कि हिन्दी साहित्य की बहुत–सी बड़ी हस्तियों के तो वो परिवार का अंग बन गये हैं। यह कविता संग्रह पिछले बीस वर्षों के इस परिचय, आत्मीयता, जुड़ाव, हिन्दी आन्दोलन के प्रति गहरी निष्ठा, विरल व्यक्तित्वों के संसर्ग और पद्मेश जी की साधना का परिणाम है।

पद्मेश जी के संग्रह का प्रकाशन एक उत्सव है। यह उत्सव सिर्फ़ उनके लिए व्यक्तिगत उत्सव नहीं है। यह ब्रिटेन के हिन्दी साहित्य के लिए उत्सव है। यह ब्रिटेन में हिन्दी के लिए उत्सव है। यह प्रवासी साहित्य और विदेशों में हिन्दी भाषा के लिए लिए एक उत्सव है। इस बात को ठीक तरीके से समझने के लिए हमें उनके संग्रह की कुछ विशिष्ट कविताओं पर दृष्टि डालनी होगी। यह कविताएँ निम्न व्यक्तित्वों को समर्पित की गयी हैं–ब्रिटेन में हिन्दी की जड़ जमाने वाले स्वर्गीय लक्ष्मीमल्ल सिंघवी, ब्रिटेन में हिन्दी के संरक्षक श्री केसरी नाथ त्रिपाठी, ब्रिटेन में हिन्दी के प्रतिनिधि साहित्यकार रहे स्व. डॉ. सत्येन्द्र श्रीवास्तव, ब्रिटेन में युवा पीढ़ी में हिन्दी की अलख जगाने वाले स्व. वेद मोहला, हिन्दी के प्रखर लेखक स्व. गौतम सचदेव, हिन्दी के पुरोधा–प्राण शर्मा, जाने–माने लेखक और बी.बी.सी. से जुड़े वरिष्ठ पत्रकार नरेश भारतीय, वातायन संस्था की संस्थापिका अध्यक्ष सुश्री दिव्या माथुर, कृति यू.के. के डॉ. के.के. श्रीवास्तव और सुश्री तितिक्षा। ये वे प्रमुख लोग हैं जिन्होंने

ब्रिटेन में हिन्दी की इमारत खड़ी करने में महत्त्वपूर्ण योगदान दिया है और जिनसे पद्मेश जी के निकट, आत्मीय और विशिष्ट सम्बन्ध हैं।

ब्रिटेन में हिन्दी के प्रचार–प्रसार के सद्प्रयासों और इन व्यक्तित्वों के अभियानों और प्रयत्नों में बिना आशा और अपेक्षा के, कन्धे से कन्धा मिलाकर जो शख़्स चला वह पद्मेश गुप्त था। जो सिंघवी जी के सन्देश को लेकर नगर–नगर घूमा, जिसने त्रिपाठी जी के अन्तर्राष्ट्रीय कवि सम्मेलन की टेक को बरसों अपने कन्धे पर चलाया। जिसने सत्येन्द्र जी, गौतम जी, नरेश जी और दर्जनों लेखकों को पुरवाई और प्रवासी टुडे का मंच दिया। जिसने अनिल शर्मा और वेद मोहला के साथ हिन्दी ज्ञान प्रतियोगिता के बच्चों में हिन्दी अभियान के लिए संसाधन जुटाए और नेतृत्व दिया। जिसने वातायन और कृति यू.के. की जड़ों को सींचा। जिसने ब्रिटेन के लेखकों को पुरवाई पत्रिका का मंच लगभग 18 से अधिक वर्षों तक दिया। पर उनकी इस सक्रियता का कविता से क्या सम्बन्ध? सम्बन्ध यह है कि उनकी कविताएँ हिन्दी, भारत और भारतीयता के प्रति कुछ करने की दीवानगी, असीम प्रतिबद्धता, प्रेरणादायी कर्मठता, हँसते–हँसते काम करने की विशिष्टता, जहाँ कहीं कुछ सकारात्मक हो रहा है, वहाँ साथ खड़े रहने की लगन और जहाँ नकारात्मक लोग या बातें हैं, वहाँ पतली गली से निकलने की समझ से निकली हैं। जहाँ कहीं हिन्दी के लिए सकारात्मक हो रहा है उसके साथ निराकार, निराभिमान, बिना किसी अपेक्षा के कार्य करने का संकल्प उनके क्रिया–कलापों, गतिविधियों, साहित्य और उनकी कविता के मूल में है। उनकी कविताओं को पढ़ना पिछले तीन दशक के ब्रिटेन में हिन्दी साहित्य के परिदृश्य की आत्मा, प्रवाह और उसके अन्तर्विरोधों को समझना है। अगर व्यापक अर्थों में कहें तो उनके व्यक्तित्व और कृतित्व को जानना प्रवासी साहित्य और आन्दोलन की मूल प्रेरणाओं को आत्मसात करना और उसके मर्म को समझना है। अगर प्रवासी साहित्य और उसके उद्भव और विकास पर विचार करेंगे तो पाएँगे कि 1990 के दशक से हिन्दी के प्रतिभाशाली लेखकों की पौध ब्रिटेन से निकली। उसे मंच देने, पत्रिका देने, प्रोत्साहन देने, खाद पानी और परिवेश देने का काम जिस शख़्स ने सर्वाधिक किया वह पद्मेश गुप्त हैं। इसलिए वे प्रवासी साहित्य आन्दोलन के सूत्रधारों में से हैं। इस सम्बन्ध में दो–तीन तथ्य महत्त्वपूर्ण हैं। पहला यह है कि पद्मेश जी के सम्पादन में ही यू.के. के 25 कवियों/कवयित्रियों का पहला

संकलन 'दूर बाग में सोंधी मिट्टी' वर्ष 1997 में प्रकाशित हुआ। हिन्दी समिति की सक्रियता पद्मेश जी की सक्रियता में राष्ट्रीय–अन्तर्राष्ट्रीय स्तर पर बढ़ी। पद्मेश जी के सम्पादन में पुरवाई का प्रकाशन शुरू हुआ। इसी समय वर्ष 1999 में उनके संयोजन में विश्व हिन्दी सम्मेलन का आयोजन हुआ। यानी एक तरफ़ सिंघवी जी के नेतृत्व में प्रवासी अभियान की शुरुआत हो रही थी। उसी समय प्रवासी साहित्य के क्षेत्र में उनके सबसे कर्मठ सिपाही बन कर पद्मेश उभर रहे थे। हिन्दी के वैश्विक विकास और प्रवासी साहित्य में उनके इस योगदान को देखते हुए भारत सरकार ने वर्ष 2007 में न्यूयॉर्क के विश्व हिन्दी सम्मेलन में उन्हें विश्व हिन्दी सम्मान और वर्ष 2017 में केन्द्रीय हिन्दी संस्थान द्वारा उन्हें पद्मभूषण मोटूरी सत्यनारायण सम्मान से सम्मानित किया गया। प्रवासी साहित्य के लेखन और प्रकाशन में उनके इस महत्त्वपूर्ण अवदान को देखते हुए इस संकलन का नाम प्रवासी पुत्र सर्वथा उचित है। आइए उनके संग्रह की प्रमुख विशेषताओं पर विचार करते हैं।

सबसे पहले उनके शीर्षक प्रवासी पुत्र की बात करें, उन्होंने प्रवास में, प्रवासी, प्रवास की पीड़ा जैसा शीर्षक इस संग्रह को क्यों नहीं दिया? अपने को प्रवासी पुत्र क्यों कहा? पुत्र की बात होते ही, ऋग्वेद का सूक्त ध्यान आता है–माता भूमिः पुत्रोऽहं पृथिव्या, यह भूमि माता है, और मैं उसका पुत्र है। यह माता–पुत्र का भाव भारत में ही है, बाकी काफ़ी देशों में Fatherland शब्द का प्रयोग किया जाता है। भारत में भारत माता शब्द बहुत प्रचलित है और राष्ट्र की उसी प्रकार से कल्पना की गयी है। यह पुत्र का भाव कर्तव्य का बोध पैदा करता है और बार–बार आकलन को प्रेरित करता है कि मैं जन्मभूमि के प्रति अपना देय दे पा रहा हूँ या नहीं! बूढ़े माता–पिता को दवाई नहीं दे पा सकना, चश्मा नहीं बनवाने के लिए उपलब्ध होना यानी परिवार के दुख और परेशानी में शारीरिक रूप से उपलब्ध ना हो पाने का दर्द उनकी कविताओं में मौजूद है। प्रवास से सम्बन्धित कविताओं में यह पुत्र भाव अविरल मौजूद है। भारत माता के पुत्र के नाते भारतीय भाषाओं और संस्कृति के पश्चिम में प्रचार–प्रसार के निरन्तर समर्पित भाव से उनके प्रयत्न रहे हैं। वह दायित्व, वह देय, वह ज़िम्मेदारी जिसे उन्होंने सदा महसूस किया है, निरन्तर उनके व्यक्तित्व और कृतित्व से प्रकट होती है। वही इस शीर्षक का कारक भी है। परन्तु मज़ेदार बात यह है कि इन कविताओं की कालावधि 25–30 साल होने

के कारण संग्रह में कवि के रूप में उनका विकास और प्रवास से जुड़ी विभिन्न मनःस्थितियाँ, परिप्रेक्ष्य, विडम्बनाएँ उभर कर आयी हैं जो कवि के रूप में उनके विकास को भी प्रदर्शित करती हैं और प्रवासी पुत्र को मोनोटोनस और स्टीरियो–टाइप संकलन होने से बचाती है।

अब यह देखा जाए कि दुनिया भर के प्रवासी रचनाकारों को मंच देने वाले पद्मेश गुप्त की स्वयं की प्रवासी कविताएँ क्या कहती हैं। वे अपने आपको प्रवासी पुत्र क्यों कहते हैं? उनकी कविताओं में प्रवास की पीड़ा है, विस्थापन का दर्द है, रिश्तों की दरकती ज़मीन है, जन्मभूमि के यूटोपियन चित्र और यथार्थ के अन्तर हैं, कर्मभूमि के संघर्ष हैं, विडम्बनाएँ हैं, दोनों से न्याय करने की ज़िद है। देखते हैं संग्रह में उन्होंने यथार्थ से जुड़े किन पहलुओं को रेखांकित किया है और प्रवासी जीवन के यथार्थ ने उनकी किन धारणाओं और स्थापनाओं पर आघात किया है?

चाहे परिवार हो, चाहे संस्थाएँ हों, या मित्रता हो पद्मेश गुप्त रिश्तों की क़द्र करते हैं, उन्हें निभाते हैं, चाहे उसके लिए कितना भी त्याग क्यों न करना पड़े। प्रवास में कैरियर दुनियावी सफलता तो देता है, पर जीवन के सबसे नाजुक, कोमल, घनिष्ठ, आत्मीय सम्बन्धों को छीन लेता है। 'छड़ी, घड़ी और ऐनक' कविता इस नाते से बहुत ख़ूबसूरत कविता है कि इसमें जिन प्रतीकों को लिया है, वे प्रतिनिधि प्रतीक हैं, इनका होना ही कविता है, माता–पिता का कन्धा, दृष्टि न बन पाने की पीड़ा। कितना दर्द होता है जब सारी सुविधाएँ प्रदान करने का आश्वासन देने के बाद भी कवि माँ के चुप होंठों से यह पढ़ लेता है :

'शायद उसी ऐनक को पहन कर
लिखा था माँ ने,
देख सकती हूँ
तुम्हारी तस्वीर मैं
बिना इस ऐनक के भी
और हमारे यहाँ
पिता की छड़ी
लकड़ी की नहीं
लड़के की होती है।' (छड़ी, घड़ी और ऐनक)

उसे यह मशीनी जीवन और सुविधाओं की दौड़ रास नहीं आती। वह लिखता है :

'हाँ, अच्छा था मेरा मुट्ठी भर व्यापार
दो क़दमों का आँगन और अँगूठी भर प्यार..'

उसे एक ग्लानि बोध है कि एक पक्षी होते हुए भी कबूतर अपने जन्मस्थान छोड़ना पसन्द नहीं करता बल्कि अपना जीवन दे देता है :

'वह कबूतर था
व्यापारी नहीं,
वरना लेकर कुछ दाम
वह भी बेच देता
अपना जन्म स्थान।

और कर लेता बसेरा
कहीं किसी और पेड़ पर,
हमारी तरह
करता गर्व
कहीं.. किसी और देश पर' (कबूतर)

उसे समझ में आता है कि इस सफलता की क्या कीमत है?

परन्तु कालक्रम में वह जहाँ है, उस देश के प्रति भी उसका दायित्व बोध धीरे–धीरे जाग्रत होता है और वह अपने को कृष्ण की स्थिति में देखने लगता है, उसे दोहरी नागरिकता में एक समाधान मिलता है :

'एक नये स्वप्न में जी रहे हैं
आजकल कृष्ण,
किसी ने उनसे कहा है
कि वे अब
दोनों के साथ रह सकते हैं,
यशोदा के भी और देवकी के भी...
नहीं देना पड़ेगा
अब उन्हें तौल कर
इस प्रश्न का उत्तर
कि वे किससे अधिक प्रेम करते हैं
यशोदा से, या फिर देवकी से!' (दोहरी नागरिकता)

परन्तु प्रवासी के पास सब कुछ गुडी–गुडी नहीं है। भारत में बेईमानी, धोखाधड़ी, भ्रष्टाचार पर उनकी कविता 'घर एक मन्दिर' एक सशक्त

कविता है। यह कविता डॉ. सत्येन्द्र श्रीवास्तव की कविता 'बार–बार भारत' की इस अर्थ में याद दिलाती है कि वह भारतीय समाज की विसंगतियों को और लोगों के दोहरे चरित्र को बहुत ही प्रभावी तरीके से प्रस्तुत करती है :

'जिन्होंने पहले मुझे मित्र कह कर गले से लगाया
फिर...
फिर मेरे ख़ून और पसीने को
घोल कर चाय में मिलाया,
मैंने हर शिकारी के चेहरे के पीछे
कहीं बाघ तो कहीं गिद्ध के
चरित्र को पाया।' (घर एक मन्दिर)

इतने पीड़ादायक अनुभवों के बाद भी कवि नहीं चाहता है कि उनके पुत्र के भारत के प्रति प्रेम में कोई कमी आये :

'भय मुझे हारने का नहीं
कुछ खोने का है,
खोना नहीं चाहता
मैं नयी पीढ़ी का विश्वास।
जिसके मन के आकाश में
एक भारत है
भारत में छोटा सा घर है
घर में नन्हा सा मन्दिर है' (घर एक मन्दिर)

अगर भारत के प्रति प्रेम के बावजूद विडम्बनाओं और अन्तर्विरोधों को समझने की यह दृष्टि नहीं होती तो पद्मेश जी के प्रवासी अनुभव कैरिकेचर हो जाते, युटोपियन हो जाते, उनमें यथार्थ की जीवन्त तस्वीर नहीं दिखाई देती!

इस तरह से हम देखते हैं कि पद्मेश की कविताओं में प्रवासी जीवन के टुकड़े ही नहीं हैं, खंडित आईना नहीं है, बल्कि समग्र चित्र हैं, विस्थापन की पीड़ा है, प्रवास के गहरे प्रतीक हैं, रिश्तों की उजास के खो जाने का दर्द है, दायित्व ना निभा पाने की कसक है, दोनों देशों और समाजों से न्याय करने का संकल्प है, दोनों देशों और समाजों के प्रति प्रतिबद्धता का भाव है, अनुभवों को सरलीकृत ना करने की विजन है, परन्तु परिवार, समाज, देश और संस्कृति के प्रति गहरा प्रेम हर वाक्य,

हर शब्द, उसके रेशे–रेशे में गुँथा हुआ है। संकलन से स्पष्ट है कि क्यों उनकी कविताओं को प्रवास की प्रतिनिधि कविताएँ और क्यों उन्हें प्रतिनिधि प्रवासी कवि माना जाता है! या क्यों यह संग्रह प्रवासी कविताओं का प्रतिनिधि संग्रह है!

इस खण्ड की कविताओं में हमें एक कवि और कविता के बौद्धिक विकास की कड़ी दिखाई देती है। यह संग्रह प्रवास की कविताओं को केन्द्र में रख कर चलता है परन्तु जीवन Static नहीं है। धीरे–धीरे अपनी कर्मभूमि की समस्याएँ/वास्तविकताएँ, सरोकार लेखन के केन्द्र में आते हैं। इस दृष्टि से Brexit कविता महत्त्वपूर्ण है। यहाँ कवि अपने समय के सवाल से भिड़ता है–वह जागते–सोते इसी मुद्दे की बात कर रहा है। यह सवाल, यह चिन्ता, यह सरोकार उसके अवचेतन में चला गया है। वह कहता है :

'आज सुबह जब मैं सो कर उठा
लगा जैसे मेरी अंग्रेज़ी माँ
मुझे गोद में लेकर
छोड़ रही है
मेरे फ्रांसीसी पिता का घर' (Brexit)

उसे इस देश के इतिहास से मतलब है और भविष्य पर नज़र है। प्रवासी दृष्टि उसी रंगभेद को समझने की भी दृष्टि देती है जब वह देखता है कि एक बारह साल के बच्चे को शीशा तोड़ने पर जेल में डाला जा रहा है। तो वह दंगों को सिर्फ़ कानून और व्यवस्था के प्रश्न के बजाय उपनिवेशवाद और रंगभेद के सन्दर्भ में देखता है :

'मेरी उम्र बारह वर्ष की है
मैं पुलिस हिरासत में हूँ
मुझ पर इल्जाम है कि मैंने
अपने मुहल्ले की दूकान का काँच तोड़ दिया है!'

इस खण्ड में एक बेहद ख़ूबसूरत कविता 'गेहुआँ रंग' है जो लाहौर और लखनऊ को जोड़ती है और भारत की गंगा–जमुनी तहज़ीब का चित्रण कराती है। एक मुस्लिम वृद्ध को रंगभेदी गुंडों से बचाते हुए वे लिखते हैं :

'बोले 'कहाँ से हो?'
मैंने कहा 'लखनऊ' से, और आप?
वे बोले 'लाहौर' से!

तब से
आने लगी है मुझे
हर 'गेहुएँ'
गेहूँ के रंग में
अपने परिवार की महक।' (गेहुआँ रंग)

आज के विश्व मानव Global Citizen वाले समय में वह नोटबन्दी में एक बुजुर्ग महिला और उसके परिवार की पीड़ा को महसूस करते हैं। ऐसे ही कैंसर पर लिखी कविता उनकी संवेदनशीलता, सकारात्मक जीवन दृष्टि, हर परिस्थिति में आशावादिता और मनुष्यता को अभिव्यक्त करने वाली है। एक बड़े फलक, एक व्यापक परिप्रेक्ष्य में लिखी हुई यह कविताएँ इस संग्रह को उदारता, व्यापकता, यथार्थ की ठोस ज़मीन और बड़ा आकाश देती हैं।

आइए अब उस खण्ड की बात करें जो उनके व्यक्तित्व की विशेषताओं, उसकी बुनावट, उसकी जीवन दृष्टि और सरोकारों को स्पष्ट करता है।

पद्मेश गुप्त के व्यक्तित्व में असाधारणता है। वे लिखते हैं :

'नहीं जानता मैं
कौन से रास्ते पर जा रहा हूँ
लेकिन
तुम तक पहुँचूँगा ज़रूर
क्योंकि
निकल पड़ा हूँ मैं!' (रास्ता)

यह कोई और कहता तो हम समझते कि यह व्यक्ति हाँक रहा है। पर पद्मेश के व्यक्तित्व में कुछ खास है। उनकी विनम्रता, खिलंदड़ा स्वभाव, अदम्य कर्मठता, सकारात्मक चिन्तन, ज़िन्दगी के सीधे, ईमानदार फंडे, घोर आशावादिता, व्यक्तियों की समझ, रिश्तों को बनाने–निभाने की गज़ब की ताकत, षड्यन्त्रों और षड्यन्त्रकारियों के बीच में रह कर भी वैसा ना करने और ना बनने का संकल्प उसे विशेष बनाता है। एक दिलचस्प अभिव्यक्ति देखिए :

'बिगुल नहीं
बीन बजा कर
जीतता हूँ मैं युद्ध' (युद्ध)

पर उनके व्यक्तित्व का परत–दर–परत यह विश्लेषण यहाँ क्यों?

कहानी

लक्ष्मीधर मालवीय की कहानी : 'छुट्टी का दिन'

प्रवास में प्रेम भारत की तरह प्रेम नहीं है। भारत में कहीं विवाह है तो प्रेम नहीं। कहीं प्रेम है तो विवाह नहीं। कहीं जाति, धर्म और समृद्धि की दीवारे हैं। अजनबी देश, अजनबी शहर, अजनबी संस्कृति में किसी अपने को ढूँढ़ना और प्रेम और विश्वास तलाश करना एक दुर्गम यात्रा है। यहाँ सम्बन्ध बनते हैं, पड़ोस में, काम के स्थान पर, यात्रा में। पर वो मुलाकातें, परिचय से आगे बढ़ घनिष्ठता और प्रेम में परिवर्तित होने से पहले कई परीक्षाओं से गुज़रती हैं। क्या वह केवल देह की ज़रूरत तक सीमित है! या किसी भी सभ्यता या संस्कृति में कमिटमेंट और विश्वास की तलाश व्यक्ति को जीवन के गम्भीर सवालों से दो–चार करवाती है। शरीर की अपनी माँग है, उसको मानना क्या ज़रूरी है। उसको मानने का मतलब शरीर को खिलौना मान लेना है। किसी भी संस्कृति में लड़की ही क्यों विश्वास ढूँढ़ती है। एक पुरुष के लिए छुट्टी का दिन में समय बिताने के लिए लड़की का साथ, उससे शारीरिक सम्बन्ध एक तरीका हो सकता है। वैसे ही माँग लड़की की भी है पर शायद उसकी माँग सिर्फ़ यही नहीं है। वो प्रेम की पीड़ा का सवाल उठाती है, बार–बार फ़ोन करती है। आख़िर में खिलौना नहीं बनना चाहती कह कर सम्बन्ध को समाप्त करने की घोषणा करती है। लक्ष्मीधर मालवीय की कहानी 'छुट्टी का दिन' एक कसी हुई प्रेम कहानी है।

कहानी तीन स्पष्ट खण्डों में बँटी हुई है। पहले खण्ड में युवक का मुलाकात के स्थल तक पहुँचना और युवती का इन्तज़ार करना है। इन्तज़ार की पहली कड़ी है किसी रेस्तराँ में इन्तज़ार करना। यहाँ लेखक गुनगुनी धूप में एक चुहल, एक आवारा किस्म की मानसिक छेड़छाड़ की मानसिकता से गुज़र रहा है। रेस्तराँ के चयन के बारे में वह कहता है, 'वहाँ की जो चीज़ मुझे सबसे अच्छी लगती थी वह वहाँ काम करने

वाली वेट्रेस की सुडौल टाँगें थीं। वह वेट्रेस मुझे हमेशा एक ऐसे स्वस्थ शिशु की याद दिलाती थी जिसके बदन की अभी–अभी जैतून के तेल से मालिश की गयी हो। वह मेकअप करने के बाद उसके ऊपर वैसलीन या क्रीम जैसे कोई चिकनी चीज़ चेहरे पर ज़रूर लगाती होगी। जो भी हो, वहाँ खाने–पीने को कुछ भी न हो, टेबुल–कुर्सियाँ तक न हों सिर्फ़ उसकी इधर–उधर आती–जाती उन स्वस्थ टाँगों को एक दार्शनिक की तरह देखते हुए घण्टों–घण्टों बैठा जा सकता था।' अब मिलने का क्षण आ गया। इन्तज़ार का मनोविज्ञान देखिए : 'सामने सब–वे की सीढ़ी पर जब भी एक मर्दाना–जनाना सिर फिर जनाना धड़ और पूरा शरीर उभरता, मैं उसे घूरकर देखने लगता कि अगर वह हो तो मैं पहले ही मुस्कराने लग जाऊँ।'

दूसरे खण्ड में युवक और युवती पार्क और नदी के आसपास घूमते हैं। मिलने और बातचीत में भी युवक हो कर भी शायद नहीं है वह घण्टों बिना रुके बोल सकती थी। मेरा ध्यान उसकी ओर न था बल्कि मेरा ध्यान कहीं भी न था। सिर्फ़ एक अबूझ किस्म की लापरवाही थी जो सब कुछ को हवा के हल्के झोंके की तरह ऊपर से गुज़र जाने को कह रही थी। स्वप्न और यथार्थ और कल्पना आपस में इस तरह उलझ गये थे कि एक को खींचकर दूसरे से अलग नहीं किया जा सकता है। यहाँ से छूने, स्पर्श करने से जगी आग उन्हें एक सस्ते होटल में ले जाती है। ये आग्रह युवती का ही है। होटल में वे शारीरिक सम्बन्ध बनाते हैं। किसी रेस्तराँ में शाम का खाना खाते हैं। तीसरे भाग में रेल यात्रा के बाद विदाई और रात के गहराते–गहराते युवती द्वारा सम्बन्धों को पारिभाषित करने की ज़िद है। शाम को प्रेम एक पीड़ा है शुरू हुई उसकी पुकार रात होते–होते चीख में बदल जाती है। युवक के पास सम्बन्धों के भविष्य को लेकर कोई निश्चित उत्तर नहीं है। युवती कहती है मैं खिलौना नहीं बनना चाहती। युवक को दिन भर की घटनाओं के मद्देनज़र स्पष्ट नहीं है कि कौन किसको खिलौना बना रहा है। एक टूटते सम्बन्ध और विडम्बना और ट्रेजेडी में बदलती रात के अँधेरे में कहानी समाप्त हो जाती है। और मानवीय रिश्तों और प्रेम के बड़े सवालों की अँधेरी भूल–भुलैया में पाठक अपनी कल्पनाओं और समाधानों के साथ खो जाता है।

'प्रेम बहुत बड़ी पीड़ा है।' उसने आगे बढ़कर मेरा हाथ पकड़ते हुए कहा।

'प्रेम क्या है मैं ठीक–ठीक नहीं जानता।'

'रात और सर्दी के कारण वह इमारत और अधिक ठिठुरी हुई और कलौंछ लग रही थी।'

'एक हँसता हुआ पागल धीरे–धीरे गम्भीर होने लगे और अन्त में पूरी तरह संजीदा हो जाए वैसा था वह दिन।'

'हाँ मैं अब तुमसे नहीं मिलना चाहती। मैं खिलौना नहीं हूँ। अगर तुम्हें एक खिलौना ही चाहिए तो अपने लिए दूसरा ढूँढ़ लो।'

'सिर्फ़ एक दिन बल्कि एक दिन भी नहीं आधा दिन। सेक्स कंप्लीट विद डिनर, उसी ने कहा था। क्या यह आश्चर्यजनक नहीं है कि सारी दोपहर नर–मादा ख़रगोशों की तरह एक–दूसरे की देह से लड़ने–भिड़ने के बाद पेट भर खाना खाकर स्टेशन प्लेटफॉर्म पर होंठ गोल कर हवा में चूमने के तीस मिनट बाद पूछने को यह सवाल उसके मुँह में आया इनके तीस मिनट पहले नहीं कि क्या मैं उससे प्रेम करता हूँ...मैं, वह, हम सब एक–दूसरे को छूते हैं तो मुलायम और गुनगुने स्पर्श के साथ पत्थर बन जाते हैं। हम सब लोग ईश्वर के विलोम नहीं तो क्या हैं!'

यह एक दिन और बीत गया, एक ही रंगीन पोस्टर की जगह–जगह चिपकी प्रतियों की तरह आकर्षक और निर्रथक।

शालिग्राम शुक्ल की कहानी : 'अरक्षित' यों होता तो क्या होता

'अरक्षित' 'दिशान्तर' में प्रकाशित डॉ. शालिग्राम शुक्ल द्वारा लिखी कहानी है। कहानी की बुनावट बड़ी महीन है और कहानी परत–दर–परत अपनी जड़ों से दूर रहने वाले भारतीय के अन्तर्मन को इस तरह खोलती है कि बसन्त, सूर्योदय, गोधूलि की वेला, फूल, चलती हुई हवा, पानी सब एक ही समय में कई अर्थ देने लगते हैं, ज़्यादातर अपने बाहरी रूपाकार से अलग...एक डरा देने वाला ठंडापन। जिसमें मानवीय ऊष्मा की आँच जैसे समाप्त हो गयी है, हवा की अल्हड़ता साँय–साँय में बदल गयी है, पानी जैसे ख़ामोश है, शान्त है पर अन्दर से जैसे बिना गन्ध की कोई सड़ाँध, मृत्यु की आहट। जैसे जड़ों से कटे अपने प्रतिरूप को जीवन भर जीने को विवश, अभिशप्त। अपने से बार–बार पूछता। एक गहरे–सार्थक प्रामाणिक प्रवासी अनुभव का टुकड़ा...।

कहानी में पाँच पात्र हैं–बलराज, एक हिन्दुस्तानी मूल का व्यक्ति जिसका परिचय लेखक ने इस रूप में दिया है...शान्त स्वभाव के लम्बे और स्वस्थ व्यक्ति। एक सफल व्यक्ति जो अपनी रूसी पत्नी तमारा के साथ अमेरिका के सैनफ्रैंसिस्को नगर में रहते हैं। पिछले तीस साल से तमारा से विवाहित। उनके विवाहित जीवन को इस तरह से प्रस्तुत किया गया है : 'दोनों का अपना जीवन पिछले तीस साल से इस विदेशी शहर में सम और शान्त रहा है। सन्तानहीनता कभी खली नहीं। विवाह के पहले दिन ही दोनों ने निश्चय कर लिया था कि इस करुणाहीन कठिन दुनिया में वे अपनी सन्तति लाने का अपराध न करेंगे। इस प्रतीक्षा के पीछे तमारा की किन्हीं कल्पित–अकल्पित यातनाओं की भयंकर स्मृति थी जिससे अवगत हो उस रूसी सौन्दर्य में काँपते बलराज बिजावत ने अपनी आहुति दे दी

थी।' मिसेज राव एक विधवा हैं, दीनहीन, कृपाकांक्षी, सरल, सहज, विनम्र, सेवाभावी भारतीय गुणों से युक्त। मिसेज़ स्मिथ रंगभेद में विश्वास करने वाली गोरी महिला और उसका अपंग–अपराधी भाई हम्फ्री।

तमारा मिसेज़ राव पर दया कर उन्हें अपने घर में ले आती हैं। यह उनका आग्रह है, अनुरोध है जिसे बलराज अस्वीकार नहीं करता। पर यहीं से बलराज के सरल रेखा में चल रहे जीवन में परिवर्तन आता है... मिसेज़ राव की उपस्थिति, उनका दया भरा साँवला दरिद्र रूप, और उनके चलने और बात करने का तरीका, उनका सब कुछ बलराज को किसी दूसरे देशकाल में ले जाता जहाँ जीवन की दूसरी सम्भावनाएँ किसी वृक्ष में प्रतीक्षा करते फलों सी लगतीं–आकर्षक और सदा के लिए अप्राप्य। विचार उठने लगते उस जीवन के जो कभी रूपायित नहीं हुआ, जिसका अस्तित्व सिवा उनके उदास दिल में कहीं और नहीं था।

जैसे यह बरसों से शान्त तालाब किसी कंकड़ की प्रतीक्षा कर रहा था। जैसे खिड़की किसी हवा के अन्दर आने की...। बलराज का परिचय कहानी में कुछ इस तरह से आता है। ...शान्त स्वभाव के लम्बे और स्वस्थ व्यक्ति। यह शान्त, लम्बे और स्वस्थ तीनों शब्दों का खुलासा होते–होते साफ़ होता है कि इनके अर्थ सतही तरीके से नहीं किये जा सकते। क्या यहाँ शान्त होने का अर्थ मृत होना तो नहीं है बहुधा ऐसा होता है कि विदेश में जाने से पूर्व व्यक्ति का व्यक्तित्व विकसित हो चुका होता है। गाहे–बगाहे, प्रासंगिक या अप्रासंगिक अपनी प्रतिक्रिया देना। गाँव–मोहल्ले में मिलने वाले मोची, भिखारी, दुकानदार से बतियाना, परिचितों–रिश्तेदारों के दुख–सुख में द्रवित होना, होली में उत्साह की भाँग, दीवाली में सम्बन्धों की रोशनी और ईद में परिवेश की मिठास...। बसन्त के साथ फूलों से तितलियों सी शरारत, पतझड़ में सूर्यास्त सा पीलापन सब उसके व्यक्तित्व का हिस्सा बनते हैं और फिर विदेश में पहुँच कर एकाएक यह उमंग, उत्साह, सहजता, आत्माभिव्यक्ति, अनुभूति की सहजता की जगह एक कुलीनता, एक संयम, एक ठंडापन ले लेता है।

'वे प्रायः किसी ऐसे समय में उतर–उतर जाते जो केवल सम्भव था कहीं दूर अतीत में। वे उन सम्भाव्य क्षणों को चेतना में उभरते देखते रहे। उनके लिए बाहर की तेज़ हवाएँ धीमी चलती, फुलवारी की भिनभिनाती मक्खियाँ बेहद शान्त लगतीं। न जाने किन हाथों के स्पर्श रोमांचित कर जाते।'

और यहीं सांकेतिक रूप से कहानी का सबसे मार्मिक स्थल आता है, एक रात बगीचे से निकल बलराज बाहर फेंस के उस पार चले गये जहाँ एक पुरानी क़ब्रगाह थी। सालों से हवा और सूर्य क़ब्र के पत्थरों को फाड़ चुके थे और जीव–जन्तु उनकी दरारों से बाहर आते–जाते रहते। वहीं किसी हत्या के चिह्न थे–पंख और काला चोंच। बलराज की आँखें भीग चलीं–वे किसी घाव के आँसू नहीं थे, वे अपने प्रति दया और करुणा के आँसू थे और तमारा को अपना प्रतिरूप दे उसे छलने के आँसू थे।

एक दिन बलराज काम पर नहीं गये। बसन्त के उस दिन प्रकाश में तनिक भी करुणा नहीं थी। वह स्मृतियाँ और घाव उघारता रहा। किसी दूसरे देशकाल के दिन पुराने छेद लिए कम्बलों से महकते रहे जिसमें से पतंगे पर झाड़ते–उड़ते रहे।

तीस साल पहले भारत लौट गया होता, वहाँ घर बसाया होता, वहाँ की हवा में, धूप में, ऋतुओं में तन–मन पका होता तो...यों होता तो क्या होता? बलराज का बल जा चुका है! उसकी शान्तता में धीरे–धीरे एक मौत की आहट है। ना हो सकने का दुख...सम्भावनाओं के संसार को ना पाने की पीड़ा..। उसके शारीरिक–सामाजिक रूप का लम्बा होना एक आभास है, वर्ना तो वह एक छाया है। 'तमाशा' फ़िल्म के रणबीर कपूर की तरह। उसकी स्वस्थता तो एक मिथ है, वह अपनी देह में नहीं है, वह वहाँ से हज़ारों किलोमीटर दूर। वह उन्हीं स्मृतियों और सम्भावनाओं में जी रहा है। शान्त, लम्बा, स्वस्थ...एक आभास, एक विडम्बना...जीवन में दीमक की तरह लग गया मृत्युबोध..।

...'पर यह भी जानते थे कि बलराज के फैशनेबुल लिबास के पीछे छिपा था कोई भारतीय भाषा बोलता साँवला पुरुष जिसकी सचाई सामने बैठे बसन्त निहारते पुरुष से भिन्न थी। पिछले तीस सालों से बलराज का उस प्रतिपुरुष से बराबर युद्ध होता रहा। वे हमेशा अपने इस प्रतिरूप से हारते रहे हैं।'

प्रायः इस विदेश के रेगिस्तान में जलती उनकी त्वचा और देह की जलती हड्डियाँ चाहतीं किसी हरी ठंडी अमराई में प्रवेश कर जाना...

गंगा तट के किसी अतीत और सैनफ्रैंसिस्को के इस वर्तमान के बीच का सारा जीवन एक पाखण्ड था जिससे मुक्ति के सभी पथ बन्द थे।

मिसेज़ राव के प्रति बलराज का आकर्षण भी एक विश्लेषण माँगता है। उनके बारे में लिखा गया है, 'चेहरा जो अनाकर्षक नहीं था..उसके कई

दाँत अनुपस्थित लगे। उनके साँवले हाथ कितने दुर्बल और जीवनहीन लग रहे थे...। तो फिर कौन–सा आकर्षण था जिससे शान्त और सन्तुलित बलराज के जीवन में तूफ़ान आ गया था। ...उसमें भारत के किसी खण्ड का इतिहास पढ़ा जा सकता था। उसकी हड्डियों में व्यक्त थीं वहाँ की कथाएँ।...

'मिसेज़ राव की इस घर में उपस्थिति, उनका दया भरा साँवला दरिद्र रूप, और उनके चलने और बात करने का तरीका, उनकी सरल हिन्दी, उनका सब कुछ बलराज को दूसरे देशकाल में ले जाता जहाँ जीवन की दूसरी सम्भावनाएँ, किसी वृक्ष पर प्रतीक्षा करते फलों सी लगतीं...आकर्षक और सदा के लिए अप्राप्य। उन क्षणों में उनकी काया काँप–काँप उठती। विचार उठने लगते उस जीवन के जो कभी रूपायित नहीं हुआ, जिसका अस्तित्व सिवा उनके उदास दिल में और कहीं नहीं था।'

तो उस अनाकर्षक अधेड़, कृपाकांक्षी, कई अनुपस्थित दाँतों वाली मिसेज़ राव के दरिद्र रूप ने उनके तीस साल के वैवाहिक जीवन में तूफ़ान ला दिया। बड़ी बात है यह आकर्षण 'उसकी सरल हिन्दी...' का था, उसके चलने और बात करने के तरीके का था, जो उसे दूसरे देशकाल में ले जाती, जहाँ वह अप्राप्य और आकर्षक सम्भावनाओं के साथ खेलने लग जाता। जहाँ एक नदी बहती हुई हिलोरें मारने लगती। उसका होना एक सम्भावना था, एक सुरंग थी जिसके पार प्रकाश भी हो सकता था। वो गोधूलि के समय प्रकाश के सपने देखने लगा। वर्तमान को अगोचर कर उसका मन अतीत और सम्भावनाओं का ड्यूट गाने लगा और शान्त पानी में चलती नाव एकाएक तूफ़ान से घिर गयी।

एक दिन वह सत्य स्वीकार कर लेता है, 'बकवास नहीं तमारा। सारे सहवास के दिन मैं नाटक करता रहा, फिर मैंने उस नाटक में विश्वास कर लिया, और अब उसका आखेट बना जाल में फँसे वृद्ध पशु–सा निरीह हो चला हूँ।' उसने तमारा को भी मुक्ति का अवसर दिया।

मिसेज़ राव के घर में प्रवेश के समय ही उनके पड़ोस में रहने वाली तमारा की सहेली स्मिथ ने तमारा से नयी अपरिचित साँवली हिन्दुस्तानी औरत के बारे में पूछा था। 'अपने जीवन में साँवले रंग के लोगों का विश्वास मिसेज़ स्मिथ नहीं कर सकी थीं। अपनी इस बीमारी को वे अपना गुण समझतीं और किसी अन्धी परम्परा से जोड़ स्वयं को विशिष्ट।'

प्रायः इस विदेश के रेगिस्तान में जलती उनकी त्वचा और देह की

जलती हड्डियाँ चाहतीं किसी हरी ठंडी अमराई में प्रवेश कर जाना...

तमारा अपने पति के मिसेज़ राव के प्रति आकर्षण को देख मिसेज़ स्मिथ का सहारा लेती है। कहानी का अन्तिम प्रसंग एक लाश मिलने से शुरू होता है। कोई अधजली लाश मिसीसिपी प्रान्त के ग्लेंडोरा कस्बे के पास कपास के खेत में मिलती है। उसके बाद रंगभेदी व्यवहार का एक समाजशास्त्र दिखाई देता है...अपराधी जो भी हो लेकिन लोग अक्सर कहते पाये जाते कि किस तरह वह विदेशी स्त्री जेम्स हम्फ्री के साथ कई बार दुर्व्यवहार करती देखी गयी थी, कि किस तरह वह अपंग के जीवन से जोंक की तरह चिपक गयी थी। यह सब कुछ तमाम टूटे हुए सपनों, शराब के अतिशय व्यवहार और शारीरिक हिंसा के सन्दर्भ में और भी भेदभरा हो चलता। जेम्स हम्फ्री के कई अक्षम्य अपराधों को जानते हुए भी लोग उस भाषा–हीन अकिंचन का पक्ष लेने को तैयार नहीं थे।

मिसेज़ स्मिथ कहती, 'उस विधवा का तुम्हारे घर आना अशुभ था तमारा और अपने अपंग भाई की सेवा में मेरा भेजना उससे भी अशुभ था', और अमेरिका के दुर्भाग्य पर तरसती जहाँ तमाम अप्रीतकर अवांछित जीव बेरोक–टोक दरिद्र देशों से आते हैं।

सब जानने के बाद इसका अन्त एक चरम पर पहुँचता है...फिर अपनी निरीहता पर तरस खाने लगे। इस जीवन से उन्हें भय होने लगा था। मृत्यु से नहीं। कितने लम्बे अर्से से वे मर रहे हैं, वे यह जानते हैं...

वे नदी को अपने विचारों की नदी समझ, उसका आशीष पाने उसके ख़तरनाक पानी में प्रायः उतर जाते हैं। उनकी भीगी काँपती देह को बाँहों में लिए चिन्तित तमारा स्वयं से पूछती कि वे कब तक बलराज की रक्षा करती रहेंगी।

इस एक कहानी में प्यार–विश्वास, अविश्वास, मन के कई स्तरों पर जीता व्यक्ति, विदेश में देश, अन्तर–देशीय विवाहों की जटिलताएँ, जीवन में भाषा, विश्वासों और जीवन–शैली की भूमिका, एक स्थान पर पनपे व्यक्तित्व को दूसरी जगह खिलने और विकसित होने की समस्या, रंगभेद का भयावह रूप दिखाई देता है।

कविता में कहानी को बुना होना कई बार शानदार कविता का सृजन करता है। उसी प्रकार कहानी में कविता की भाषा होना एक महत्त्वपूर्ण उपलब्धि माना जा सकता है। उस रूप में यह कहानी एक लम्बी कविता लगती है। मार्मिक कविता, मृत्युबोध को जीती, प्रेम के तरल, स्निग्ध,

पहलुओं से साक्षात्कार करती, मौसम के उपलब्ध प्रतीकों से रस लेती कथा को आगे बढ़ती है। जहाँ हवा एक पात्र है और मक्खियाँ भी...। क़ब्र पर चोंच और पंख...एक मार्मिक अभिव्यंजना है। सटीक, अर्थाभिव्यक्ति में सक्षम और सतह से बहुत गहरे कई अर्थबिम्ब बिखेरती...।

सबसे बड़ी बात है कि यह कहानी बहुत घटनाओं की बात नहीं करती, स्थितियाँ तो एक बड़े फलक पर जाने का रास्ता है। बल्कि इन सबके माध्यम से हमारे होने, या ना होने या होने की शर्तों और स्थितियों की बात करती है। होने ना होने की भाव जगत और मनोजगत से पुष्टि माँगती है। उमंग, उत्साह, उद्वेगों, तरलताओं का साक्ष्य माँगती है। एक विदेशी भूमि में खिलने और गन्ध देने के लिए भाषा, संवेदनाओं, जीवन शैली के पानी–खाद को एक आवश्यक शर्त के रूप में प्रस्तुत करती है।

उमेश अग्निहोत्री की कहानी : 'नववर्ष'
हाशिए का मनुष्य

अमेरिका के लेखक उमेश अग्निहोत्री की प्रगतिशील कहानी 'नववर्ष' प्रवासी साहित्य की महत्त्वपूर्ण कहानी है। इसको पढ़ने के बाद इसको भूलना मुश्किल नहीं नामुमिकन है। चूँकि यह हमें अपने आसपास घट रही उस मानवीय त्रासदी से परिचित कराती है जिसे देख कर भी हम नहीं देखते, सुन कर भी नहीं सुनते, जानकर भी नहीं जानते। उमेश जी लिखते हैं–'लेकिन इस घटना से पहले मेरे लिए इन घटनाओं या इस तरह की अन्य घटनाओं का कोई मतलब न था। वे सब मेरे लिए किसी दूसरे ग्रह पर, किसी और काल में, किन्हीं अन्य मानवों के साथ गुज़रे हादसे हुआ करते थे। उन्हें देखकर मैं कुछ इस तरह से निकल जाता था जैसे वह ठीक उस वक़्त नहीं हो रहे, पहले कभी हुए थे। उनका होना और मेरा उन्हें देखना दो अलग अमल थे जिनका आपस में कोई सम्बन्ध न था। इन घटनाओं से सम्बद्ध व्यक्ति मेरे लिए इंसान न थे, उनकी भूख इंसान की भूख न थी, न उन्हें लगने वाली ठंड इंसान को लगने वाली ठंड। मेरे लिए उनके जिस्म का तापमान, उनकी रक्तचाप, दिल की धड़कन सब कुछ जिस्म की किसी और ही जैव–घड़ी से नियंत्रित थे।' (पृ. 217, दिशान्तर)

यह हम सबमें बैठे उस बूर्जुआ की अभिव्यक्ति है जो कष्टों से जूझते, भयावह प्राकृतिक कोप के सामने आदिम व्यक्ति से खड़े, उस शख़्स को नहीं पहचानता जिसके पास भी उसकी तरह दो हाथ–पैर और वही 'जैव घड़ी' है जो हमारे पास है। जिसके होने के प्रति हमने आँख मूँद ली है। उनके होने का हमारे लिए कोई अर्थ नहीं है।

कहानी का शीर्षक 'नववर्ष' है। नववर्ष की पार्टी एक रिचुअल है, शोर–शराबा, समय के परिवर्तित होने का एक झूठा एहसास, शैंपेन के

बबल के साथ चीखते स्वर चीयर्स—खुश रहने की झूठी कोशिश। उस पार्टी या उस जैसी पार्टी की व्यर्थता उसमें शामिल लोगों का एक पैटर्न पर व्यवहार लेखक इस तरह रेखांकित करता है, 'मैं भी गया था सपरिवार। किसके यहाँ, यह याद नहीं। कौन—कौन मिला था, याद नहीं। किससे क्या बातें हुई थीं, याद नहीं। यह भी याद नहीं क्या खाया था। यह सब याद न होने का कारण यह नहीं है कि मैंने बहुत पी ली थी। न भी पी होती तो भी याद न होता। क्योंकि उन बातों का कोई अर्थ नहीं था। जो मिले थे उनसे परिचय केवल नाम तक था। वे क्या करते उनसे कभी पूछा न था। ऐसी बातें पूछना अशिष्टता समझा जाता था।' (पृ. 218, दिशान्तर)

वो 31 दिसम्बर की रात थी या एक जनवरी की सुबह। ठंडी रात, ऐसी सर्दीली बर्फ़ीली रात जिसमें सब कुछ जम गया था। सर्दी और बर्फ़ से चारों तरफ़ घिरी उस अँधियारी रात का चित्रण इस तरह है : 'कार स्टार्ट करके जब कार के भीतर हीटिंग चलाई, तो शीशों पर गर्मी पहुँची और बर्फ़ पिघली। तभी देखा पहियों तक पर बर्फ़ जमी हुई थी। मडगार्डों से पत्थर—सी चिपकी लटक रही थी। मैंने पाँव की ठोकर से उसे हटाना चाहा तो लगा बर्फ़ को नहीं किसी पत्थर को तोड़ने की कोशिश की हो। —पेड़ों के पार कुछ फासले पर पोटोमैक नदी के चौड़े पाट दिखाई दिये तो पाया कि वह नदी नहीं हिमनद है, बर्फ़ की मीलों दूर फैली सिल्ली है जिस पर कार तक चलाई जा सकती है।'

नदी हिमनद बन चुकी थी। बर्फ़ की मीलों दूर फैली सिल्ली रात का बारह—एक बजे का समय। ऐसे समय में लेखक को एक सड़क पर कुछ दिखाई देता है इतनी सर्दीली बर्फ़ीली रात में लेखक को वो कूड़े—करकट का ढेर लगता है। जब वह ढेर हिलता है तो उसे गठरी लगती है। और पास आने पर...

'फिर मुझे लगा कि वह गठरी नहीं है, कोई जानवर है, शायद भालू— जो मेरी कार को आते देख उसकी तरफ़ लपकना चाहता था। मैं सहम गया। सड़क दूर तक खाली थी। अभी पूरी तरह उजाला नहीं हुआ था। चक्षु उल्लुओं से खुल गये। कार उस भालू के पास से गुज़री तो देखा वह न कोई गठरी थी न कोई भालू बल्कि कोई आदमी था जो खड़ा हो गया था और अँगूठा दिखाकर कार में लिफ्ट लेने का इशारा कर रहा था।

मैंने कार नहीं रोकी। मैं कार कभी नहीं रोकता। कभी किसी आदमी

को लिफ्ट नहीं देता। वह आदमी था, इसलिए जानवरों से भी अधिक ख़तरनाक हो सकता था। जानवर तो कार के नीचे आकर मर जाता, लेकिन आदमी? वह कोई हत्यारा हो सकता था। उसके पास पिस्तौल हो सकती थी, वह कार में बैठते ही पिस्तौल की नोक मेरी कनपटी के ऊपर रख सकता था। वह मुझसे पैसा लेने के लिए मेरी हत्या कर सकता था। वह कोई ड्रग एडिक्ट हो सकता था। वैसे मैंने किसी अफीमची को हत्या करते नहीं सुना।' (पृ. 220)

लेखक किसी एक पायलट के किसी महिला के लिए जान बचाने के प्रयास को याद करता है। उसने उसे विषम परिस्थितियों में किसी को सहायता देने की प्रेरणा दी। लेखक घोर ठंड में ठिठुरते उस आदमी को कार में बिठा लेता है कार में बैठने और बात करने के बाद वह किसी और देशकाल का मानव नहीं रह जाता। जब आप दिल की धड़कन सुनते हैं तो इंसान के रूप में आप पुनर्जन्म लेते हैं।

यह निर्णय–अनिर्णय का क्षण है। लेखक को कूड़ा–करकट, गठरी के रूप में परिवर्तित होता दिखा, फिर जानवर में और बहुत पास आये तो जानवरनुमा आदमी। यहाँ लेखक मेटामोरफिसस विधा का इस्तेमाल करता है। शायद यही तो हम सब की सोच है–हाशिए के लोगों के बारे में। कूड़ा–करकट–गठरी–शायद जानवर–या जानवरनुमा आदमी। पर लेखक की दृष्टि ड्रग एडिक्ट को अपराधी या हत्यारा मानने से इनकार करती है। लेखक से बातचीत में दो–तीन वाक्यों में बर्फ़ में ठिठुर रहा वो जानवरनुमा आदमी अपना और अपने जैसे करोड़ों लोगों का परिचय देता है।

बेरोज़गार–बेघर, ऐसे में ग़ुस्सा करने और दुनिया को गरियाने का स्वाभाविक अधिकार उसके पास है पर वह पास ही शहर में रह रहे माँ–बाप के पास नहीं जाना चाहता क्योंकि उनकी अपनी ज़िन्दगी है, वे अपना दायित्व निभा चुके हैं। उसका ख़याल है कि उसे उनके प्रति अब फ़र्ज निभाना चाहिए। जिस दुनिया ने उसे ऐसी अमानवीय स्थितियों में डाल दिया उससे उसे कोई शिकायत नहीं है। बल्कि अपने से शिकायत है कि वह अपना कोई फ़र्ज नहीं निभा पाया। लेखक उसको एक रेस्त्रां के बाहर छोड़ देता है, जहाँ वह गर्म कॉफ़ी के लिए उसके 6–7 घण्टे बाद खुलने तक उसका इन्तज़ार करेगा।

इस कहानी की कई विशेषताएँ हैं। पहली विशेषता इसकी कैजुएलनैस है। लेखक आपको एक अमर कहानी की तरफ़ ले जा रहा है। परन्तु

वह आपको सचेत नहीं करता, जताता नहीं कि आपको एक अविस्मरणीय घटना के माध्यम से मानवीयता के खोए हुए सन्दर्भों से परिचय करा रहा है। यह कैजुएलनैस मुझे कमलेश्वर की कहानी 'चप्पल' में दिखाई दी थी। जिसमें आल इंडिया मेडिकल इंस्टीट्यूट में किसी बीमार परिचित को मिलने जाने की साधारण घटना कमलेश्वर ने बयान की है जिसमें अस्पताल में जाते हुए उन्होंने किसी मरीज़ को देखा जो चप्पल छूट जाने पर बड़े आग्रह से चप्पल पहनता है और वापसी में उसके पाँवों का ही नहीं होना बड़ी विडम्बनापूर्ण स्थितियों को प्रस्तुत करता है। ऐसी शुरुआत में पाठक किसी बड़े अनुभव और परिवेश के लिए तैयार नहीं होता। एकाएक लेखक उसे थ्री डी चश्मा पहना देता है और बाहर की ठंडक में हाशिए के मनुष्य की ज़िन्दगी, उसके संघर्ष, उसकी जिजीविषा, उसकी जीवन दृष्टि आपको ऐसी जगह छोड़ देती है जहाँ अपनी भीतर बैठी बर्फ़ को देख सकते हैं। आपको लगता है आप हिमनद में चल रहे हैं। अपने आस–पास घटित हो रहे को अघटित मानते। मनुष्यों को कूड़ा, गठरी, जानवर या जानवरनुमा आदमी मानते हुए जी रहे हैं।

ये दुनिया जिसे हम मान कर नहीं मान रहे। देख कर नहीं देख रहे। सुन कर नहीं सुन रहे। लेखक जैसे धीरे–धीरे कैजुअल अन्दाज़ में उस दुनिया में हमें प्रवेश देता है। यहाँ से हम देखते हैं एक तरफ़ है–शोरगुल, मेकअप, बेकार जुमलों, बासी रिश्तों, दिखावटी सरोकारों, झूठे परिवर्तन और चियर्स के रिचुयल की दुनिया जो हमारी ज़िन्दगी का मुहावरा बन गया है। दूसरी तरफ़ हाशिए पर जी रहे लोग–जो हमारे लिए जिनका अस्तित्व नहीं है, हम जिनसे डरते हैं, नफ़रत करते हैं, दया करते हैं। कुछ भी करते हैं या नहीं करते पर उनको इंसान, अपने जैसा नहीं समझते। उनकी धड़कन नहीं सुनते।

यह कहानी बर्फ़ की सिल्ली सी सर्द और ठंडी सोच को तोड़ने वाली कहानी है। मानवीयता की खोज की कहानी है। एक साधारण घटना की असाधारणता को देखने की कहानी है। जैसा नामवर सिंह ने निर्मल वर्मा की कहानी के बारे में कभी कहा था कि कोई साधारण–सा वाक्य जैसे तुम भी प्रतीक्षा में हो। ऐतिहासिक नियति की ओर इशारा करता है। जब वह सर्दी में ठिठुरता हुआ भिखारी अपने माता–पिता और समाज के प्रति अपने फ़र्ज की बात करता है तो एक बड़ी विडम्बनामूलक स्थिति हमारे सामने खड़ा करता है। किसका फ़र्ज किसके प्रति। ऐसी असहनीय

मानवीय स्थितियों में पहुँचे लोगों के प्रति जिस व्यक्ति और समाज का फ़र्ज है वो कितना दोगला और खोखला है। नववर्ष की एक शानदार पार्टी को निमित्त बना कर मानवीय सम्बन्धों में दूर–दूर तक फैली बर्फ़ को पिघलाने का जो उद्योग उमेश अग्निहोत्री ने किया है वह बर्फ़ के पहाड़ के बीच से एक आग जला कर हमें भीतर तक पिघला देती है।

और लेखक का यह बयान हमारे दिल–दिमाग़ से चस्पां हो जाता है–सोचने लगा पता नहीं कौन ज़्यादा ठंडा था वह या मैं। या हम–पृ. 222

इंगलिश चैनल को पार करने वाला युवक-प्रवासियों का सबेल्ट्रन इतिहास : सत्यपाल आनन्द

अमेरिका के लेखक सत्यपाल आनन्द द्वारा लिखी यह कहानी भारत से प्रवास उसमें अन्तर्निहित सच्चाइयों का ऐसा कच्चा चिट्ठा प्रस्तुत करती है कि हज़ारों–लाखों प्रवासियों के माइग्रेशन के पीछे छिपी करुणाजनक कहानियाँ, प्रतिभाओं को दीमक की तरह चाट जाती भारत की जर्जर–भ्रष्ट व्यवस्था, गैर–कानूनी माइग्रेशन में अमानवीय स्थितियों से साक्षात्कार सब साफ़ होता चलता है और प्रवास की लोमहर्षक भयानक सच्चाई से रूबरू होते हैं। पाते हैं अमेरिका और लन्दन पहुँचते–पहुँचते लाखों हिन्दुस्तानी अपनी इच्छाओं और आकांक्षाओं और लुभावने सपनों की दुनिया के शिकार हो गये हैं।

कहानी के शीर्षक पर लिखा है सच्ची कहानी। यानी लेखक यह स्पष्ट करना चाहता है कि यह कहानी नहीं है, इसमें कल्पना का समावेश नहीं है। यह हज़ारों भारतीयों की दर्दभरी दास्तान है जिसको हम सुनकर भी नहीं सुनना चाहते, देखकर भी नहीं देखना चाहते क्योंकि यह हमारी अंडरबैली है।

कहानी का मुख्य पात्र अजीत सिंह है। अजीत सिंह के बारे में जानकारी लेखक इस प्रकार प्रस्तुत करता है–'मैंने एक भरपूर नज़र उसके चेहरे पर डाली। बीस बरस पहले का अजीत सिंह मेरी आँखों के सामने उभर आया। चौड़ा सीना, भरा–भरा चेहरा जिस पर अभी मसें फूटी ही थीं। आँखों में शुरू जवानी की गुलनार मस्ती और उस पर बाजू की फड़कती हुई मछलियाँ, जो एक तैराक की विशेषता थीं। अजीत सिंह उर्फ़ जीतू, जो सारे देही इलाके का माना हुआ तैराक था। जिसने हर साल देहात की प्रान्तीय खेल प्रतियोगिताओं में तालाब की दो–दो सौ बार लम्बाइयाँ तैरकर खिलाड़ियों और प्रबन्धकों से अपना लोहा मनवाया था।

अजीत, जिस पर गाँव की अल्हड़ हसीनाएँ मरती थीं। अलजबरा और ज्यामिति में बार–बार फेल हुआ था। मगर तैराकी प्रतियोगिताओं में प्रथम पुरस्कार जीता करता था।' पृ. 224

यह वह अजीत सिंह था जो ज़िले का और शायद राज्य का सबसे अच्छा तैराक था। जिसका सपना ओलम्पिक में भाग लेना था। जो इंगलिश चैनल पार करना चाहता था। उसे एक असफल प्यार होता है, प्रेमिका की शादी एक पचास साल के बूढ़े से कर दी जाती है। यही नहीं दिन–रात तैराकी में परिश्रम करने और अद्‌भुत प्रतिभा होने पर भी भारत में प्रतिभाओं को नष्ट करने वाली प्रणाली अपने दैत्याकार रूप में उसे निगलने को तैयार रहती है–

'मैं जब गर्मियों की छुट्टियों में एक–दो बार गाँव गया तो जीतू के समाचार मिले। वह अमुक प्रतियोगिता में प्रथम आया। उसे अमुक पुरस्कार मिला। अमुक अधिकारी या मन्त्री ने उसे विदेश भेजने का वादा किया और प्रान्तीय हैडक्वार्टर पर आकर मिलने के लिए कहा। अमुक जगह भरी हुई सभा में यह कहा गया कि जीतू दुनिया का सबसे अच्छा तैराक है और अगर उसे बाकायदा ट्रेनिंग मिले तो वह ओलम्पिक खेल प्रतियोगिता में स्वर्ण मैडल जीत सकता है। लेकिन हर बार यह भी सुनने को मिलता कि बहुत कोशिशों के बावजूद जीतू की रसाई सरकार के उन वर्गों तक न हुई जो इन कामों के लिए राशि निश्चित करते हैं या खिलाड़ियों की सूची को अन्तिम रूप देते हैं। हर बार उसकी जगह किसी सिफ़ारिशी का नाम डाल दिया जाता और उसकी पीठ थपककर उसकी प्रशंसा के पुल बाँधकर अफ़सर लोग उससे यह कह देते कि अगली बार तुम्हारा नाम अवश्य सूची में ऊपर आएगा।' पृ. 227

धीरे–धीरे उसका अपने सपनों पर से विश्वास टूटने लगा। छोटी–मोटी लाइफ गार्ड की नौकरी एक वास्तविकता थी और हवा में लटकती ओलम्पिक की भागीदारी या इंगलिश चैनल को पार करने का सपना। अपनी प्रतिभा, अपनी प्रणाली, अपनी सरकार पर धीरे–धीरे विश्वास हटने के बाद उसने वही किया जो पंजाब के नौजवान कबूतरबाजों के प्रभाव में आकर करते हैं–

'फिर एक दिन गाँव आकर उसने अपना खेत और मकान बेच दिये और जो 30–40 हज़ार रुपये मिले वे एक ट्रैवल एजेंट को देकर जाली वीज़ा पर ईरान और वहाँ से तुर्की पहुँच गया। वहाँ से पश्चिम जर्मनी

और कई महीने बाद इंगलैंड। ...भ्राजी, स्वास्थ्य तो तुर्की में ही ख़राब होने लगा था। कई महीने होटलों में बर्तन धोए। कारें साफ़ कीं। कंस्ट्रक्शन का काम किया। काम का परमिट न होने पर जर्मन में जेल भी काटी। फिर यहाँ जाली पासपोर्ट पर पहुँचा। अजीत सिंह तो एक साधारण नाम है। इस नाम के पासपोर्ट और वीज़ा आम मिलते हैं। यहाँ आकर पहले कपड़ा मिलों में काम किया। कुछ महीनों कोयला खदानों में भी काम करना पड़ा। तब निमोनिया हो गया। फिर प्लूरिसी हो गयी और एक फेफड़े में पानी भर गया। इलाज से ठीक हो गया। मगर डॉक्टर कहते थे कि मैंने तैर–तैरकर अपने फेफड़ों की बुनावट ख़राब कर ली है। खैर इलाज हो गया फिर लन्दन आ गया। अब आठ बरस से यहाँ हूँ।'

लन्दन में हीथ्रो एयरपोर्ट पर जब सिक्योरिटी गार्ड के रूप में काम करते हुए उसे लेखक देखता है तो उसकी हालत यह हो चुकी है–'यह वही जीतू था। लेकिन कितना भिन्न! जो व्यक्ति मेरे सामने खड़ा था उसके गाल पिचके हुए थे। सिर के बाल छिदरे होते–होते विलुप्त होने लगे थे। सीना भरा हुआ था। लेकिन साँस दमे के एक रोगी की तरह थी। ज़िन्दगी की रोशनी की वह लहर थी जो ज्वार–भाटा का दौर पूरा होने पर भी चालू रहती है...।'

यह कहानी महत्त्वपूर्ण है इसलिए कि जैसा लेखक ने लिखा है यह सच्ची कहानी है। एक–दो की नहीं हज़ारों–लाखों प्रवासियों की कहानी। जिन्हें अपनी धरती पर हवा–खाद नहीं मिली। बढ़ने को आकाश नहीं मिला। जिनके साथ न्याय नहीं हुआ। वो जो आसमान छू सकते थे अगर जाली पासपोर्ट बना कर विदेशों मे जेल में एड़ियाँ रगड़ रहे हैं, कपड़ा मिलों और कोयला खदानों में काम कर किसी तरह रेंगते हुए जीने को मजबूर हैं तो भारत की पूरी व्यवस्था प्रश्नचिह्न के दायरे में आ जाती है। उसकी संवेदनहीनता, छोटे दायरों की सोच, प्रतिभाओं की हत्या के सवाल सामने आकर खड़े हो जाते हैं और हमसे पूछते हैं कि जिसे ओलम्पिक की विजय तालिका पर खड़ा होना था वह एक अनजान देश की जेल में क्यों और कैसे पहुँचा। हम अपने स्वार्थों और तंग दायरों से कितने लोगों की हत्या कर रहे हैं।

यह एक ऐसी पीढ़ी है जिसने विदेश में जाने और बसने के सपने के लिए अपनी मिट्टी, परिवेश को दाँव पर लगा दिया। कई पीढ़ियाँ कोयला खदानों और कपड़ा मिलों और जेलों में दफन हो गयीं। उनका कोई

मकबरा नहीं है, यह प्रवास की अंडरबैली है, जिस पर हम बहुत बात नहीं करना चाहते। जो हमें अपनी व्यवस्थाओं और तन्त्र में लगे कोढ़ को दिखाती है। जो हमें सपनों के पीछे भागने की कीमत की जानकारी देती है। आज के चमकते–दमकते प्रवासी जीवन के पीछे लाखों भारतीयों की यह यात्रा यह बताती है कि प्रवास की इस चमक–दमक के पीछे गैर–कानूनी, बीभत्स, डरावना, कसैला इतिहास भी है जिसमें अपने देश और प्रवासियों के लिए गहरे सबक हैं। एक सच्ची घटना को आधार बना कर लिखी यह कहानी प्रवासियों का सबेल्ट्रन इतिहास है। जिसके बारे में हम जानते हैं, पर बोलते नहीं। डायसपोरा की आज की चमक–दमक के पीछे एक घिनौना इतिहास भी है जिसकी हम बात नहीं करना चाहते। सच्चाई तो यह है कि पचास के दशक से आठवें दशक तक भारतीयों का यूरोप, अमेरिका और कनाडा में बड़ी संख्या में प्रवेश अवैधानिक रूप से हुआ। वे गिरमिट के रूप में नहीं गये थे पर उनकी कहानियाँ और यातनाएँ गिरमिट से कम नहीं थीं। इसलिए यह कहानी इतिहास के उस अन्धकारमय पृष्ठ से हमारा परिचय कराती है।

दूसरी तरफ़ यह कहानी गोरे रंग के प्रति हमारी सोच की परिचायक है। भीतर तक इन्फियरटी–कंपलैक्स से ग्रस्त। हमारे लिए गोरे रंग की लड़की से शादी करना ही इंगलिश चैनल को पार करना है। एक इंगलिश चैनल से दूसरे इंगलिश चैनल का ट्रांसपोजीशन भारत की, प्रवासी भारतीयों की त्रासदी है जिसे यह कहानी प्रस्तुत करती है।

इन चमकीले सपनों को पाने में हमने कितना कुछ खोया है, उसका कच्चा चिट्ठा प्रस्तुत कर इस कहानी ने प्रवास के साहित्यिक इतिहास, अचर्चित, करुणाजनक इतिहास को हमारे सामने प्रस्तुत किया है।

विजय चौहान की कहानी : 'शाम के वक़्त' एकान्त के कई शेड्स

विजय चौहान हिन्दी की प्रख्यात कवयित्री श्रीमती सुभद्रा कुमारी चौहान के पुत्र थे। भारत में ही उनका एक कहानी संग्रह प्रकाशित हुआ था मिज़राब। दिशान्तर के सम्पादक लिखते हैं उसके साथ ही एक नया स्वर उभरा था। दिशान्तर के अनुसार 'जब अमेरिका में लिखी गयी कहानियों का संकलन 'एकान्तवास' प्रकाशित हुआ, तो पाया गया कि उनका अपना एकान्त, प्रवास में अपनी खो गयी पहचान खोजते किसी भी व्यक्ति का एकान्त था। ऐसा सीधा–सहज तादात्म्य पाठक को उनके पात्रों से महसूस होता है। फिर यह भी कि पढ़ते–पढ़ते, उनके वर्णित अकेलेपन का स्वरूप अधिक व्यापक लगने लगता है।'

विजय चौहान की कहानी 'शाम के वक़्त' जैसे एक कहानी नहीं शाम का राग है। दिन भर की थोपी गयी व्यस्तता के बाद, जिसके बिना जीवन का कारोबार सम्भव नहीं अकेलेपन का राग बजने लग जाता है। धीमे–धीमे एक उदासी, रुदन, सुनसानपन। 'बस के उस अड्डे पर चढ़ने वाले लोगों के चेहरों से परिचित हो गया हूँ। चेहरे परिचित तो हैं, लेकिन मैं किसी को जानता नहीं यहाँ तक कि जब प्रतीक्षा करते लोगों से मेरी आँखें मिलती हैं, तो न तो मेरे होंठों पर मुस्कराहट आती है और न किसी के चेहरे पर जान–पहचान के कोई चिह्न उभरते हैं। थके चेहरे, थकी आँखें, थके शरीर! दिनभर काम करने के बाद घर लौटते लोग। चेहरों को देख लगता है कि मैं भी, इन असंख्य लोगों के साथ एक नीरस गतिहीन जीवन के दौर से गुज़र रहा हूँ। इस विचार से क्षणिक सान्त्वना मिलती है। लेकिन जब हम सब अपने गन्तव्य पर पहुँचेंगे तो भीड़ का सामूहिक एकाकीपन पीछे छूट जाएगा।'

यानी प्रवास की व्यथा यह है कि आपको एकाकीपन तो भुगतना ही है। यदि भीड़ में आप सामूहिक एकाकीपन भुगत रहे हैं तो अकेले में अकेले का एकाकीपन। विजय चौहान के कहानी संग्रह का शीर्षक है 'एकान्तवास'। तो एकान्तवास के सभी शेड इसमें है। सामूहिक एकाकीपन, व्यक्तिगत एकाकीपन, औरत का अकेलापन, आदमी का अकेलापन, सुबह का अकेलापन, शाम का अकेलापन और रात का अकेलापन...। अजनबी देश, अजनबी शहर, अजनबी लोग, अजनबी मान्यताएँ, अजनबी मूल्य इस एकान्त को समझने और इसकी मार देने वाली एकान्त को तोड़ने की कोशिश है कहानी 'शाम के वक़्त'। यह मोहन राकेश जैसे लेखकों की तरह समाज के भीतर रह कर संघर्ष नहीं है बल्कि अपने आपको टूटने और गढ़ने का संघर्ष है।

लेखक इतना अकेला है कि उसके पास घटनाएँ भी नहीं हैं। वह अपने अनुभव, फ़िल्मों और कल्पना आदि से घटनाएँ गढ़ता है। बस का इन्तज़ार करते में सहयात्रियों के जीवन की कल्पना करता हूँ और हर दिन उनके जीवन की एक–दो और कल्पित घटनाएँ जोड़ देता हूँ। प्रच्छन्नता से उनके व्यक्तिगत जीवन के रहस्य में प्रवेश कर लेता हूँ। मेरी निर्जनता में कुछ नये लोग, कुछ नयी घटनाएँ आ जाती हैं। ये सब जो मूक धैर्य से घनी होती शाम में सड़क के किनारे खड़े हैं उनसे मेरा यही सम्बन्ध है।

पहली कल्पना एक जापानी स्त्री के सम्बोध में जो फूल का गुलदस्ता लेकर जा रही है। उसके विवाह की सालगिरह होगी और रात में पति को होने वाले बच्चे के सम्बन्ध में सूचना देगी। इसमें विशेष सन्दर्भ फूल का है। फूल हमारे वर्तमान और भविष्य को सुवासित करते हैं। वे किसी से कुछ नहीं माँगते–खिलते हैं, मुस्कराते हैं, वैसे ही जैसे प्रतिदिन सूर्योदय होता है, हवा चलती है चिड़ियाँ चहचहाती हैं।... फूल खिलता है और मुस्कराते हुए दुनिया के सुख–दुःख में शामिल हो जाता है।

फूल उसके सुख–दुख में शामिल है। जापानी लड़की के सुख–दुख में शामिल है। इस प्रकार फूल एकाकीपन को दूर करने का माध्यम बनते हैं।

उसे एक अधेड़ स्पेनिश पुरुष दिखाई देता है जिसके पास एक जवान स्पेनिश लड़की आती है। लड़की आदमी का हाथ अपने हाथ में ले लेती और उसे सहलाती है। स्पर्श से लड़की को रोमांच हो आता और वह आदमी से सट जाती है। फिर एकाएक उसके होंठ चूम लेती है। आदमी

प्यार के इस सार्वजनिक प्रदर्शन से परेशान सा दिखता लेकिन स्पष्ट रहता कि उसे भी आनन्द आ रहा है।

इस आधार पर लेखक उनके सम्बन्धों की कल्पना करता है। मारिया उस अधेड़ स्पेनिश पुरुष के दोस्त की बेटी होगी। जिसने उसे अभिभावक के रूप में उसके पास भेजा होगा। किसी तरल क्षण में उनके सम्बन्ध बन गये होंगे। यहाँ एक वार्तालाप है–

हूलियो ने कहा, 'तुम मित्र की धरोहर थीं।'

'तुमने फिर शुरू कर दिया। मैं अब भी धरोहर हूँ–जैसे स्त्री–पुरुष की धरोहर होती है।'

'लेकिन तुम मेरे मित्र की बेटी हो।'

'हर स्त्री किसी न किसी की बेटी होती है।'

'तुम भी मन में जानती हो यह सम्बन्ध ठीक नहीं।'

'ठीक है या नहीं यह प्रश्न ही निर्रथक है। जो है–उसे स्वीकार करो। प्रत्येक सम्बन्ध में नैतिक मूल्य ढूँढ़ना व्यर्थ है।'

यहाँ एक स्त्री–पुरुष के एकान्त के सामने नैतिक मूल्य हैं। जिसको तोड़ने के लिए अधेड़ आदमी अनमने मन से तैयार है पर युवा लड़की किसी भी कीमत पर उस एकान्त को तोड़ना चाहती है। यह एकान्त का दूसरा शेड है।

वह अपनी पड़ोसन लीसा के भरोसे अपना एकान्त तोड़ना चाहता है। लीसा एक उपन्यास पढ़ रही है। उसके लिए वह बहुत महत्त्वपूर्ण है।

लगता है तुम्हें उपन्यास के काल्पनिक चरित्रों से अधिक सहानुभूति है। तुम्हारे चारों तरफ़ जो हत्याएँ हो रही हैं–उसकी कोई चिन्ता नहीं।

'तुमने बहुत पी ली है।'

'बहुत कितनी होती है।'

'जब पीनेवाला अपना सन्तुलन खो बैठे।'

बहुत टेढ़ा सवाल है। क्या सन्तुलित है–और क्या नहीं! भावनाओं का दमन कर सदा उपयुक्त बातें करना–मेरी समझ में सन्तुलन नहीं।... 'मेरे दरवाज़े पर दस्तक दो। मैं दरवाज़ा खोल तुम्हें अपनी बाँहों में ले लूँगा। तुम्हारा एकाकीपन और मेरी दिशा–विहीनता एक–दूसरे को निरस्त कर देंगी। हम दोनों को साथ–साथ ज्ञान होगा कि हमारे जीवित रहने के पीछे कौन–सा तर्क है।'

'तुम बहुत अकेले हो। इस समय और कुछ नहीं तुम मेरे शरीर का सम्भोग करना चाहते हो। मुझे तुमसे सहानुभूति है–लेकिन मैं तुम्हारे लिए गिनी–पिग नहीं बनना चाहती। मैं प्यार चाहती हूँ और तुम अपने शरीर के तनाव से छुटकारा।'

'जो है उसे स्वीकार करो लीसा। हर सम्बन्ध में नैतिकता के मूल्य ढूँढ़ने से सुख नहीं मिलेगा।'

'आभास होता है कि दरवाज़े पर कोई दस्तक दे रहा है।'

प्रवास और एकान्त जैसे एक सिक्के के दो पहलू। अब इसका तोड़ क्या है। प्रेम। पर वह तो मिलता नहीं। अजनबी लोगों के साथ रहते हुए। तो फिर बिना प्रेम के शारीरिक सम्बन्ध। नैतिकता के सवाल।

एक भारतीय मन अलग–अलग नागरिकताओं के लोगों के साथ रहते हुए उनके आपसी सम्बन्धों की कल्पना करता है और इस एकान्त की काल कोठरी को तोड़ने के लिए नैतिकता की दीवार पर सवाल उठाता है–उसे तोड़ना चाहता है। मादा शरीर और फूल को गड्डमड्ड कर एकान्त के ख़िलाफ़ एक चक्रव्यूह बनाना चाहता है। पर एकान्त ने उसे घेर लिया है। शाम होते होते इसकी तीव्रता बढ़ जाती है और रात में अकेलापन असह्य हो जाता है। एकान्त के उस अजनबी द्वीप में अघटित घटनाओं की यह कहानी हिन्दी कहानी को एकसाथ आधुनिकता के पहाड़ पर ले जाती है और दूसरी तरफ़ वैश्विक संस्कृतियों और आचरण–मूल्यों की परीक्षा लेती है।

यहाँ केवल वह अकेला नहीं है। स्पेनिश लड़की और अधेड़ पुरुष भी अकेला है। लीसा (अमेरिकी लड़की) भी अकेली है। अपने–अपने अकेलेपन से लड़ते हुए। पर एक भारतीय मन इस लड़ाई में नैतिकता के सवाल को ले आता है। उसे लगता है अन्य देशों के नागरिक भी ऐसे ही अकेलेपन से जूझ रहे हैं और नैतिकता के सवालों से दो–चार हो रहे हैं। इस भीड़ भरे एकान्त में वह प्रेम चाहता है–फूल सी सुगन्ध चाहता है–एक आहट की तलाश में है जो उसके एकान्त को तोड़े।

कहानी की बुनावट बड़ी महीन है और इसकी कल्पना के क्षेत्र में कितनी नागरिकताएँ, प्रेम और शरीर की कुंडली, नैतिकता के सवाल हैं। प्रवासी के पास गहराता एकान्त है, बिखरे और उलझे हुए स्वर हैं जो उस एकान्त को इंटेंस करते हैं और एक ऐसे भूलभुलैया में ले जाते हैं, जहाँ हर कमरे में अलग तरह का साँप की तरह डसता एकान्त है।

एक आधुनिक दृष्टि से सम्पन्न रचनाकार : उषा राजे सक्सेना

उषा राजे सक्सेना विदेश में हिन्दी में लिखने वाले साहित्यकारों में एक सशक्त हस्ताक्षर हैं। पिछले दो दशक से अपनी लेखकीय सक्रियता से उन्होंने प्रवासी साहित्यकारों में एक महत्त्वपूर्ण मुकाम हासिल किया है। अपनी दृष्टि, अनुभव और अध्ययन से उन्होंने प्रवासी साहित्य को आधुनिक दृष्टिबोध से सम्पृक्त किया है। उनके लेखन की कई विशेषताएँ हैं–पहला यह कि उनका लेखन लगभग–लगभग नॉस्टेल्जिया से मुक्त है। उनकी कहानियों में मूल्यों के रूप में बेशक भारतीयता हो परन्तु थीम, प्लॉट, विषय, पात्र इत्यादि उनके विदेशी हैं। इस कारण से ये कहानियाँ हिन्दी कहानियों को इस अर्थ में समृद्ध और सशक्त बनाती हैं कि वे उनमें अभी तक अचीन्हे, असमझे, अजाने परिवेश, पात्रों, मनःस्थितियों और समाज से हिन्दी पाठकों का परिचय कराती हैं। 1950 से 1990 के प्रवासी लेखन में विरल ही यह आधुनिकता बोध दिखाई देता था। उसका बड़ा कारण यह था कि हिन्दी लेखकों का होस्ट सोसायटी से कोई परिचय नहीं था और उनके लेखन के फोरमेटिव वर्ष भारत में बिताने के कारण वे शारीरिक रूप से कहीं भी रहें पर भारत का घर, परिवार और स्थितियाँ ही उनके जीवन पर हावी रही। इनके बरअक्स उषा राजे सक्सेना के लेखन में यह स्पष्ट दिखाई देता है कि उन्होंने ब्रिटिश समाज को समझने, जानने और उसकी समाजशास्त्रीय पड़ताल करने का ईमानदार प्रयास किया है।

मेरे विचार से उनकी कहानियों में दूसरी पीढ़ी के प्रवासी भारतीयों को जिस तरह समझा और दिखाया गया है वैसा हमें अन्यत्र नहीं मिलता। उनकी दो कहानियाँ 'तान्या दीवान' जिसे बाद में उन्होंने क्लिक शीर्षक दिया या 'एलोरा' कहानी से समझ सकते हैं। तान्या दीवान उनकी महत्त्वपूर्ण कहानी है। जो एक ब्रिटिश युवा भारतीय लड़की और उसके माता–पिता में उसके

विवाह और सम्बन्धों की आँख–मिचौनी, माता–पिता के सरोकारों, चिन्ताओं, सोच और बेटी की मानसिकता, खुलापन, विवाह और शारीरिक सम्बन्धों को लेकर सोच, जीवन की प्राथमिकताओं में अन्तर को स्पष्ट करती है। इस कहानी में तनाव जिस तरह बुना गया है उसके कारण यह प्रवासियों में पीढ़ियों में तनाव की अत्यन्त महत्त्वपूर्ण कहानी के रूप में सामने आती है। एलोरा कहानी में जहाँ पिता नम्र, भीरु, शान्तिप्रिय, मध्यवर्गीय, संकीर्ण सोच के हिप्पोक्रेट हैं वहीं एलोरा अन्याय के ख़िलाफ़ प्रतिबद्ध, 'अंग्रेज़ी युवतियों वाले ठसकदार क्रोध, तिलमिलाहट और निश्चय का बेबाक तुर्रा देखकर अन्दर ही अन्दर हिल उठे थे' 'वह निर्भीक, निडर, विद्रोही एकदम ब्रिटिश टीन एजर नज़र आती है।' उषा जी अपनी बात कहने के लिए विलोम सृजित करती हैं। उदाहरण के लिए एलोरा अपनी माँ बेला का विलोम है, माँ जो पिता की बात चुपचाप सुनती थी और असहमति के बावजूद मौन सहती थी। इस नाते नयी और पुरानी पीढ़ी के टकराव, पारम्परिकता और आधुनकिता में संघर्ष, भारतीय मूल्यों और पाश्चात्य मूल्यों में अन्तर्विरोध, नयी पीढ़ी की बेचैनी, स्पष्टता, आधुनिक सोच जिस तरह, जिन शब्दों और जिन तरीकों से अभिव्यक्त हुई है वह उन्हें इस दृष्टि से अग्रणी पंक्ति में खड़ा करती हैं।

उनका लेखन आधुनिक कई सन्दर्भों में है। यही नहीं उनके थीम, शब्दावली, प्लॉट की संरचना, विदेशी पात्र उस आधुनिकता की पुष्टि करते हैं। वे वातावरण की प्रामाणिकता को पुष्ट करने के लिए लगातार स्थानीय शब्दों और संकल्पनाओं का प्रयोग करती हैं। हिन्दी पाठकों के लिए वे लगातार उसका अनुवाद भी करती जाती हैं। बंक बैड (किशोर या बच्चों के लिए बना एक विशेष प्रकार का दो तल्ला पलँग), पूडल (नन्हा कुत्ता), घुंडी (नॉब), बेनिफिट (सत्तर वर्ष से ऊपर के किशोरों को नौकरी न मिलने तक दिया गया खाने–पीने और बुनियादी ज़रूरतों की आपूर्ति का सरकारी भत्ता।) इस तरह के सैकड़ों शब्द और संकल्पनाएँ उनके लेखन में दिखाई देती हैं। शर्ली सिम्पसन एक शुतुरमुर्ग है कहानी की शर्ली का हाइड पार्क में नग्न होकर विचरण की कल्पना हिन्दी का कोई सामान्य लेखक नहीं कर सकता है। जिसे हिन्दी फ़िल्म में ड्रीम सिक्वेंस कहते हैं, हाइड पार्क में उसकी कल्पना कर वो पाठकों को एक झटका देती हैं।

ब्रिटेन के अस्पताल, स्कूलों, केयर होम, पार्क, पुलिस, सोशल वर्कर, अपराध इत्यादि का जो चित्र वे प्रस्तुत करती हैं और उसकी ऑब्जेक्टिव पड़ताल करती हैं।

उनकी कहानियाँ शिल्प में कई तरह के प्रयोग करती हैं। उनके द्वारा कहानियों में दिये ब्योरे घटनाओं और परिस्थितियों के लिए एक भूमिका तैयार करते हैं। इस मामले में उनकी कोई सानी नहीं है।

उदाहरण के लिए 'वह रात' कहानी में बच्चों को पुलिस स्टेशन ले जाने का विवरण कुछ इस प्रकार है–'सड़क के दोनों ओर कांकर और ओक के घने, लम्बे–तगड़े वृक्ष खड़े थे। कार लाल बजरी वाली सड़क के आख़िरी छोर पर, घने पेड़ों के बीच छिपे एक मैनर हाउस के आयरन गेट के आगे जाकर रुक गयी।

'पुलिस अफसर ने रेडियो से अन्दर कुछ सन्देश भेजे। थोड़ी ही देर में वह लम्बा–चौड़ा लोहे का गेट अपने आप धीरे–धीरे, बिना आवाज़ खुलता चला गया। मकान के चारों ओर बागीचा था, जिसमें स्लाइड, ट्रैंपोलियन, क्लाइमिंग फ्रेम, नेट बॉल आदि विभिन्न प्रकार के खेल–कूद और कसरत करने वाले उपकरण लगे हुए थे।

'गेट के बायीं ओर दीवार पर पीतल के बोर्ड पर सेंट वेलेंटाइन चिल्ड्रेन्स होम काले रंग से ख़ुदा हुआ था।

'हम चारों भाई–बहन सहमे हुए, एक–दूसरे का हाथ पकड़े, पुलिस लेडी के साथ स्वचालित दरवाज़ों के बीच से गुज़रते हुए एक लम्बे गलियारे को पार कर विशाल खुली बैठक (ओपन–प्लेन लिविंगरूम, सोफ़ा–सेट और कुर्सियों से सज्जित विशाल प्रतीक्षा–गृह जैसा) में पहुँचे। हमें सोफे पर बैठने को कहा गया, जिसमें एक ओर शेल्फ और अलमारियों में सजाकर बच्चों के ढेरों खिलौने और किताबें रखे हुए थे...।

'यह उनकी गहरी ऑब्सरवेशन शक्ति, तीव्र दृष्टियों, स्थितियों और स्थान की समझ को व्यंजित करता है। पात्रों के मनोविज्ञान की उनकी समझ गहरी है यह समझ काली सफेद नहीं बल्कि अन्य शेडों को भी समझती है। 'वह रात' के एक उद्धरण से हम इसे समझ सकते हैं–मैं चाह रहा था कि लोग हमसे हमारी ममी के बारे में बातें करें पर वे लोग जैसे उनके बारे में कोई बात ही नहीं करना चाहते थे। जैसे ही हम ममी के बारे में कोई बात करते, लोग हमारा ध्यान किसी और चीज़ में उलझा देते। कई बार तो ऐसे लगा जैसे वे हमें बता रहे हों कि हमारी कोई ममी नहीं थी या कि तुम्हारी ममी का इस दुनिया में कोई वजूद नहीं था।'

इस बहुमुखी प्रतिभा की धनी यशस्वी रचनाकार को संकलन के लिए बहुत–बहुत शुभकामनाएँ।

एक सफ़र साथ-साथ : सं. दिव्या माथुर
(31 प्रवासी महिला रचनाकारों की कहानियों का संकलन)

"Every word a woman writes changes the story of the world, revises the official version." **Carolyn See**

यह कहानियाँ मूल रूप से दौड़ते–भागते जीवन, बोर्ड रूम के दाँव–पेंच, राजनीतिक शह–मात की, ख़ून–हत्याओं की ही नहीं हैं। यद्यपि ऐसे भी उल्लेख हैं। यह कहानियाँ रिश्तों की धीमी आँच पर पकाई गयी हैं, रेशम की तरह महीन काती गयी हैं, इनमें कोयल के स्वर की मधुरता और पपीहे के करुण स्वर हैं। बहुत–सी कहानियों में आपको बहुत घटनाएँ नहीं मिलेंगी परन्तु इसमें जीवन का रस और जज़्बा है। जब आप विदेशों में रहने वाले भारतीयों के अन्तर्मन को माइक्रोस्कोप से देखना चाहें, जब आप उस परिवेश में रह रहे समाज के स्त्री–पुरुष सम्बन्धों और रिश्तों की गहरी पड़ताल करना चाहें, आप इस किताब को उठाएँ, यह आपको एक ऐसी दुनिया में ले जाएगी जिसे देखने और दिखाने की दूरबीन प्रवासी स्त्री के पास ही है, इस मायने में यह किताब आपके पुस्तक शैल्फ के लिए अनिवार्य यानी मस्ट है। यह कहानियाँ आपको आवाज़ देंगी, आपका ध्यान खींचेंगी, आपसे सवाल करेंगी, आपके साथ चल देंगी। आपकी सोच को व्यापकता, दृष्टि को गहराई और संवेदना को आकार देंगी।

सबसे पहले तो मैं यह कहूँगा कि मुझे दिव्या जी की असीम ऊर्जा, प्रतिबद्धता और जिजीविषा पर सुखद आश्चर्य है। कैंसर जैसी बीमारी से लड़ने के बाद, इतनी जल्दी देश–विदेश में बिखरी इन कहानीकारों की रचनाओं का संकलन तैयार करना अपूर्व सफलता है। यह संग्रह प्रवासी साहित्य की यात्रा में एक विशिष्ट उपलब्धि है। इतनी सारी रचनात्मक उपलब्धियों को एक स्थान पर संयोजित करने में उन्होंने जो

ऊर्जा, परिश्रम और रचनात्मक क्षमता लगाई है, उसके लिए दिव्या जी की तारीफ़ जितनी की जाए कम है। उनकी असाधारण ऊर्जा हम सबके लिए प्रेरणा है।

प्रवासी साहित्य की जिन विशेषताओं स्मृति, अस्मिता के सवाल, प्रकृति, स्त्री विमर्श, स्त्री–पुरुष सम्बन्ध, पीढ़ियों के संघर्ष व द्वन्द्व, सभ्यतामूलक अन्तर्द्वन्द्व, रंगभेद, यान्त्रिकता पर चर्चा होती है। वे सब विशेषताएँ किसी सायास प्रयास के तहत नहीं, बल्कि घटनाओं, स्थितियों, परिवेश, मनःस्थिति, रोचक चरित्रों के माध्यम से इस संकलन में प्रस्तुत हुई हैं। यह प्रतिनिधि महिला रचनाकारों की प्रतिनिधि कहानियाँ हैं। लगभग सभी साहित्य में एक मुकाम हासिल किये हुए। बहुत से हिन्दी में पीएच.डी. भी। तो ये भाषा और साहित्य के दिग्गज हैं। हिन्दी उर्दू, ब्रिटेन, यूरोप, अमेरिका, कनाडा, मध्यपूर्व, चीन की प्रतिनिधि हिन्दी रचनाकार स्त्रियाँ इसमें एक स्थान पर हैं। हिन्दी साहित्य को प्रवासी महिला कथाकारों के जिस प्रतिनिधि संकलन की तलाश थी, वह यही है। संकलन की तमाम लेखिकाओं ने इस ख़ूबसूरती और रोचकता से अपनी बात कही है, कि यह बातें और चरित्र केवल दस्तक नहीं देते, बल्कि आपके दिमाग़ में घर कर जाते हैं। जैसा तमाम ख़ूबसूरत कविताएँ और कहानियाँ करती हैं। इन महिला लेखिकाओं की कारीगरी देखकर भारत की उस वास्तुकला का स्मरण हो आता है, जहाँ अपनी छेनी–हथौड़ी से शिल्पकार ऐसी मूर्तियों का निर्माण करता था जो वर्षों तक अपनी कला से लोगों को आश्चर्यचकित कर देती थी। उन मूर्तियों का आकार, अनुपात, घुमाव, सज्जा, अलंकार, अलंकारहीनता, सादगी देखकर आप मुग्ध हो जाते हैं, वैसी सी ही बारीकी इस संकलन के कथाकारों के काम में है। यह कहानियाँ प्रवासी जीवन का रचनात्मक इतिहास प्रस्तुत करती हैं। अपने समय का असली आईना प्रस्तुत करती हैं। और यह आईना संघर्षों से निकली औरतों ने तराशा है, इसलिए प्रामाणिक है। प्रवासी भारतीय महिला कथाकारों के लेखन की यह खुशबू आपकी साँसों में बस जाएगी। इस गुलदस्ते के सभी फूलों को प्रणाम। मुझे खुशी है कि मुझे इस संग्रह पर बात करने और उन्हें आपके समक्ष प्रस्तुत करने का मौक़ा मिल रहा है।

यह संग्रह इसलिए भी महत्त्वपूर्ण है कि इसने ऐसी नायिकाएँ दी हैं, जो किसी पुरुष द्वारा लिखे कथानक में खलनायिका या हास्य की पात्र हो सकती थीं। उषा प्रियंवदा की इला को आसानी से चरित्रहीन करार

दिया जा सकता है, अनीता शर्मा की मोटी, थुलथुल शुवे हास्य की पात्र हो सकती है, दिव्या माथुर की ऋचा, उषा वर्मा की सलमा, तोषी अमृता की नेहा, उषा राजे की सेलिमा में भी पारम्परिक नायिकत्व नहीं हैं। परन्तु इन स्त्री कथाकारों की कलम ने उन्हें नायिकत्व प्रदान किया। यहाँ हमें 'पहचान एक शाम की' कहानी पर भी विचार करना होगा। अपनी इच्छा के एक सांस्कृतिक कार्यक्रम में जाना विनीता के लिए क्या इतनी बड़ी बात हो सकती है कि उस पर कहानी लिखी जाए? क्या आप विश्वास करेंगे की लन्दन में रह रही शिक्षित महिला के लिए यह बहुत बड़ी समस्या है? यह हमारे समाज में पुरुष–स्त्री के समीकरण में असमानता की क्या स्थिति है, और औरतें अभी भी किन बेड़ियों की शिकार हैं, उसकी कहानी भी कहता है। यह भी बताता है कि विदेश में रहने वाली भारतीय स्त्री भी उससे मुक्त नहीं है। आमतौर पर हम कथानकों में देखते हैं कि कोई व्यक्ति निर्णय गलत लेता है तो उसे कठिन परिस्थितियों या चुनौती का सामना करना पड़ता है। पर नीरा त्यागी की 'जड़ों से जुदा पेड़' की माँ या सुधा ओम ढींगरा की 'कमरा नं. 203' की मिसेज़ वर्मा या उषा वर्मा की सलमा, ज़किया ज़ुबैरी की सीमा, नजमा उस्मान की नायिका, शैल अग्रवाल की कनकलता, अर्चना पैन्युली की अनुजा, पुष्पा सक्सेना की वर्जीनिया, अरुण सब्बरवाल की सूजी, को इसलिए दुनिया भर की मुसीबतों का सामना नहीं करना पड़ता कि उन्होंने कुछ गलत किया है। अच्छा होना ही उनकी गलती है, उनकी समस्याओं का जड़ है। वे अच्छी हैं, ममतामयी हैं, सेवाभावी हैं, सहिष्णु हैं, कठिन से कठिन कष्ट सह कर भी पति या पुत्र का भला करना चाहती हैं मतलब गड़बड़ उनके किसी निर्णय में नहीं है बल्कि समाज के सोच, विचार, दर्शन में और उस प्रणाली और ढाँचे में है जो उनकी सहृदयता को ही कमज़ोरी मान कर उनका शोषण करता है। हाँ एक अन्तर्विरोध भी है कि ऐसा शोषण करने वालों में सशक्त स्थिति की महिलाएँ भी है, जैसे सास–बहू सम्बन्धों में नगरों में बहू या और भी। इस संग्रह में इस सोच, समझ और दर्शन को, उसकी जटिलताओं के साथ बहुत सफाई से सामने लाया गया है। इस असमानता को दूर करने के लिए स्व की सशक्त अभिव्यक्ति की ज़रूरत है जो इन कथाकारों ने की है। इस सन्दर्भ में इन स्त्री कथाकारों का लेखन लेखन नहीं एक्टिविज्म भी बन जाता है। भारतीय समाज में असमानता की सहज स्थितियों और पुरुष वर्चस्व को देखते हुए ऐसे लेखन और एक्टिविज्म की ज़रूरत किसी से छिपी नहीं।

"फिर रोते–रोते उसने स्नेह से मुझे देखा था, कि उसके इस तरह से मुझे देखने को वहाँ (भारत में) क्या कहा जाता–व्यभिचार! मैं सकते में आ गया था। नरम पंखुड़ियों सी भावनाओं के कैसे कठोर, घृणित नाम,... यह बन्धन उसकी कड़वाहट था और इसी में उसे मिठास का अनुभव भी होता था।" पृ. 61

"मैं क्या था उसके लिए? कुछ भी नहीं। फिर वह क्यों आँखों में वेदना लिए मुझे ताकती रहती है और फिर एक निःश्वास के साथ दूसरी ओर देखती है? कैसा सम्बन्ध था यह? एकदम टूटा हुआ, पर कहीं से जुड़ा हुआ और जुड़ कर भी हर जगह से टूटा हुआ। इसमें स्थिरता नहीं थी, यह अटूट नहीं था। ...मुझे मालूम था वह मेरे अस्तित्व को नकार देती है क्योंकि उसे स्वीकार करना उसके लिए अपराध है। क्योंकि समाज के पास ऐसे रिश्तों का कोई नाम नहीं और जिन रिश्तों का नाम नहीं, उन्हें गुमनाम नहीं, बदनाम कहा जाता है। और इससे बड़ा सत्य था परिमल ! जिसे वह प्यार करती थी और वह परिमल उसका पति ही नहीं, उसका बच्चा भी था। उस पर वह आश्रित थी और उसका आश्रय भी थी।..." पृ. 62

पर कहानी इस एहसास पर ख़त्म होती है–

जिस सम्बन्ध में प्रेम हो, आस्था हो, मानसिक अवलम्ब हो वह गलत कैसे हो सकता है? इसे यूँ ही समाप्त क्यों हो जाना चाहिए? पृ. 64

अरुण सब्बरवाल की 'चाँद फिर निकला' स्त्री मन को चित्रित करती संवेदनात्मक कहानी है जिसमें बलात्कार की शिकार महिला और उसके परिवार के पुनर्स्थापन के सफल प्रयास का चित्रण है।

20वीं शताब्दी में जार्ज आरवेल के प्रसिद्ध उपन्यास 1984 का बड़ा महत्त्व रहा है। उपन्यास के केन्द्र में एक ऐसा फार्म हाउस था जहाँ सब लोगों को बिग बॉस द्वारा देखा जा रहा है। उसी तरह की एक कहानी दिव्या माथुर की है–2050। यह कहानी आज की आर्टिफिशियल इंटैलिजेंस और वर्चुअल रियलिटी की दुनिया पर सवाल खड़े करती है। यह लेखिका के भविष्यद्रष्टा होने को स्थापित करता है, जो शायद किसी लेखक का प्रमुख दायित्व भी है। यह कहानी आई क्यू के आधार पर विकसित हो रही भविष्य की दुनिया का सटीक चित्र प्रस्तुत करती है, और उसे प्रश्नों के घेरे में लेती है। कहानी की रोचक प्रस्तुति में इसका भयावहपन अपनी विडम्बना के साथ उभर कर आता है। ब्रिटेन के जीवन

की ठोस भावभूमि पर टिकी यह कहानी यान्त्रिक ज़िन्दगी पर गहरे सवाल उठाती है। मुख्य बात यह है यह सवाल महिला होने के नाते जन्म देने के अधिकार और परवरिश करने के सवालों पर केन्द्रित है। क्या हिटलर और स्टालिन में आई क्यू कम था? इस कहानी का दिल्ली और लन्दन में नाट्य रूपान्तरण कर मंचन भी किया जा चुका है। कहानी की केन्द्रीय पात्र ऋचा की चीख गढ़े जा रहे भविष्य के प्रति एक गहरी आशंका को जन्म देते हैं–

"एक बच्चा पैदा करने के लिए वह भीख माँगती फिर रही है। पैदा उसे करना है, देखभाल उसे करनी है, तो यह कौन होते हैं निर्णय लेने वाले? आत्महत्या के लिए भी उसे इनकी इज़ाजत चाहिए।" पृ. 91

कहानी में एक अलग तरह की यान्त्रिक समानता की कल्पना की गयी है–

"पेड़ों की ऊँचाई, चौड़ाई और घनता सब एकरूप थी। मजाल था कि एक पेड़ दूसरे से थोड़ा–सा ऊँचा हो या घास का एक तिनका ज़रा–सा सिर उठा ले।" पृ. 94

'अनुजा' अर्चना पैन्युली की सशक्त रचना है, जिसमें एक नये अपरिचित देश में, गैर–कानूनी कामों में लिप्त पति के साथ सम्बन्धों और अवैध इमिग्रेशन से उसके जीवन के विनाश के कगार पर पहुँचने की समस्या का चित्रण है। यहाँ एक पुरुष द्वारा धोखा दी गयी महिलाओं के अन्तःसम्बन्धों का जटिल ताना–बाना भी है। एक गैर–कानूनी कामों में लिप्त व्यक्ति के साथ जीवन जीने को अभिशप्त अनुजा के संघर्षों का जटिल संवेदनात्मक चित्रण अर्चना पैन्युली ने अपनी पैनी कलम से किया है।

इला प्रसाद की कहानी 'मेज़' उस अर्थ में विशिष्ट है कि महिला कथाकारों की कहानी में पक्षियों और प्रकृति का ठोस चित्र ना होता तो यह संग्रह अधूरा रहता। जहाँ पुरुष के लैंडस्केप में प्रकृति उतनी प्रमुखता से नहीं आती है, वहीं स्त्री के मानसिक लैंडस्केप का वह अनिवार्य हिस्सा है। घर की एक बेकार और फालतू चौकी के सुन्दर पक्षियों के डाइनिंग टेबल बन जाने पर कहानी जिस उल्लास पर ख़त्म होती है, वह व्यक्ति को समष्टि से जोड़ने और उसमें महिलाओं की भूमिका को रेखांकित भी करता है। कहानी की बुनावट बड़ी महीन और सटीक है–

"भारत होता तो शायद वह चौकी हमारी सबसे महत्त्वपूर्ण चीज़ होती। सत्यनारायण कथा में उपयोग में आती और घर के बाहर ना होकर पूजा

की वस्तु बनती। लेकिन परिवेश की भिन्नता के साथ चीज़ों के मायने भी बदल जाते हैं।" पृ. 108

धीरे–से वे पक्षी चौकी पर उतर आये।

"यह इनकी डायनिंग–टेबल है। आराम से खायेंगे।" सचिन मुस्कराये। और सचमुच अगले ही कुछ मिनटों में ढेर सारी गौरैया, लाल फिंच का जोड़ा, पंडुक, मैना, कौवा और कबूतर मेज़ पर फैलकर एक–दूसरे से लड़ते–झगड़ते खाना खा रहे थे।

"...हमें वह बदरंग हो आयी, अधटूटी चौकी आज बहुत अच्छी लग रही थी। अब वह मेज़ थी, चौकी नहीं।" पृ. 111

जया वर्मा की कहानी 'सात क़दम' एक पवित्र मन सी लिखी क़हानी है जिसकी एक उल्लेखनीय विशेषता ब्रिटेन का प्रकृति चित्रण है। कहानी के दो मुख्य पात्रों का मानवता के प्रति समर्पण प्रेरणादायी है। कादम्बरी मेहरा की कहानी 'एक ख़त' महिलाओं के शोषण में धार्मिक मठाधीशों की करतूतों का भंडाफोड़ करती है। कहानी की विशेषता आख़िर तक सस्पेंस बनाये रखना है। वहीं कमला दत्त की कहानी 'तीन अधजली मोमबत्तियाँ जला..' एक विराट फलक पर लिखी कहानी है, जो व्यक्ति मन, समाज चेतना, धार्मिक विश्वास, आध्यात्मिकता, ज्वलन्त सामाजिक सवालों– रंगभेद पर गहरे सवाल उठाती प्रेम का तानाबाना बुनती है। विचारों– संवेदनाओं–फलसफों–व्यक्तियों और सम्बन्धों को उलझाती–सुलझाती यह कहानी संवेदना की डोर से एक सूत्र में बँधी रहती है। इस लम्बी कहानी में कथ्य और संवेदना का निर्वाह लेखिका की विशिष्ट उपलब्धि है। और अपनी परिणति में यह प्रेम के उम्दा क्षणों की महक छोड़ जाती है।

प्रवासी साहित्य की एक प्रमुख विशेषता स्मृतियाँ हैं, कविता वाचक्कनवी की कहानी 'रंगों का पंचाग' होली की सैकड़ों स्मृतियाँ, रूपक, बिम्ब, चित्र खड़े करती है। हजारी प्रसाद द्विवेदी सी प्रांजल भाषा में, बेहद ख़ूबसूरत प्राकृतिक प्रतीकों और बिम्बों के साथ, कविता जी ने जो चित्र प्रस्तुत किया है, उसमें रस है, लालित्य है, ऋतु दर्शन है। भारत में होली का उल्लास व्यक्तियों तक सीमित नहीं रहता, अपितु पक्षी, पेड़, पौधे, फल–फूल, कैसे होली के उल्लास से भर जाते हैं, उसका चित्रण इस कहानी में है। कुछ प्रसंग तो उनके नाम के अनुरूप कविता हो गये हैं–

"सचमुच यह देश बेगाना है! यहाँ के पेड़–पौधे तक बेगाने हैं।...वहाँ घर तो मेरा अम्बड़ा, मेरा जामुन, शहतूत सब झूमने लगते थे। और तो

और आँगन का नीम तक मिठा जाता था, छोटी–छोटी मधुमक्खियाँ उसे घेर कर चूमने लगती थीं, सफ़ेद बौर से लद जाता था नीम। कच्चे, हरे, छोटे–छोटे शहतूत झूला झूलते। कोयल तो इतनी बावरी हो जाती अमराई में कि पंचम गाती न अघाती। चीख–चीख कर मतवाली हो इतना–इतना कूकती कि कई बार खीझ हो उठती थी। टेसु के तन–बदन में अंगारे दहकने को होते, उसकी डालियों की कलाइयाँ लाल चूड़ियों से भर जातीं। पीपल पर लालिमा लिए हरे पारदर्शी पत्ते छूने पर भी शरमा जाते। अशोक की एक–से–एक सटी टहनियों के जमावड़े में कुछ नन्ही शाखें छिप–छिपकर बातें सुनने रातों–रात प्रकट हो जातीं। गन्ने 'फिर मिलेंगे' कहकर जा चुके होते और सरसों के लचीले बूटे सारी देह पर अलंकार धारे मेरे खेतों में स्वर्णिम आभा बिखेरते। कनकों से भरे खेत–खलिहानों में मानो स्वर्ण के अम्बार भर जाते, ढेरों–ढेर गेहूँ! ढेरों–ढेर सोना! इक्का–दुक्का बादाम के पेड़ नंगे बदन पर हरे–धुले वस्त्र धारे अपनी छत तान लेने की वृत्ति से बाज नहीं आते थे।" पृ. 152

स्वर्गीय कीर्ति चौधरी का नाम रचनाकारों में बड़े सम्मान के साथ लिया जाता है। यह पुस्तक जिन वरिष्ठ रचनाकारों को समर्पित हैं, उनमें से एक वे भी हैं। कई कहानियों की चाबी उसके आख़िरी संवादों में निहित होती है। जीवन भर युवाओं की अल्हड़ और धूम–धड़ाके वाली ज़िन्दगी से बचने वाली जहाँनारा का जीवन अकेलेपन और संयम का रहा है, कहानी के आखिर में उसका एक संवाद एक दूसरी अनपेक्षित मनःस्थिति की ओर संकेत कर रहा है, जहाँ वह अब तक के जीवन, सोच और दृष्टिकोण के प्रति सवालिया निशान लगा जाती है इसमें जीवन के उस शोर और उत्साह का हिस्सा ना बन पाने का दुख है, उदासी है–

"सोचती हूँ, यदि उस दिन दरवाज़ा खोलकर उन लोगों का निमन्त्रण स्वीकार कर लिया होता तो आज मेरा जीवन कैसा होता?" पृ. 159

मोहसिना जिलानी की 'खनकती हुई हँसी' एक नाटकीय कहानी है, जिसमें ख़ूबसूरत बिम्ब है और स्त्रियों को गुलाम बना कर रखने की मानसिकता पर गहरी चोट। कहानी के बिम्ब, प्रतीक, दृश्य बहुत प्रभावी हैं, लेखिका ने टेम्स के किनारे को जीवन्त कर दिया है।

नजमा उस्मान की 'पैरासाइट्स' कहानी वैवाहिक जीवन के अन्तर्विरोधों को प्रस्तुत करती है। कैसे जंगली बेल चाहे–अनचाहे हनीसकल को दबोच लेती है, उसी तरह अजनबियों की तरह, एक–दूसरे से विपरीत ध्रुवों पर,

बिल्कुल अलग–अलग आदतों वाले पति–पत्नी एक छत के नीचे जीवन बिता देते हैं, रोज़ यह चाहते हुए भी कि आज का दिन साथ रहने का आख़िरी दिन हो। लेखिका इस विचित्र जीवन व्यवहार का तार्किक विश्लेषण प्रस्तुत करती है, प्रकृति के माध्यम से! शायद नाजुक बेल और जंगली बेल परजीवी हैं। शायद एक–दूसरे को बिल्कुल नापसन्द करना और साथ ही जीवन भर निर्वाह करना दोनों ही सच हैं।

"हनीसकल बाढ़ पर छा गयी थी और उसकी नाजुक डालियों के सहारे ऊपर चढ़ रही थी एक जंगली बेल भी। कितनी बार उसने इस जंगली बेल को खींचके अलग फेंका है पर वह जल्द ही हनीसकल को फिर–फिर दबोच लेती है। वह सोचती है विज्ञान के हर सिद्धान्त के अपवाद भी हैं–शायद हनीसकल और जंगली बेल दोनों पैरासाइट्स हैं–मुफ्तख़ोर, जो एक–दूसरे की दया पर जीवित हैं, शायद वे एक–दूसरे के बिना नहीं जी सकते।" पृ. 171

दिव्या जी द्वारा किया गया कहानी का उनका अनुवाद भी प्रवाहपूर्ण है।

'आख़िरी गीत'–स्व. नीना पाल की कहानी है जिसमें पिता–पुत्री के सम्बन्धों का रोचक और संवेदनशील चित्रण है ही, साथ ही कैंसर से ग्रस्त व्यक्ति की दारुण स्थिति का उल्लेख है। कहानी से स्पष्ट है कि जीवन के अन्त तक नीना पाल ने सकारात्मकता और आदर्श सँजोए, जिनका इस कहानी में चित्रण है। कहानी संग्रह को जिन लोगों को समर्पित किया गया है, उनमें से नीना जी भी हैं। पूरी कहानी एक अजीब दर्द और बेचैनी पर तिरती रहती है। नीरा त्यागी की कहानी 'जड़ों से जुदा पेड़' उन बुजुर्ग महिलाओं को केन्द्रित कर लिखी गयी है, जो प्रवासी परिवारों के साथ उनकी अपेक्षाओं को पूरा करने के लिए अपने जीवन को होम कर देते हैं। माँ को केन्द्र में रख लिखी गयी इस संवेदनशील कहानी में ऐसे व्यक्तित्वों को जड़ों से उखाड़ कर उन्हें नयी ज़मीन पर नये परिवेश में लगाने के प्रयासों पर टिप्पणी है–

"लन्दन और बेंगलुरु के प्रवास ने उनके मन को बेघर कर दिया था। जो इच्छाएँ खुशी–खुशी ममता की कुरबानी चढ़ती रहीं, अब उन्हें भीतर ही भीतर खुरपी से खोद रही थीं; वो इतनी घायल थीं कि ख़ुद को आईने में नहीं देख पातीं और ना ही ख़ुद का ख़याल रख पा रही थीं। जो मन इतनी सहिष्णुता, करुणा, वात्सल्य से भरा था, वहाँ एक गहरा कुआँ ख़ुद

गया था जिसमें वे ख़ुद डूब रही थीं। ...वो जड़ों से जुदा एक पेड़ हैं, जो अपनी मिट्टी के अलावा कहीं और फल–फूल नहीं सकता और अब अपनी मिट्टी भी नहीं बची...उनके चेहरे की झुर्रियों में उनकी मरी हुई इच्छाएँ दर्ज थीं, जिनकी कुर्बानी उनकी बेटी और उनके परिवार ने माँगी थी।"

कहानी प्रत्येक प्रवासी परिवार में चल रही बुजुर्गों को जड़ों से उखड़ने की प्रक्रिया का गहरा मनोविश्लेषण प्रस्तुत करती है।

पश्चिम की सोच के केन्द्र में व्यक्ति है, उसे परिवार और समाज को विरोधी और प्रतिद्वन्द्वी बना कर प्रस्तुत किया जाता है। इसका एक परिणाम यह है कि व्यक्ति अपनी शर्तों पर जीता है, परन्तु उसकी मौत के समय में उसके पास कोई नहीं होता। ऐसा अकेलापन, ऐसी मौत भारतीय व्यक्ति की सोच और संवेदना पर आघात कर देती है। इस अजनबीपन और मृत्युबोध से जूझती दो कहानियाँ इस संकलन में हैं पहली सुदर्शना प्रियदर्शनी की 'अख़बार' और दूसरी पूर्णिमा बर्मन की 'नमस्ते कॉर्निश'।

अख़बार कहानी उन अर्थों में प्रवासी कहानी है कि यह संवेदनाहीन, अपरिचय के दायरों में पत्थर होते जाते मनुष्य का चित्र है, जहाँ वर्षों तक साथ–साथ रहने वाले, एक ही ड्राइव–वे से रोज़ अख़बार उठाने वाले, व्यक्ति से घनिष्ठता तो दूर उसका नाम तक पता नहीं। कहानी इसका एक कांट्रास्ट उद्धरण भी भारतीय सन्दर्भों में प्रस्तुत करती है। जहाँ किसी के देहान्त पर जाने में परिचय–अपरिचय का कोई अर्थ नहीं है। लेखिका के सवाल देखिए–

"कैसी है यहाँ की ज़िन्दगी? यहाँ के ताबूतगाह की तरह खड़े हुए घर साफ़–सुथरे घर, जिनमें कोई चहल–पहल नहीं। एक सन्नाटे में लिपटी हुई ये इमारतें जैसे धीरे–धीरे सुबकती रहती हों बेआवाज़। यहाँ चहल–पहल केवल बाग–बागानों, नदी–समुद्रों के किनारे पर देखी जा सकती है अन्यथा बन्द कमरों में बन्द ज़िन्दगी। अन्दर से चमचमाते निर्जीव घर। न रसोई से उठती खुशबू, न बच्चों की खिलखिलाहट, ने पेड़ों पर आते बौर, न चहकती चिड़िया–जैसे सब कुछ एक कृत्रिम आडम्बर में लिप्त हुआ सभ्यता का आडम्बर। फ्युनरल वैन सामने खड़ी हो और पड़ोसी को उसकी आहट तक ना हो।" पृ. 260

"ये लोग दुख में चीखते–चिल्लाते नहीं हैं। मौत पर आँसू तक किसी विशेष हिसाब से निकलते हैं। हमारे यहाँ भावनाओं का, स्मृतियों का, रिश्तों का, रिवाजों का जैसे अन्धड़ फूट पड़ता है–अपनी पूरी उद्दाम छलाँगों और

छपाकों के साथ। दहाड़ते समुद्र की बेसुध–पागल–ज्वारभाटा सी बेचैन लहरों सरीखा, जिसमें गली–मुहल्ला, घर–मकान, व्यक्ति, अपने–पराये एक बार सभी डूब जाते हैं।" पृ. 263

मानवीय संवेदनाओं से भरपूर यह कहानी अत्यन्त मार्मिक बन पड़ी है और अहम प्रश्न मृत्यु का सन्दर्भ ले सभ्यतापरक पड़ताल करती है। जिससे उपजे असहज सवाल आपके साथ चल देते हैं।

वहीं पूर्णिमा बर्मन की कहानी 'नमस्ते कॉर्निश' एक अजनबी शहर और स्थान को परिचित और आत्मीय बनाने की लेखिका की रणनीति से परिचय कराती है। एक भारतीय स्त्री रोज़ सैर के लिए आने वाले पर पिछले कुछ दिनों से बीमार हशमत अंकल (केन्द्रीय पात्र द्वारा दिया कल्पित नाम) को मिलने की प्रार्थना करती है। उसका कॉर्निश यानी सुबह घूमने के आने के स्थान से निकट रिश्ता बन गया है। वह रोज़ सुबह कॉर्निश पर सैर के लिए आती है। उसके विचार से 'जब ज़िन्दगी की शाम उतरने लगती है तब मौसम की सुबह का मर्म ज़्यादा समझ में आता है।' पृ. 197 उस स्थान पर एक–दूसरे से पहचान की व्याख्या इस तरह करती है–

"वह एक अजनबी पहचान जिसमें आप हर किसी को जानते हैं पर किसी को नहीं जानते।"

जब उसे वर्षों से रोज़ दिखने वाले, पिछले कुछ दिनों से व्हील चेयर पर आने वाले हशमत अंकल नहीं मिलते तो एक दूसरे देश में ज़िन्दगी और मौत के अर्थ खोजने लगती है, सड़क पर प्रसिद्ध अरब गायक का गीत पूरे संगीत के साथ गूँज रहा है तमल्लि...मआाक यानी सदा तुम्हारे साथ–जब तुम मुझसे दूर हो तब भी तुम्हारा प्यार मेरे साथ है। पर लेखिका इस सवाल के साथ कहानी समाप्त करती है–

"कैसा प्यार और कैसा साथ? कौन किसके साथ है...कितने दिन साथ रहेगा...कब चला जाएगा...कुछ पता नहीं...प्यार क्या है...रिश्ते क्या हैं...नाम क्या है...किसी चीज़ का कोई मतलब नहीं है योगिनी महाजन के लिए... सब कुछ ख़त्म हो जाना है...सब कुछ, जिसके साथ प्यार है...या नहीं भी है...क्या अपने...क्या पराये...किस बहाने से कब चले जायेंगे कुछ पता नहीं। लोगों का दूर चले जाना...पंचतत्त्वों में विलीन हो जाना ही अन्तिम सत्य है जीवन का। ...बाहर संगीत का शोर है और भीतर गुलमोहर की चार पंखुरियाँ बिखरी पड़ी हैं। जैसे जीवन के पंचतत्त्व बिखर गये हैं और

अब जुड़ नहीं पाएँगे। नीला आकाश...हरा समन्दर...ख़ूब गहरा, ख़ूब गहरा, ख़ूब गहरा उनके मन की तरह सब कुछ समा लेने वाला...आँखें नम–सी हो आयी हैं..." पृ. 203 यह अपरिचय, अजनबीपन, बेगानापन, अकेलापन मृत्युबोध के साथ मिलकर एक विचित्र अवसाद में ले जाता है और प्रवासी लेखिका सभ्यताओं के मिलन बिन्दु पर खड़े हो जीवन और मृत्यु के गहरे प्रश्नों की पड़ताल करती है।

डॉ. पुष्पा सक्सेना की कहानी 'वर्जिन मीरा' एक भारतीय और एक अमेरिकी लड़के के प्रेम सम्बन्धों की दास्तान प्रस्तुत करती है जहाँ एक तरफ़ धोखा और चालाकी है और दूसरी तरफ़ मीरा जैसा प्यार। कहानी का निर्वाह रोचक है। रमा जोशी की कहानी 'काग़ज़ के टुकड़े' एक ख़ूबसूरत प्रेम कहानी है। विदेशों में महिलाओं को ले जाकर उनका शोषण प्रमुख विषय है, इस पर कई कहानियाँ लिखी गयीं, पर यह शोषण कितना अमानवीय और क्रूर हो सकता है, इसका चित्रण शैल अग्रवाल ने अपनी सशक्त कलम से किया है। परत–दर–परत नायिका पर हुए अत्याचारों का वर्णन अमानवीय होते समाज का चित्र प्रस्तुत करता है।

शैलजा सक्सेना की कहानी 'पहचान एक शाम की' दिखाती है कि कैसे एक छोटे से प्लाट पर ख़ूबसूरत इमारत खड़ी की जा सकती है। शैलजा की कहानी–एक स्त्री के एक संगीत कार्यक्रम में बच्चों और परिवार की आवश्यकताओं को देखते हुए जाने–ना जाने के निर्णय में झूलने और अन्त में जाने के निर्णय के कारण प्राप्त रचनात्मकता का उपलब्धि के रूप में स्वीकार है। इस छोटी–सी कहानी में बड़े सवाल हैं। यह सवाल ज़रूरी हैं, धारदार हैं और स्त्री विमर्श के लिए सदा प्रासंगिक हैं।

"वह अचकचा कर रुक गयी थी।" क्या चार साल का छोटा–सा बच्चा भाँप गया था कि वह उन सबकी सामूहिक इच्छा के विपरीत अपनी इच्छा को ढूँढ़ने निकल रही है? क्या उसे डर है कि माँ की 'निजी' इच्छा में वह दूर, अलग–थलग पड़ जाएगा? विनीता ने क्षणांश उसे देखा और अपनी बाँहों में कस कर बाँध लिया, "ज़रूर वापस आऊँगी, क्यों नहीं आऊँगी? मैं बहुत जल्दी वापस आऊँगी। उसके गालों पर अपने स्नेह का विश्वास अंकित करते हुए उसने कहा था।" पृ. 237

"बाहर हल्की बर्फ़ गिरने लगी थी, जो लन्दन के मौसम के लिए लगभग नयी बात ही थी। उसका मन शाम के वातावरण से बँधा, खिंचे तार–सा झंकृत था। मन का उजास छोटे–छोटे टुकड़ों में मानो आसमान

से झर रहा था और वह सोच रही थी, "घर के कामों और रौशनी के ऐसे लम्हों के बीच कोई समझौता नहीं हो सकता क्या? ऐसे कुछ घण्टों को, हफ़्तों और महीनों की थकावटभरी ज़िन्दगी में पाना असम्भव तो नहीं... फिर क्यों वह खुद को भूल बैठी? अपनी पसन्द को धकेलते–धकेलते इतने पीछे ले गयी कि घर की सीलन और अँधेरे भरी किस अलमारी में उसे बन्द करा...यह भी वह भूल चुकी थी...इसमें गलती किसी की नहीं पर भूल तो उसकी अपनी ही है!" पृ. 240

डॉ. स्नेह ठाकुर की कहानी 'जागृति' एड्स जैसे ज्वलन्त मुद्दे पर लिखी सशक्त कहानी है। हिन्दी की सशक्त हस्ताक्षर डॉ. सुधा ओम ढींगरा के हिन्दी साहित्य और सम्पादन में योगदान से हम सब सुपरिचित हैं। उनकी कहानी 'कमरा नं 103' भारतीय परिवारों में बुजुर्ग असहाय महिलाओं के साथ हो रही धोखाधड़ी और शोषण का पर्दाफ़ाश करती है। अपने बच्चों और परिवार के लिए सबकुछ लुटाने वाली माँ को अपने प्यार की कीमत अपनी जान दाँव पर लगा कर चुकानी पड़ती है। यह एक अत्यन्त प्रासंगिक विषय पर लिखी गयी सशक्त कहानी है जिसमें कथ्य का निर्वाह कुशलतापूर्वक किया गया है।

इस संग्रह की एक और विशेषता रंगभेद के ख़िलाफ़ भारतीयों के साथ–साथ कालों के संघर्ष की दास्तां को समाहित करना है। इस पक्ष को शामिल किये बिना कहानियों के माध्यम से हुआ प्रवासी विमर्श अधूरा रह जाता। वरिष्ठ और सम्मानित कथाकार सुषम बेदी की कहानी 'एक अधूरी कहानी' एक ऐसे काले युवा की कहानी बयाँ करती है जिसे अमेरिकान पुलिस ने एनकाउंटर में मार दिया था। उसके माता–पिता के न्याय के लिए गुहार का मर्मस्पर्शी चित्रण है। स्पष्ट है कि रंगभेद के ख़िलाफ़ यह संघर्ष अकेले करने के बजाय मिलकर करना होगा। ये कहानियाँ संकलन के इस विमर्श क़े फलक को आवश्यक विस्तार देती हैं। सुषम जी की विशिष्ट शैली में लिखी गयी यह कहानी संकलन में एक नया आयाम जोड़ती है। वैसे कमला दत्त की कहानी 'तीन अधजली मोमबत्तियाँ जला...' ने भी इस संकलन के रंगभेद सम्बन्धी विमर्श को रचनात्मक रूप से समृद्ध किया है।

तोषी अमृता की कहानी 'सर्द रात का सन्नाटा' में प्रेम में अपनों से धोखा दिखाया है। कहानी आख़िर तक पाठकीय उत्तेजना को बना के रखती है।

प्रसिद्ध लेखिका उषा राजे सक्सेना की कहानी 'सलीमा तो सिर्फ़ शादी करना चाहती थी!' एक आम लड़की और लड़के के साधारण सपनों के शोषण की मार्मिक दास्ताँ है क्योंकि वह अवैघ इमिग्रेंट हैं। गरीब लोगों के शोषण की सटीक तस्वीर इस कहानी में है। शोषण के अड्डे इन तथाकथित अस्पतालों और उनकी प्रक्रियाओं का वर्णन भयभीत करने वाला और वस्तुनिष्ठ है। विषय का चयन और यथार्थवादी वर्णन इस कहानी की विशेषता है। डॉ. उषा वर्मा की कहानी 'सलमा' एक पाकिस्तानी लड़की के शोषण का पर्दाफ़ाश करती है। सलमा ऐसी हज़ारों लड़कियों में से है जिनको विदेशों में ले जाकर भेड़–बकरी जैसा व्यवहार किया जाता है, वह लेखिका के साथ इस दुख को साझा करती है।

"औरत का औरत से ऐसा एक रिश्ता है जो अन्तर्मन का रिश्ता है, वह बिना कुछ कहे ही सब कुछ समझ जाती है, बेटी भी माँ के इस दुख को समझने में उम्र के तमाम पड़ाव बिना किसी झंझट के पार कर जाती है" पृ. 325। कहानी अत्यन्त मार्मिक है। वायु नायडु की कहानी 'जागृति ख़बरदार' लड़कियों को एन.आर.आई. द्वारा विवाह के लिए देखने की और उनकी खरीद–फरोख्त की रोचक दास्ताँ प्रस्तुत करती है।

ज़किया ज़ुबैरी की संवेदनशील कहानी 'साँकल' में पीढ़ियों के संघर्ष को दर्शाया गया है। दोनों पीढ़ियों ने एक–दूसरे के प्रति साँकल लगा दी है। कहानी में बेटे के आक्रामक, अशोभनीय और आभारहीन व्यवहार से माँ की पीड़ा की मार्मिक अभिव्यक्ति है।

"प्रभु, यह औलाद भी क्या बला होती है? क्यों इतना प्रेम होता है इनसे? ये जवाब में तो कुछ भी नहीं देते फिर भी बुरा नहीं लगता। इनके दुर्व्यवहार भी भुला दिये जाते हैं।" पृ. 347

माँ की व्यथा है–

"भला कौन अपनी माँ को छिनाल कह सकता है–अपने यारों के साथ घूमती है–अपनी जवानी का एक–एक क्षण...एक–एक कतरा...इकलौते बेटे के नाम लिख दिया था...आत्मा के घाव सहला रही है...मगर दिल में एक डर भी है...कहीं अपने गुस्से में समीर उसकी हत्या तो नहीं कर देगा? नहीं...नहीं यह नहीं हो सकता...आख़िर पुत्र है। भला ऐसे कैसे कर सकता है। मगर दिल का डर उसे सोने नहीं दे रहा। बिस्तर पर करवटें बदल रही है...एकाएक बिस्तर से उठती है सीमा और भीतर से कमरे की साँकल चढ़ा देती है।" यह साँकल कमरे की नहीं मन की है।" पृ. 352

इस संग्रह की सबसे खास उपलब्धि स्वाभाविक रूप से उषा प्रियंवदा की कहानी 'आधा शहर' है। यह कहानी स्वतन्त्रचेता स्त्री की कहानी तो है ही पर कहानी शिल्प कला में भी एक उपलब्धि है। कहानी में अमेरिका की एक यूनिवर्सिटी के डीन का गोवा में आकर यूनिवर्सिटी में स्थायी नौकरी के लिए आवेदिका इला से गोवा में कामकाज के सिलसिले में मुलाकात का चित्रण है। धीरे–धीरे प्रखर और स्वतन्त्रचेता पर सामाजिक अछूत इला का व्यक्तित्व स्टीरियो टाइप और यथास्थितिवादी डीन पर छा जाता है। कहानी उनकी गोवा में मुलाकात के साथ जिस तरह से बार–बार फ्लैश बैक में जा यूनिवर्सिटी के स्त्री–विरोधी चित्र चरित्र की पोल खोलती है और तथाकथित अकादमिकों के बदबूभरे दिमाग़ की पड़ताल करती है, वह धारदार और मर्मस्पर्शी है। गोवा में लहरों, डूबते सूर्य और रोशनी के बीच डूबते–उतरते कहानी पूरी तरह बाँधे रखती है। अपने समय और समाज और वो भी समाज के नेतृत्वकर्ता बौद्धिकों पर केन्द्रित यह कहानी विचार, संवेदना और परिवेश के बेहतरीन प्रयोग का उदाहरण है और कमलेश्वर, मोहन राकेश, राजेन्द्र यादव, मन्नू भंडारी, कृष्णा सोबती जैसे कहानी कला के दिग्गजों का सहज ही स्मरण कराती है। "और होता क्या है चरित्रहीन होना? चरित्र है क्या? क्या है उसकी परिभाषा? उसका सामाजिक सन्दर्भ दिया किसने है, तुम्हीं पुरुषों ने न?" पृ. 302

"इतनी हिंसा...इतना प्रतिकार...मुझे मिटा देने की इतनी तिलमिलाहट, कितने दयनीय हैं वे तुम्हारे मित्र...यूनिवर्सिटी के ये जाने–माने लोग।" पृ. 302

ऐसे शानदार गुलदस्ते के संयोजन के लिए दिव्या जी व वाणी प्रकाशन के अरुण माहेश्वरी, अदिति को बहुत बधाई। संग्रह की सफलता के लिए अनेकशः शुभकामनाएँ।

आलोचना

का गोश्त लग जाता है/वह अपने देश की आत्मा को फेरो राजा–रानियों की तरह तहखानों में गाड़ देता है.../वह महान देश उन्हें सारे जहाँ से अच्छा नहीं लगा।

प्रवासी लेखक यद्यपि भारत में नहीं है, पर उनमें भारत गहरी जड़ें जमा चुका है, उनके फोर्मेटिव वर्ष इस देश में बीते। उनकी संवेदनाओं के तन्तु यहीं विकसित हुए। उनके मूल्य, मान्यताएँ, अवधारणाएँ, संकल्पनाएँ भारत में ही बीज रूप में पनपी और पल्लवित हुईं। भारत प्रवासी साहित्य में एक रेफरेंस प्वाइंट है। उनकी हर तुलना भारत से है। इन नॉस्टेल्जिया को लेकर कई लेखकों को परेशानी है। उनका सोचना है कि यह नॉस्टेल्जिया उन्हें अतीतजीवी बनाता है और समकालीन गन्ध से वंचित करता है। किन्तु यह तो अपनी जड़ों से जुड़ना है। अगर भविष्य हमें संकल्प देता है तो हमारा इतिहास हमें ख़ुद को समझने और विश्लेषित करने की शक्ति देता है। नॉस्टेल्जिया के सन्दर्भ में प्रवासी साहित्य अतीत का नहीं जड़ों की तलाश का साहित्य है। दिल्ली में रह रहे लेखक भी तो अपने कस्बे–गाँव से इसी तरह की शक्ति ग्रहण करते आये हैं।

हम जिसे जड़ें, अस्मिता और द्वन्द्व का साहित्य कहते हैं, कौन हैं उनके प्रतिनिधि रचनाकार, कौन–सी हैं प्रतिनिधि रचनाएँ? कौन हैं वे रचनाकार जिनके बल पर कहा जा सकता है कि भारतीय डायसपोरा का सूरज दुनिया में अस्त नहीं होता? भारतीय मूल के देशों में मॉरिशस–फीजी–सूरीनाम में एक अलग प्रकार का साहित्य सृजित किया है। अभिमन्यु अनत, रामदेव धुरन्धर, प्रो. सुब्रमणि, जोगिन्दर सिंह कँवल, जीत नारायण जैसे लेखक इन देशों ने दिये हैं। डॉ. कमल किशोर गोयनका के शब्दों में अभिमन्यु अनत सत्ता से प्रश्न करने का साहस रखते हैं। वह मॉरिशस के गूँगे इतिहास की आवाज़ है। वह अपने साहित्य से अज्ञात दरवाज़ों को खोलकर उसमें दबी–ढकी–बँधी–बाँसों और कोड़ों की अनुगूँजों और प्रतिध्वनियों को साहित्य का रूप देते हैं। उनकी उपन्यास त्रयी 'लाल पसीना', 'गाँधी जी बोले थे', 'और पसीना बहता रहा' है। यह उपन्यास भारत से गये गिरमिटिया मज़दूरों तथा कुलियों पर हुए घोर अमानवीय, क्रूर एवं पाशविक अत्याचारों का इतिहास है। इन देशों में साम्राज्यवादी शक्तियों से संघर्ष और सांस्कृतिक अस्मिता की तलाश इसमें है।

अगर हम ब्रिटेन की बात करते हैं तो सत्येन्द्र श्रीवास्तव, मोहन राणा, अचला शर्मा, दिव्या माथुर, गौतम सचदेव, प्राण शर्मा, शैल अग्रवाल, सोहन

राही कविता में प्रमुख नाम हैं। सोहन राही की पंक्तियाँ देखें—समन्दर पार करके अब परिन्दे घर नहीं आते, अगर वापिस भी आते हैं तो लेकर पर नहीं आते।

दिव्या माथुर, तेजेन्द्र शर्मा, गौतम सचदेव, उषा राजे सक्सेना, शैल अग्रवाल, उषा वर्मा वहाँ के प्रतिनिधि कहानीकार हैं। दिव्या माथुर का पिछले वर्ष कहानी संग्रह 'पंगा और अन्य कहानियाँ' प्रकाशित हुआ। 'आक्रोश' और 'हिन्दी एट स्वर्ग डाट काम' उनके अन्य कहानी संग्रह हैं। उन्होंने प्रयोगधर्मी दृष्टि से 'पंगा' कहानी में कार के नम्बर प्लेटों के माध्यम से ब्रिटेन का समाजशास्त्रीय चित्र प्रस्तुत कर दिया है। अत्यन्त सहजता और संवेदना से रची दिव्या माथुर की कहानियों का फलक बहुत बड़ा है। उसमें ब्रिटेन का स्थानीय समाज, भारतीय समाज, पीढ़ीगत द्वन्द्व, स्त्री विमर्श सब मौजूद है। तेजेन्द्र शर्मा का कहन अद्‌भुत है। उनकी कहानियाँ 'काला सागर', 'ढिबरी टाइट', 'देह की कीमत' गहन मानवीय पीड़ा की स्थिति में विडम्बनाओं का चित्रण हैं। एक कुशल शिल्पी की तरह उनकी कहानियाँ रोचक सफर कराते हुए आपको मानवीयता का संस्कार देती हैं। 'क़ब्र का मुनाफ़ा', 'पासपोर्ट का रंग' आदि कहानियाँ प्रवासी जीवन और उनके वैचारिक संघर्ष की सशक्त अभिव्यक्ति है। 'वह रात और अन्य कहानियाँ', 'वर्किंग पार्टनर', 'मुलाकात', 'प्रवास में' जैसे संग्रहों से उषा राजे ने कहानी जगत में एक अलग जगह बनायी है। उनके बाद के संग्रहों को रोहिणी अग्रवाल हिन्दी पट्टी की सुपरिचित साहित्यिक संवेदनाओं से बिल्कुल भिन्न एक नये भाव—जगत में गहरी पैठ के बाद लिखी कहानियाँ मानती हैं। शैल अग्रवाल की मौलिकता और सूक्ष्म दृष्टि उन्हें एक विशिष्टता प्रदान करती है।

प्रवासी साहित्य का दूसरा केन्द्र अमेरिका—कनाडा है। यहाँ सुषम बेदी, उमेश अग्निहोत्री, सुधा ओम ढींगरा, शालिग्राम शुक्ल, रेणु राजवंशी गुप्ता, इला प्रसाद, विशाखा ठाकुर जैसे साहित्यकार नयी ज़मीन तोड़ रहे हैं। डॉ. धनंजय और गुलशन मधुर जैसे साहित्यकारों ने अमेरिका के रचनाकारों के 'देशान्तर' और 'कथान्तर' जैसे संग्रहों का सम्पादन कर प्रवासी साहित्य की अपूर्व सेवा की है। सुषम बेदी के लेखन में जितना वैविध्य है और दृष्टि में जो आधुनिक बोध है उसने प्रवासी साहित्य को नयी ज़मीन दी है, प्रवासी नारी—विमर्श की अवधारणा दी है। उनके लेखन में वे सब प्रमुख सवाल और चुनौतियाँ हैं जिनसे प्रवासी को दो—चार होना

पड़ा है। 'हवन', 'गाथा अमरबेल की', 'लौटना', 'नवाभूम की रसकथा' जैसे उपन्यासों और 'चिड़िया और चील' जैसे कहानी संग्रह से उन्होंने उषा प्रियंवदा के बाद प्रवासी गद्य साहित्य की सर्वाधिक सशक्त लेखिका के रूप में अपनी जगह बनायी है। कहानीकार, व्यंग्यकार, नाटककार उमेश अग्निहोत्री का लेखन 'क्लास लेखन' है। उनकी कहानी 'हैप्पी न्यू इयर' गहन मानवीय संवेदनाओं की कहानी है। 'लकीर' कहानी में विदेशों में रहने वाले पाकिस्तानियों के प्रति भारतीयों का दृष्टिकोण अभिव्यक्त हुआ है। विदेश में भारत–पाकिस्तानी सब एशियाई हैं। पिघलते आपसी पूर्वाग्रहों, द्वेष और आशंकाओं को दूर करते, अस्मिता की एक सी लड़ाई लड़ते! सुधा ओम ढींगरा के सद्यः प्रकाशित संग्रह 'कौन–सी ज़मीन अपनी' एक बार फिर प्रवासियों के भारत के प्रति रूमानी प्रेम को तोड़ता है। अमेरिका में अपनी ज़मीन–जायदाद बेच कर भारत में बसने का स्वप्न, रिश्तेदारों की घोर स्वार्थपरता के चलते कैसे चकनाचूर होता है, यह कहानी उसका चित्रण है। कुल मिलाकर कनाडा–अमेरिका में लिखा जा रहा प्रवासी साहित्य ग्लोबलाइजेशन के समस्त सन्दर्भों को प्रस्तुत करता है। सैक्स के टेबू तोड़ता है। यहाँ अभिव्यक्ति में भारतीय रूढ़ियाँ नहीं हैं जो 50 की फ़िल्मों की तरह प्रेम दृश्यों में दो पक्षियों को चोंच लड़ाता दिखा देंगी। गे और लेस्बियन सवालों पर बेबाक बातचीत है, पवित्र रिश्तों की पवित्रता पर सवाल हैं! प्रेम सम्बन्धों का परत–दर–परत का विश्लेषण और व्याख्या है। जहाँ विवाह नहीं कैरियर महत्त्वपूर्ण है साथी तो नये शहर या नये देश में भी ढूँढ लिए जाएँगे!

मॉरिशस–फीजी–सूरीनाम, कनाडा–अमरीका, ब्रिटेन प्रवासी साहित्य के इन तीन केन्द्रों के अतिरिक्त अलग–अलग देशों में रह रहे प्रवासी भी महत्त्वपूर्ण साहित्य रच रहे हैं। उदाहरण के लिए जापान में लक्ष्मीकान्त मालवीय की कहानी 'छुट्टी का दिन' का सन्दर्भ लें। यह प्रेम सम्बन्धों के देह सम्बन्धों में बदलने की कहानी है जिसमें प्यार नहीं है सिर्फ़ छुट्टी के दिन का सहवास है। नामवर सिंह जैसे आलोचक ने इस कहानी को बहुत महत्त्वपूर्ण माना है। इसी प्रकार रूस में मदनलाल मधु, अर्जेंटीना में लिख रही प्रेमलता वर्मा, या डेनमार्क की अर्चना पैन्युली महत्त्वपूर्ण रचनाकार है। ऑस्ट्रेलिया और न्यूजीलैंड में भी अँगड़ाई लेता प्रवासी साहित्य विश्व फलक पर एक स्थान बना रहा है।

रामदरश मिश्र कहते हैं, 'प्रवासी साहित्य हिन्दी साहित्य के परिदृश्य

को बड़ा करता है। हमारे अनुभव के संसार को लेखन को व्यापक बनाता है।' वैश्वीकरण के और उदारीकरण के दौर में प्रवासी साहित्य हिन्दी का एक वैश्विक चेहरा प्रस्तुत करता है। मॉरिशस–फीजी के सन्दर्भ में यह वहाँ के संघर्ष और अमानवीय स्थितियों से जूझने का इतिहास है तो यूरोप और अमेरिका के सन्दर्भ में यह अस्मिता और संस्कृतियों का द्वन्द्व है। यह भारतीयता को नयी दृष्टि से गढ़ता है, आधुनिकता के मानदंडों पर उसका आकलन करता है, समकालीन समय के औजारों से उसको तराशता है। स्थानीय संस्कृति से खुले मन से कुछ ग्रहण करता है। और हिन्दी और भारतीयता के क्षितिज को विस्तार देता है, इस पार से उस पार एक सेतु का निर्माण करता है।

प्रवासियों को दोहरा संघर्ष करना पड़ता है, एक तो अपने को नयी ज़मीन में रचने–बसाने का, दूसरे अपनी ज़मीन को अन्दर बनाये रखने का–यह कहना है शीर्ष प्रवासी कवि डॉ. सत्येन्द्र श्रीवास्तव का।

मूल्यों की टकराहट और सामंजस्य का साहित्य

स्त्री विमर्श, दलित साहित्य की तरह प्रवासी साहित्य भी आज चर्चा में है। कुछ लोगों को ऐसा लगता है कि प्रवासी साहित्य हिन्दी की एक ग्लैमरस बेटी है! क्या है प्रवासी साहित्य? इसकी क्या प्रवृत्तियाँ हैं? इसके कौन–से प्रमुख लेखक हैं? इस धारा की शुरुआत कब हुई? इसका भविष्य क्या है? इन तमाम सवालों पर आज विचार किया गया है। भारतीय और पश्चिमी मूल्यों की टकराहट, विरोध और समझने का नाम ही प्रवासी साहित्य है। प्रवासी साहित्य को दो भागों में विभाजित किया जा सकता है पारम्परिक डायसपोरा के देशों–जैसे फीजी, मॉरिशस, सूरीनाम, त्रिनिदाद आदि देशों में लिखा गया साहित्य, जिसमें औपनिवेशिक ताकतों का विरोध था जैसे अभिमन्यु अनत काल का 'लाल पसीना' उस धारा की प्रतिनिधि कृति है। सरनामी, फीजी बाद, भोजपुरी खड़ी बोली में लिखी गयी ये रचनाएँ एक तरफ़ औपनिवेशिकवाद का विरोध करती हैं तथा दूसरी तरफ़ अपनी संस्कृति और अस्मिता को लेकर चल रहे अपने संघर्ष को अभिव्यक्त करती हैं। परन्तु हिन्दी के इन स्वरूपों के चलन से बाहर होते जाने के कारण पारम्परिक डायसपोरा साहित्य में अब ठहराव आ गया है और मौलिक रचनाओं का स्तर बहुत श्रेष्ठ नहीं है, परन्तु इधर यूरोप और अमेरिका में गये लेखकों ने प्रवासी साहित्य की नयी ज़मीन तोड़ी है और बहुआयामी अर्थपूर्ण लेखन से अपनी पहचान बनाई है। पारम्परिक डायसपोरा देशों में औपनिवेशिक विरोध, संस्कृति और अस्मिता के लिए जो संघर्ष चल रहा था तो उस समय पचास और साठ के दशक में यूरोप–अमेरिका में गये भारतीय लेखकों का लेखन सामने आने लगा था। गुलाब चन्द खण्डेलवाल, वेद प्रकाश 'बटुक', ओंकारनाथ श्रीवास्तव, उषा प्रियंवदा, कीर्ति चौधरी, प्राण शर्मा, अनुराधा, सोहन राही, श्री हरिशंकर आदेश जैसे लेखक उस समय भारत प्रेम और भारत वापसी की बात कहकर प्रकाश में आये।

नब्बे के दशक के बाद समय बदलता चला गया। पारम्परिक डायसपोरा के देशों में हिन्दी की जगह फ्रेंच–डच, अंग्रेज़ी भाषाओं का प्रचलन आगे आने लगा और भारत के प्रोफेशनल पश्चिम में अपना रंग दिखाने लगे। यहाँ यह जानकर आपको आश्चर्य होगा कि ब्रिटेन के हिन्दी प्रेमियों में ज़्यादातर संख्या भारतीय डॉक्टरों की है जिनकी सांस्कृतिक भूख हिन्दी कविता या साहित्य पूरा करता है। इन साहित्यकारों, लेखकों ने नये नजरिए से दुनिया को देखा। प्रोफेशनल समाज का आत्मविश्वास उनके पास था। आधुनिक वैज्ञानिक दृष्टि थी, पूर्वाग्रह नहीं थे, रूढ़िवादी सोच नहीं थी, सेक्स को लेकर टैबूज नहीं थे। पश्चिम को वे मुक्त दृष्टि से देखते थे। पर भारतीय दृष्टि होने के कारण वे पश्चिम मूल्यों में जहाँ–तहाँ खोखलेपन को भी देख रहे थे। इस लेखन का दायरा बहुत बड़ा था। जैसे सत्येन्द्र श्रीवास्तव के मामले में बनारस–मुम्बई–लन्दन, गौतम सचदेव लाहौर–दिल्ली, दिव्या माथुर दिल्ली–लन्दन, शैल अग्रवाल बनारस–बर्मिंघम, उषा राजे सक्सेना गोरखपुर–लन्दन। इनमें अनुभव का वैविध्य था। इनका अध्ययन अपने पूर्ववर्ती लेखकों की तरह सीमित नहीं था जो लेखन पार्ट टाइम करते थे। वे मुख्य रूप से कवि थे। यह नये लेखक पश्चिमी संसार में रहकर पश्चिमी देशों में पहले की तरह बेगाने नहीं थे। अध्यापिकाएँ थीं, जैसे उषा राजे, उषा वर्मा। गृहिणियाँ थीं जैसे पूर्णिमा वर्मन, शैल अग्रवाल। प्राध्यापक थे–सत्येन्द्र श्रीवास्तव, सुषम बेदी, अंजना संधीर या प्रसारक थे–उमेश अग्निहोत्री, गौतम सचदेव, नरेश भारतीय इत्यादि।

न्यूयॉर्क, विश्व हिन्दी सम्मेलन, सम्मेलन समाचार, वर्ष 2007, पृ. 94

प्रवासी साहित्य : संस्कृतियों के अन्तर्द्वन्द्व का साहित्य

हाल में अमेरिका में लिखी हिन्दी कहानियों का संग्रह 'कथान्तर' के नाम से आया है। प्रवासी साहित्य पर चर्चा करने का यह एक प्रस्थान बिन्दु बन सकता है क्योंकि इस कहानी संग्रह में अमेरिका में इस समय के लगभग सभी चर्चित कथाकार हैं। सुषम बेदी, उमेश अग्निहोत्री, सत्यपाल आनन्द, अनिल प्रभा कुमार, सुधा ओम ढींगरा, सुदर्शन प्रियदर्शिनी, विशाखा ठाकुर आदि। यह संग्रह डॉ. धनंजय कुमार व गुलशन मधुर द्वारा सम्पादित किया गया है। संग्रह की भूमिका में आलोचक प्रभाकर श्रोत्रिय लिखते हैं–संग्रह का हर कथाकार अपनी मूल सीमाओं का अतिक्रमण ना कर पाने की संस्कार गत चेतना से जूझते हुए पश्चिमी जीवन को रच रहा है।

पिछले वर्ष साहित्य अकादेमी से हिमांशु जोशी के सम्पादन में प्रतिनिधि आप्रवासी कहानियाँ प्रकाशित हुईं। पुस्तक का लोकार्पण नामवर सिंह ने किया। इसी तरह के प्रतिनिधि संकलनों की बात करें तो ब्रिटेन के 23 कवियों का संकलन 'धरती एक पुल', 'दूर बाग में सोंधी मिट्टी' (संकलन–पद्मेश) इसी प्रकार के महत्त्वपूर्ण प्रयास थे। हिमांशु जोशी ने अपने द्वारा सम्पादित कहानी की भूमिका में प्रवासी कहानियों के इतिहास की खोज भी की और मॉरिशस में लिखी सूर्यप्रकाश भगत की कहानी 'विनाश' (1934) की पहली प्रवासी कहानी के रूप में चर्चा की गयी। अभिमन्यु अनत मॉरिशस में कहानियों को 'चीत्कारों से भरा गूँगा इतिहास' कहते हैं। हाल में ही 'वागर्थ', 'नया ज्ञानोदय', 'हंस' से लेकर हिन्दी की सभी प्रमुख पत्रिकाओं ने अपने दरवाज़े प्रवासी साहित्य के लिए खोल दिये। किसी ने विशेषांक निकाला तो किसी ने प्रवासी रचनाकारों को प्रमुखता से छापा। ऐसे में अमेरिका की सुषम बेदी, उमेश अग्निहोत्री,

विशाखा ठाकुर, अनिल प्रभा कुमार, ब्रिटेन की दिव्या माथुर, तेजेन्द्र शर्मा, उषा राजे सक्सेना, गौतम सचदेव, शैल अग्रवाल, उषा वर्मा, खाड़ी देशों के कृष्ण बिहारी मिश्र, पूर्णिमा वर्मन जैसे साहित्यकारों को व्यापक स्तर पर पाठकों तक पहुँचने का मौक़ा मिला। लोगों को पता चला कि मोहन राणा जैसा अद्‌भुत कवि भारत से बाहर भी एक के बाद एक रचनात्मक आयाम छू रहा है। डॉ. सत्येन्द्र श्रीवास्तव गुलाब खण्डेलवाल, कीर्ति चौधरी, ओंकारनाथ श्रीवास्तव आदि तो पिछले कई दशकों से लिख रहे थे परन्तु इन नये उभरते साहित्यकारों ने छिटपुट बहती बूँदों को एक धार का रुप दिया और हिन्दी साहित्य के निर्झर में अपना स्थान बनाया यहाँ तक कि सातवें विश्व हिन्दी सम्मेलन में प्रधानमन्त्री के वीडियो भाषण में प्रवासी साहित्य को विश्वविद्यालय के पाठ्यक्रम बनाने की बात रखी गयी।

हिन्दी साहित्य में एक धारा के रूप में प्रारम्भ में प्रवासी साहित्य का स्वागत नहीं हुआ। साहित्य के मठाधीशों ने ख़ूब नाक–भौं सिकोड़ी। जब दलित साहित्य और स्त्री–विमर्श सम्बन्धी साहित्य की बातें ज़ोर–शोर से की जा रही थीं तो प्रवासी साहित्य भी हिन्दी साहित्य की मुख्य धारा में जगह बनाने के लिए दरवाज़े खटखटाने लगा। भाषा में अशुद्धियाँ थीं तो कहीं व्याकरण तो कहीं लिंग और वचन गड़बड़ थे। इसका विश्लेषण करते हुए प्रभाकर श्रोत्रिय 'कथान्तर' की भूमिका में लिखते हैं–रचनात्मक संसार के लिए केवल प्रतिभा और परिश्रम ही नहीं एक रचनात्मक संसार भी चाहिए जो भाषिक परिवेश, साहित्य, समाज और प्रकाशन के अवसरों से मिलकर बनता है। साहित्य को लेकर सवाल थे कहा गया कि यह तो पश्चिमी साहित्य की नकल है परन्तु भारत से दूर नये भारत और भारतीयता की परिभाषाएँ गढ़ते साहित्यकार अपने साहित्य में अभिव्यक्ति की नवीनता, विरोधाभासी मूल्यों का सामंजस्य, नये शिल्प और नये कथ्य से साहित्य मनीषियों का ध्यान निरन्तर खींचते रहे। प्रवासी साहित्य का इतिहास काफ़ी पुराना है। नोबेल पुरस्कार विजेता वी.एस. नायपाल के पिता भी एक डायसपोरा लेखक थे। प्रारम्भ में प्रवासी साहित्य मॉरिशस त्रिनिदाद, सूरीनाम, दक्षिण अफ्रीका जैसे देशों के प्रवासियों द्वारा लिखा गया। मॉरिशस से रामदेव धुरन्धर, सूरीनाम के हरदेव महतो, फीजी के कमला प्रसाद मिश्र, दक्षिण अफ्रीका के प्रोफ़ेसर सुब्रमण्यम जैसे साहित्यकारों ने अपने–अपने देशों में अपनी जगह बनाई। परन्तु धीरे–धीरे इन देशों में नयी पीढ़ी की अभिव्यक्ति का माध्यम स्थानीय भाषा होने लगी

जो हिन्दी सम्मेलनों और अभियान में तो रही पर रचनात्मक परिदृश्य में से ग़ायब होने लगी। प्रवासियों के लिए यह समय अस्मिता की पहचान का भी है। दुनिया में भारत की बढ़ती शक्ति और सांस्कृतिक महत्त्व के चलते एक नया गौरव जन्मा है। कुँवर नारायण का मानना है कि आज हमारी जीवन दृष्टि विश्व दृष्टि से प्रभावित हो रही है, पश्चिम तो इस विश्व दृष्टि का उद्गम ही है अतः पश्चिम देशों में रह रहे भारतीय संस्कृतियों को कभी समानान्तर रूप में देखते हैं तो कभी उनके अन्तरर्द्वन्द्वों को विश्लेषित करते हैं। वही सम्बन्धों की टूटन एक प्रमुख तत्त्व है जिसके आसपास प्रवासी साहित्य रचा जा रहा है। ऐसे या वैसे भारत उनके साहित्य में थीम रूप में है। भारतीय साहित्य में प्रवासी साहित्य को सही जगह मिलनी आवश्यक है जिससे हमें दूर देशों में बसे भारतीयों के संघर्षों, दुख–सुख, आशा–निराशा, अवसाद, उत्साह व उनकी मनोवैज्ञानिक भूमिकाओं की जानकारी मिल सके। हम ग्लोबल भारतीयों को उनके मन को, उनकी संवेदनाओं को और भारत के बाहर भारतीयों के रचनात्मक इतिहास को जान सकें।

नयी दुनिया, 9 जनवरी 2011

प्रवासी साहित्य को प्रवासी साहित्य क्यों ना कहें?

बच्चा 20–25 साल का हो गया। शुरू में उसे अपना नाम अच्छा लगता था। धीरे–धीरे बड़ा हुआ तो उसकी अक्ल दाढ़ निकली। उसे अपना नाम बुरा लगने लगा। क्या वही बात प्रवासी साहित्य के साथ नहीं है? इस समय जबकि हिन्दी साहित्य की इस धारा के बलवती होने और इसके कारण से हिन्दी को वैश्विक स्तर पर समृद्ध होने की अपेक्षा की जा रही थी। वहीं पिछले कुछ वर्षों से इस धारा के नामकरण पर बहस छिड़ी हुई है। बहस कैसे शुरू हुई? किसने शुरू की? उसके कारण क्या थे? कौन से तर्क थे जिसके आधार पर इसे प्रवासी साहित्य मानने से इनकार किया जा रहा है? कौन–से कारण थे इसको प्रवासी साहित्य माना गया था। किसने माना था? कौन मानने से इनकार कर रहा है। इस बहस में यह सब सवाल मौजूं हैं कि इस शब्द का इतिहास क्या है? वर्तमान क्या है? इसको किन क्षेत्रों में स्वीकृति मिली है? भारत के बड़े साहित्यकार और आलोचक इसके बारे में क्या सोचते हैं? चूँकि वे बड़े आलोचक और नाम हैं क्या इसलिए उनकी बात मान लिया जाए? जब कई प्रवासी लेखक इसको ना मानने की ज़िद पर अड़े हुए हैं तो क्यों ना उनकी बात को मान लिया जाए। आख़िर जिनका नामकरण किया जा रहा है जब वे ही नहीं चाहते तो क्या जबर्दस्ती उनको नाम दिया जाए? क्या लेखकों से पूछ कर उनके साहित्य का वर्गीकरण किया जाना चाहिए या किया जाता रहा है? क्या पन्त जी, प्रसाद जी अपनी कविता को छायावादी कविता कहे जाने से खुश थे?

यह बहस पिछले पाँच–सात वर्षों में तेज़ हो गयी जब कुछ प्रवासी लेखकों ने साहित्य के इस वर्गीकरण से अपनी अप्रसन्नता ज़ाहिर की। उनका कहना था कि यह वर्गीकरण उनकी रचनाओं को एक दायरे में बाँधता है! उनकी रचनाओं को मुख्य धारा में स्थान नहीं देता। इस

नामकरण के कारण उन्हें दोयम दर्जे का समझा जाता है। यह भी कहा गया कि प्रवासी व्यक्ति होता है साहित्य नहीं। ये पूछा गया कि इस वर्गीकरण के क्या पैरामीटर्स या मानदंड हैं? क्या अंग्रेज़ी या अन्य भाषाओं में ऐसा वर्गीकरण है? यह सिलसिला विशेष रूप से ब्रिटेन के दो हिन्दी लेखकों ने शुरू किया तेजेन्द्र शर्मा, उषा राजे सक्सेना ने, अमेरिका की लेखिका इला प्रसाद ने भी इस विचार का समर्थन किया। ब्रिटेन के कई अन्य साहित्यकारों ने इस मुहिम का समर्थन किया जिनमें प्राण शर्मा, कादम्बरी मेहरा, महेन्द्र दवेसर जैसे लोग भी थे। यह विरोध का सिलसिला मॉरिशस, फीजी, सूरीनाम से नहीं चला। कई प्रवासी साहित्यकार मुँडेर पर जा बैठे और देखने लगे कि संख्या बल और शोर किस तरफ़ ज़्यादा है।

मैं इस बहस में वर्ष 2011 में दिल्ली हिन्दी अकादमी से प्रकाशित 'देशान्तर' के प्रकाशन को बहुत महत्त्व देता हूँ। देशान्तर के अन्तर्गत कहानियों के संकलन का सम्पादन किया तेजेन्द्र शर्मा ने और कविताओं का संकलन किया उषा राजे सक्सेना ने। इस बहस की दृष्टि से यह दोनों संकलन और इनके सम्पादकीय महत्त्वपूर्ण हैं। इन सम्पादकीयों में दो महत्त्वपूर्ण अवधारणाएँ हैं। पहला विदेशों में रहने वाले हिन्दी रचनाकारों के साहित्य को प्रवासी साहित्य कहना ठीक नहीं। दूसरी अवधारणा—नामकरण के समर्थन और विरोध से ज़्यादा महत्त्वपूर्ण है, जो विदेशों में रचे जा रहे हिन्दी साहित्य के लिए घातक है। इस संकलन को प्रवासी भारतीयों की कविताओं और कहानियों का संकलन कहा गया। परन्तु पहली बार प्रवासियों के एक संकलन से मॉरिशस, फीजी, सूरीनाम के लेखकों को ना केवल निकाला गया बल्कि उनके साहित्य को हिन्दुत्ववादी, अधकचरा, नॉस्टेल्जिया से भरा है कहने की हिमाकत भी की गयी। अपने को स्थापित करने के लिए लाखों हिन्दुस्तानियों के त्याग, तपस्या और बलिदान के इस लोमहर्षक दास्तान को अपमानित कर, गिरमिटिया साहित्य कह संकलन में नहीं छापा गया। चूँकि दोनों सम्पादकीयों की भाषा, स्वर, तेवर एक जैसे हैं। दोनों में ही डायसपोरा देशों के साहित्यकारों को शामिल नहीं किया गया इसलिए मैं मुक्तिबोध की भाषा में इसे (साहित्यिक) अपराधियों का संयुक्त परिवार मानता हूँ। उषा राजे सक्सेना और तेजेन्द्र शर्मा ने इन सम्पादकीयों में किस प्रकार के तर्क दिये हैं, उनको जानना ज़रूरी है। कविता संकलन के सम्पादन में उषा राजे सक्सेना लिखती हैं, 'विदेशों में लिखे जा रहे साहित्य को भारत के कई बड़े विद्वानों ने बिना पढ़े

और अध्ययन किये उसे हिन्दुत्ववादी, अधकचरा और नॉस्टेल्जिक लेखन कहकर खारिज किया है। ऐसे ही मनोवृत्ति वाले साहित्यकारों ने ब्रिटेन, अमेरिका और खाड़ी देशों के साहित्य को 'प्रवासी साहित्य' के खाँचे में डालकर उसे मुख्य धारा के साहित्य से काट दिया है। इसलिए भारत के आलोचक और साहित्यकार विदेशों में लिखे जा रहे साहित्य को पढ़ने से पूर्व ही उसे नकारात्मक विशेषणों से विभूषित कर, दोयम दर्जे का प्रमाणित कर उसका अवमूल्यन कर देते हैं।' (पृ. 20, देशान्तर, प्रवासी भारतीयों की कविताएँ)

दूसरी उनकी शिकायत यह है कि 'प्रवासी साहित्य' के नाम पर गिरमिटिया साहित्य के आधार पर आकलन किया जाता है। हिन्दुत्ववादी, नॉस्टेल्जिक या अधकचरा कहने का आधार वही गिरमिटिया साहित्य है (उषा राजे की शिकायत यह है अमेरिका और इंगलैंड के साहित्य को ऐसा कहना गलत है उन्हें मॉरिशस इत्यादि देशों के साहित्य को हिन्दुत्ववादी, नॉस्टेल्जिक या अधकचरा जैसे विशेषण देने में कोई बुराई नहीं लगती) निष्कर्ष यह है कि ऐसे पंडित हिन्दी साहित्य की अजस्र धारा को खंडित कर रहे हैं। (पृ. 21, देशान्तर, प्रवासी भारतीयों की कविताएँ)

वे हिन्दी के ऐसे लेखकों, संकलकों और आलोचकों पर हमला करती हैं जो प्रवासी साहित्य के नाम का दोहन कर ख़ुद को स्थापित कर रहे हैं। वे कहती हैं कि धरती पर या चाँद या बृहस्पति ग्रह पर भी हिन्दी में लिखा जाए तो वह रहेगा हिन्दी साहित्य ही। विदेशो में लिखे जा रहे साहित्य को प्रवासी कहना उसे दोयम दर्जे का प्रमाणित करना है, वह एक षड्यन्त्र (ख़तरनाक) है। वे लिखती हैं–

'कई ऐसे लेखक, संकलक और आलोचक भी हैं जिन्होंने 'प्रवासी साहित्य' नाम का दोहन कर ख़ुद को स्थापित किया है। हिन्दी में लिखा साहित्य चाहे अमेरिका या जापान में रचा गया हो, चाहे चाँद, और बृहस्पति ग्रह पर, रहेगा वह हिन्दी साहित्य ही। 'प्रवासी साहित्य' कह कर विदेशों में लिखे जा रहे साहित्य को दोयम दर्जे का प्रमाणित करने का जो प्रयास हो रहा है उसे मैं षड्यन्त्र मानती हूँ और ऐसे षड्यन्त्र मान्यताओं से हिन्दी साहित्य का भविष्य में अहित ही होगा।' (पृ. 24, देशान्तर, प्रवासी भारतीयों की कविताएँ)

अपनी बात को स्पष्ट करने के लिए वे कहती हैं कि व्यक्ति प्रवासी होता है। साहित्य प्रवासी नहीं होता। कहीं भी लिखा जा रहा साहित्य

हिन्दी का साहित्य है, मुख्य धारा का साहित्य है। (हाय यही तो दुखती रग है)

'वे इस संकलन में फीजी, सूरीनाम, मॉरिशस इत्यादि के कवियों को शामिल ना करने के तीन कारण बताती हैं। एक तो यह कि मुझे पृष्ठों की सीमा मिली हुई है, दूसरा इन कवियों के अनगिनत (इस शब्द पर ध्यान दीजिए) सरकारी और गैर–सरकारी संकलन प्रकाशित हो चुके हैं, तीसरा सूरीनाम, मारिशस आदि देशों के लेखकों की पहचान बन चुकी है।' (पृ. 22, वही)

पर इन कवियों की ब्रिटेन और अमेरिका के कवियों की भिन्नता को रेखांकित करते हुए वे लिखती हैं–'वर्तमान में अमेरिका, इंगलैंड और खाड़ी आदि देशों में बसे हिन्दी के रचनाकार मॉरिशस आदि के कवियों और लेखकों से भिन्न भाव, विचार और दर्शन, छन्द, मुक्तछन्द, ग़ज़ल–गीत, कहानियों, उपन्यासों और न जाने कितनी और विधाओं में उत्कृष्ट लेखन प्रस्तुत कर रहे हैं।' (पृ. 23, वही) (सारा ज़ोर भिन्नता और अपनी श्रेष्ठता रेखांकित करने पर है)

तो मित्रो उनकी प्रमुख अवधारणाएँ और आशयों का विश्लेषण करें तो यह बात सामने आती हैं। हिन्दी के कुछ आलोचक प्रवासी साहित्य को हिन्दुत्ववादी, नॉस्टेल्जिक और अधकचरा बता रहे हैं। वे मानती हैं कि ब्रिटेन, अमेरिका और खाड़ी के देशों के साहित्य के साथ एक षड्यन्त्र किया जा रहा है जिसके तहत इन देशों के साहित्य को प्रवासी साहित्य कहा जा रहा है। इसे दोयम दर्जे का माना जा रहा है। हिन्दी साहित्य में वर्गीकरण की कोई आवश्यकता नहीं चाहे वह चाँद पर लिखा जाए या बृहस्पति ग्रह पर। (यह तर्क यूँ भी बढ़ाया जा सकता है कि चाहे स्वादिष्ट मिर्च मसालों पर लिखा जाए या सुकरात, कन्फूशियस के दर्शन पर, बात एक ही है)। प्रवासी साहित्य के नाम का हिन्दी के कुछ लेखक, संकलक, सम्पादक आदि कुछ लोग दोहन कर रहे हैं। महत्त्वपूर्ण यह है कि वे ब्रिटेन, अमेरिका और खाड़ी के देशों में लिखे साहित्य को मॉरिशस, फीजी या सूरीनाम के साहित्य के साथ नहीं जोड़ना चाहतीं। उनके विचार से प्रवासी साहित्य को हिन्दुत्ववादी, अधकचरा और नॉस्टेल्जिया से भरा विशेषण दिये गये हैं वह इन देशों के साहित्य पर तो सही बैठता है। पर ब्रिटेन, अमेरिका और खाड़ी के देशों के साहित्य पर सटीक नहीं बैठता।

कुछ लोगों को ऐसा लगता है कि हिन्दी साहित्य से जुड़े लोगों की स्मृति नहीं है। चलिए पहले बात करते हैं विदेशों में रचे जा रहे हिन्दी साहित्य के नामकरण की। हमें उषा राजे के पुराने संकलनों में जाना होगा और साहित्य, उसके नामकरण, उसकी प्रवृत्तियों के सम्बन्ध में उनके और उनके साहित्य के प्रस्तोताओं के विचारों और लेखों को खँगालना होगा।

ब्रिटेन के कहानीकारों का पहला संकलन 'मिट्टी की सुगन्ध' उषा राजे के सम्पादन में 1999 में प्रकाशित हुआ। इस संकलन की भूमिका डॉ. रामदरश मिश्र ने लिखी है। वे लिखते हैं, मैंने कहानी के जिस वैशिष्ट्य की बात की है वह वैशिष्ट्य है कहानी की ज़मीन का आयाम... (यानी प्रवासी ज़मीन (थीम/कथानक) पर लिखी गयी कहानियाँ)

कहानी संकलन की भूमिका में पुस्तक के प्रकाशन का विचार कहाँ से आया इस सम्बन्ध में उषा राजे लिखती हैं–'कहानीकार डॉ. कमल कुमार ने कहा आप प्रवासी भारतीयों का एक संकलन क्यों नहीं निकालती हैं?' प्रस्तुत संकलन की तकरीबन सभी कहानियाँ प्रवासियों के जीवन संघर्ष, अनुभव एवं ऊहापोह की दास्तान है।' ....(कहानियाँ) प्रवासी भारतीयों की आन्तरिक संवेदनाओं एवं अनुभवों की सघन अभिव्यक्तियाँ हैं। ...प्रवासी कथाकारों द्वारा रची गयी ये कहानियाँ मर्मस्पर्शी तो हैं ही, साथ ही इनमें शैलीगत विविधता भी है।

प्रवास शब्द से उनका प्रेम इतना अधिक था कि अपने अगले संकलन का नाम रखा 'प्रवास में'। शीर्षक यात्रा में, सफ़र में जैसे मिलते–जुलते शब्द या किसी कहानी के शीर्षक के आधार पर रखा जा सकता था। परन्तु उन्हें लगा कि 'प्रवास में' शीर्षक रख भुनाना ज़्यादा ठीक होगा क्योंकि उस समय तो प्रवास शब्द बिक रहा था। इस संकलन की भूमिका में वे अपनी रचना प्रक्रिया के बारे में स्वयं को प्रवासी लेखक मानते हुए लिखती हैं–'प्रवासी लेखक अपने घर–परिवार, देश और मिट्टी से अलग होकर एक अन्य देशकाल और परिवेश में चला जाता है। वहाँ उसके नये संस्कार बनते हैं, नये दृष्टिकोण बनते हैं। माहौल बदल जाने से उसकी ज़िन्दगी में बहुत–सी पेचीदगियाँ आ जाती हैं। उसकी मान्यताएँ बदलने लग जाती हैं। यहीं द्वन्द्व का प्रारम्भ होता है। और यहीं मेरी कहानियाँ जन्म लेती हैं...' प्रवासी भारतीय, प्रवासी कथाकार, प्रवासी लेखक यह शब्द उन्हीं के द्वारा प्रयुक्त हैं। पुस्तक की भूमिका में वे स्वयं को प्रवासी लेखक

और एक प्रवासी लेखक के रूप में प्रवासी लेखक की रचना प्रक्रिया के बारे में बता रही हैं।

यह ब्रिटेन के कहानीकारों का पहला कहानी संकलन था। वर्ष था 1999। वैसे यहाँ यह बताना भी मुनासिब होगा कि जिस नॉस्टेल्जिया को यह लोग दुत्कारते हैं, गालियाँ देते हैं। इस संकलन के शीर्षक में वही नॉस्टेल्जिया है। चलिए अब आपको ब्रिटेन से अमेरिका ले जाते हैं। डॉ. अंजना संधीर ने 'प्रवासिनी के बोल' काव्य संकलन का सम्पादन किया है। वे संकलन की भूमिका में लिखती हैं–

'इस दौरान खाली बैठे–बैठे सोचा कि अमेरिका के हिन्दी कवियों का एक संग्रह प्रकाशित किया जाए। दो साल की खोज के बाद सन् 1997 में 'प्रवासी हस्ताक्षर' का जन्म हुआ। जिसमें पहली बार परिचय सहित अमेरिका के 22 कवियों की कविताओं का सम्पादन व प्रकाशन व्यक्तिगत तौर पर मैंने किया। ...मैंने अविश्वास में विश्वास का एक बीज बोया जिसका एक मीठा फल प्रस्तुत संग्रह 'प्रवासिनी के बोल' भी है। 'प्रवासी हस्ताक्षर' की सफलता ने लोगों को मेरे साथ जोड़ा। मेरे द्वारा प्रस्तुत इन संग्रहों के सुखद परिणाम ये आये कि भारत में प्रवासी साहित्य पर सक्रिय विचार होने लगा। –अब तक प्रवासी साहित्य में भी अमेरिकी हिन्दी रचनाकारों के बारे में इतना ध्यान नहीं दिया गया था। अमेरिका में इस ओर यहाँ के लोगों ने ध्यान दिया।' यहाँ यह ध्यान रखने योग्य बात है कि 'प्रवासिनी के बोल' में अमेरिका की 81 कवयित्रियों की 324 कविताएँ संकलित हैं। अंजना जी की निष्ठा और साहित्य प्रेम प्रशंसनीय है। ना ही उन्होंने अपनी मान्यताओं को समय और अवसर के चलते बदलने की कोशिश की।

मैंने ऊपर विशेष रूप से प्रवासी संकलनों की बात की क्योंकि वह लेखकों का समवेत प्रकाशन होता है। उसे क्षेत्र विशेष के लेखकों का प्रतिनिधि स्वर माना जा सकता है। चलिए बात करते हैं अमेरिका से प्रकाशित अत्यन्त महत्त्वपूर्ण संकलन 'दिशान्तर' की। इसका प्रकाशन वर्ष 2002 है। यह अमेरिका के रचनाकारों का संकलन है। जिसका सम्पादन धनंजय कुमार, गुलशन मधुर और मधु माहेश्वरी ने किया। इसमें रचनाओं के चयन की प्रक्रिया के बारे में फ्लैप पर लिखा हुआ है–'दिशान्तर' प्रवासी हिन्दी साहित्य का अनूठा संग्रह है (तब इतने अजीबोगरीब तर्क नहीं दिये जा रहे थे कि हम हैं तो प्रवासी लेखक पर हमारा साहित्य प्रवासी साहित्य

नहीं है।) अमेरिका के 26 वरिष्ठ और सम्मानित लेखकों की चुनी हुई रचनाएँ प्रस्तुत हैं। कविताओं के अतिरिक्त कहानियाँ, लेख, व्यंग्य आदि प्रवासी हिन्दी साहित्य का सार्थक प्रतिनिधित्व करते हैं।' इसमें रचनाओं के चयन की प्रक्रिया के बारे में सम्पादक मंडल लिखता है–'संकलन के लिए किये गये चयन में जिन बातों पर विशेष तवज्जो दी गयी, उनकी चर्चा। एक दृष्टिकोण यह भी था कि विदेश में बसे भारतीयों की रचनाएँ, उनके विदेश के अनुभव पर आधारित होनी चाहिए यानी उनमें वो कृतियाँ शामिल नहीं की जानी चाहिए, जो या तो उनके प्रवास के पहले की हों, या फिर इतनी अधिक व्यक्तिगत हों कि उनमें, उनके प्रवास का अनुभव का प्रतिबिम्बन ना होता हो।'

यहाँ हमने ब्रिटेन और अमेरिका से प्रकाशित संकलनों की बात की जिनमें सामूहिक स्तर पर रचनाकारों की भागीदारी थी। मिट्टी की सुगन्ध, प्रवास में, प्रवासी हस्ताक्षर, प्रवासिनी के बोल यह नाम भारत के सम्पादकों ने नहीं दिये। प्रवासी लेखक, प्रवासी कथाकार, प्रवासी साहित्य, प्रवासी अनुभव, प्रवासी जीवन यह शब्द इन संकलनों के सम्पादकों ने दिये। जिसमें वरिष्ठ से लेकर युवा सभी रचनाकार शामिल थे। जिनमें उषा प्रियंवदा भी हैं, तो सुधा ओम ढींगरा भी। यह कौन–सा षड्यन्त्र था? कौन सी साजिश थी? अगर साजिश या षड्यन्त्र था तो क्या यह सब प्रवासी साहित्यकार कर रहे थे। इन किताबों का सम्पादन कमलेश्वर, राजेन्द्र यादव, कन्हैयालाल नन्दन, हिमांशु जोशी, कमल किशोर गोयनका, चित्रा मुद्गल, प्रभाकर श्रोत्रिय, अनिल जोशी ने नहीं किया। यह तो उषा राजे, डॉ. अंजना संधीर, डॉ. धनंजय, गुलशन मधुर, मधु माहेश्वरी ने किया जिसमें अमेरिका और इंगलैंड के लगभग 150 रचनाकारों की भागीदारी है।

बात साफ़ है कि तत्कालीन लेखन में प्रवासी लेखक, प्रवासी साहित्य, प्रवासी अनुभव, प्रवासी जीवन जैसे शब्दों का प्रचुरता से इस्तेमाल हुआ और यही रामदरश मिश्र द्वारा कही गयी विशिष्ट ज़मीन थी जिस पर इन रचनाकारों के रचनात्मक जीवन ने अपने पंख पसारे।

अब बात करते हैं 'देशान्तर' की (प्रवासी भारतीयों की कहानियों का संकलन) के सम्बन्ध में तेजेन्द्र शर्मा के सम्पादकीय की। वे लिखते हैं–

'भारत में जब कभी भी भारतवंशियों या प्रवासी हिन्दी साहित्यकारों की बात की जाती है तो मॉरिशस, सूरीनाम, फीजी और त्रिनिदाद तक सीमित हो जाती है। उनका जहाज़ों पर लदकर जाना, एक सौ पचास साल का

संघर्ष, गन्ने की मज़दूरी अब लगभग रोमांटिक सा असर करने लगे हैं। इस आरक्षण कोटे में आहिस्ता–आहिस्ता अमेरिका, ब्रिटेन, यूरोप, खाड़ी देशों और अन्य देशों के लेखकों को भी शामिल कर लिया गया है। अब कभी–कभी उनके लेखन के बारे में चर्चा होने लगी है। ले–देकर अभिमन्यु अनत, शबनम या चन्द और नाम लेकर बात समाप्त कर दी जाती है।' (इसमें डायसपोरा के देशों में लिखे साहित्य के प्रति उनका नकारात्मक दृष्टिकोण उभर कर आता है)

'सच तो यह है कि पश्चिम देशों के हिन्दी लेखकों को प्रवासी–लेखक कहना भी उचित नहीं है। ये वो लोग हैं जो पढ़े–लिखे हैं, आर्थिक रूप से सक्षम हैं, अपनी मर्ज़ी से विदेश में बसने गये हैं। इनके लिए भारत कोई तीर्थ स्थान नहीं है। ये लोग वैसे ही हैं जैसे कोई यू.पी या बिहार से दिल्ली या मुम्बई काम के सिलसिले में जाता है और वहीं बस जाता है।

उनके साक्षात्कार की एक किताब है जिसका नाम है 'बातें'। शायद वह समझते हैं बाते हैं बातों का क्या? या आप यह भी कह सकते हैं वह बात का बतंगड़ बनाना बहुत अच्छी तरह जानते हैं। उनकी पुस्तक से कुछ कन्फ्यूस (करने वाली) बानगियों का ज़िक्र करते हैं–

प्रश्न : *प्रवासी साहित्य की अवधारणा को आप आज खारिज कर रहे हैं क्यों?*

उत्तर : अगर मैं लुधियाना से माइग्रेट करके दिल्ली में आकर लिखता हूँ, दिल्ली से मुम्बई जाता हूँ तो वह हिन्दी साहित्य के घेरे में हो जाता है परन्तु मुम्बई से लन्दन मेरे साहित्य को प्रवासी के दायरे में बाँध दिया जाता है।... यह भेदभाव विदेश के साथ क्यों? किसी समाजशास्त्री, विद्वान, लेखक को लुधियाना और लन्दन का अन्तर समझाने की ज़रूरत है! हाँ, लुधियाना और लन्दन में तुक की तो समानता है इसके अलावा सामाजिक, सांस्कृतिक, राजनीतिक, पारिवारिक जीवन की भिन्नता सर्वविदित है। अपनी पुस्तक 'बातें' में वे एक जगह कहते हैं–जिन मुल्कों में सब्ज़ी भाजी भी अंग्रेज़ी में खरीदनी होती है, वहाँ साहित्य रचना आसान नहीं, (पृ. 40) (ऐसा नहीं कि तेजेन्द्र शर्मा लुधियाना और लन्दन का अन्तर नहीं जानते। सुषम बेदी, गौतम सचदेव, सत्येन्द्र श्रीवास्तव के लेखन को उठाइए और भारत और प्रवासी होने के बाद के साहित्य को रेखांकित कीजिए। कैसे 'एक और आत्मसमर्पण' जैसे छायावादी कविताओं के लेखक गौतम सचदेव बिल्कुल आधुनिक मुहावरों में बात करना शुरू करते हैं और ब्रिटेन

के सर्वश्रेष्ठ कहानीकार हो जाते हैं)... मैं चाहूँगा कि विदेशों में रचे जा रहे हिन्दी साहित्य को साहित्य ही माना जाए और प्रवासी जैसा ठप्पा ना लगाया जाए। (पृ. 19, अजय नावरिया से बातचीत)।

प्रश्न : *प्रवासी साहित्य शब्द पर आपको एतराज़ है तो आप इसे क्या नाम देना चाहेंगे?*

उत्तर : हिन्दी साहित्य (पृ. 23) (क्या मौलिक उत्तर है)

डायसपोरा के साहित्य को प्रवासी कह कर किसी षड्यन्त्र के तहत हाशिए पर ना डाला जाए (पृ. 34)

....एक सवाल मेरे मन में उठता रहा है कि प्रवासी साहित्य सिर्फ़ हिन्दी में ही क्यों होता है? अंग्रेज़ी में ऐसा नहीं है। भारत में अंग्रेज़ी साहित्य बहुत लिखा गया, लेकिन उसे प्रवासी साहित्य नहीं कहा जाता है। (पृ. 80, निर्मला भुराड़िया से बातचीत)

प्रश्न : *तेजेन्द्र जी, प्रवासी हिन्दी साहित्य एक मिथ है या सच्चाई, इसे लेकर हिन्दी समाज में जो धुन्ध फैली हुई है, उसे आप किस तरह से देखते हैं?*

उत्तर : देखिए जिसे प्रवासी साहित्य कहा जाता है, वह एक सच्चाई है लेकिन जो एक नाम है, वह एक मिथ है...साहित्य को इस तरह से ठप्पा नहीं लगाया जा सकता है कि वह प्रवासी है, वह महिला है, वह दलित है।... यह एक तरह का षड्यन्त्र है कि हम लोगों को हाशिए पर डाल दिया जाए। ...मैं इस बात को कदापि स्वीकार नहीं करूँगा आप हिन्दी साहित्य को इस तरह से बाँट दें कि वह लोगों तक पहुँच ही ना सके। (क्या तेवर हैं।)

क्या दुनिया की किसी भी और भाषा में प्रवासी साहित्य पाया जाता है? ...विदेशों में लिखे जा रहे हिन्दी साहित्य को सीधा–सादा हिन्दी साहित्य मानने में क्या अड़चन है? दरअसल, हिन्दी साहित्य पहले ही खाँचों में बँटा हुआ है–कहीं स्त्री लेखन है तो कहीं दलित लेखन। (हिन्दी के आलोचक इन्हें बताएँ कि भारत में दलित आन्दोलन और स्त्री मुक्ति की लम्बी लड़ाई को विशेष स्थान देना क्यों ज़रूरी है।) अब यह प्रवासी साहित्य का शोशा। (पृ. 99, प्रीत अरोड़ा से बातचीत)

प्रश्न : *(आपने कहा) 'अब प्रवासी साहित्य जैसी नारेबाजियाँ सुनने को मिलती रही हैं।' अगर यह नारेबाजी है तो आप यह प्रवासी सम्मेलन क्यों करवाते हैं? यह विरोधाभास क्यों है?*

उत्तर : इधर कुछ प्रवासी लेखकों ने नारेबाजी शुरू की है कि हमें प्रवासी लेखक ना कहा जाए। उनका कहना है कि वे हिन्दी के लेखक हैं प्रवासी लेखक नहीं है। (एकाएक तेजेन्द्र शर्मा कर्ता से द्रष्टा हो गये) (बातें, पृ. 23) पर वह ख़ुद ही सब विरोधाभासी बातें कह रहे हैं, वो समझते हैं किसी को अलग–अलग समय पर कही विरोधाभासी बातें पढ़ने का समय नहीं है। मगर उनकी रचनाएँ प्रवासी विशेषांकों में देखी जा सकती हैं। सच्चाई तो यह है कि विदेशों में बसे लेखक प्रवासी हैं और लेखक तो वे हैं ही। अतः उन्हें प्रवासी लेखक कहने में कोई हर्ज नहीं है। (पृ. 113, बातें) क्या इनसे कन्फ्यूस कोई आलोचक हो सकता है, कई साल तक इस प्रवासी नाम में परिवर्तन का अभियान चला ये अन्य लेखकों (उषा राजे सक्सेना) पर इस सोच का आरोप लगा चुपचाप पतली गली से निकल जाते हैं। वे आगे कहते हैं 'आज सरकार ने प्रवासी मन्त्रालय बना दिया है, प्रवासी दिवस जनवरी में मनाया जाता है, विश्वविद्यालयों ने प्रवासी साहित्य के विभाग खोल दिये हैं। प्रवासी साहित्य पढ़ाया जा रहा है और उस पर शोध भी हो रहा है। समस्या तब होती है जब हमारे साहित्य को प्रवासी साहित्य कह कर हाशिये पर डालने का षड्यन्त्र रचा जाता है। यानी कि हमारे नाम कभी भी मुख्य धारा के लेखकों के साथ नहीं लिए जाएँगे।' (हाय–हाय, यही तो है व्यथा) पृ. 112

तो मित्रो! यही है प्रवासी साहित्य को प्रवासी साहित्य नहीं मानने वाले महत्त्वाकांक्षी लेखकों की व्यथा।

आइए, अब इनकी असली समस्या के बारे में बात की जाए। वह है अपने नाम मुख्य धारा के साहित्यकारों के साथ नहीं आने की समस्या। यही है जड़।

'हमें मुख्य धारा का हिस्सा इसलिए नहीं माना जाता कि बिना पढ़े हमारे लेखकों को दोयम दर्जे का लेखक मान लिया जाता है...अपेक्षाकृत हल्का लेखन लिखने के बावजूद भारत के हिन्दी साहित्यकार मुख्य धारा का हिस्सा हैं तो बाहर के साहित्यकारों से यह परहेज क्यों? सच तो यह है कि एक भी विदेशी हिन्दी साहित्यकार को गम्भीर लेखक नहीं जानता। सब के साथ कहीं न कहीं किन्तु, परन्तु लगा रहता है।' (पृ. 19, 20 बातें)

'मैंने पहले भी कहा था कि मुख्य धारा ने पहले कविता का मंच खोया अब प्रवासी लेखकों को भी खो देगी। जब मुख्य धारा हमारी परवाह नहीं करेगी तो जो हमारी परवाह करेगा हम उसके साथ चले जाएँगे। (मैं ये

सोचकर उसके दर से उठा था कि आवाज़ देकर बुला लेगी मुख्य धारा) (पृ. 30, अजित राय से बातचीत) उनकी इतनी भर ख़्वाहिश है कि उन्हें बस हिन्दी की मुख्य धारा में एक साधारण नागरिक की तरह स्वीकारा जाए। क्या यह एक स्वाभाविक इच्छा नहीं है? (स्वाभाविक इच्छा है यदि वे इसके लिए स्वाभाविक रास्तों का इस्तेमाल करें। साहित्य के पैमानों से मनमर्ज़ी की तोड़फोड़ ना करें) (तेजेन्द्र शर्मा–वक़्त के आईने में, अजित राय, पृ. 361)

यहाँ यह भी प्रासंगिक है कि हम हिन्दी साहित्य को देखने की तेजेन्द्र शर्मा की दृष्टि को समझ लें–

लगभग तीन दशकों से भारत में हिन्दी साहित्य केवल दो लोगों को ध्यान में रख कर लिखा जाता है–नामवर सिंह और राजेन्द्र यादव। पाठक के बारे में लेखक नहीं सोचता। मुझे लगता है कि शायद इसी कारण से हिन्दी साहित्य के पाठक सिरे से गायब हो गये हैं। (तेजेन्द्र शर्मा से कालूलाल कुल्मी की बातचीत, पृ. 35) हम देख रहे हैं कि किसी खास विचारधारा के कारण पाठक हिन्दी साहित्य से दूर होते चले गये हैं। (पृ. 52, हरि भटनागर से बातचीत) कोई भी व्यक्ति उनकी साफ़ बयानी से प्रभावित हो सकता है। उनके क्रान्तिकारी तेवरों की प्रशंसा कर सकता है अगर वह नहीं जानता कि पिछले दस वर्षों में शायद ही तेजेन्द्र शर्मा ने दिल्ली और भारत में कोई कार्यक्रम आयोजित किया हो जिसमें इन दोनों महानुभावों में से एक उपस्थित नहीं रहा हो (जिनके कारण वे कहते हैं कि लोगों ने हिन्दी साहित्य पढ़ना छोड़ दिया, उनकी गोदी में जबर्दस्ती बैठने की कोशिश नहीं की। ऐसे बहुत से आयोजनों में मैं व्यक्तिगत रूप से उपस्थित रहा हूँ।)

जिस राजेन्द्र यादव को हिन्दी साहित्य को एक खास विचारधारा का प्रचार करने वाला कह लतियाते हैं। उसी पुस्तक में वे लिखते हैं–'हमने हिन्दी के सबसे महत्त्वपूर्ण आदमी (राजेन्द्र यादव) को वहाँ बैठाकर उनको प्रवासी साहित्य से परिचित करा दिया।' (पृ. 90, बातें, साधना अग्रवाल से बातचीत) (अरे एक पुस्तक के पृ. 52 पर आप जिस राजेन्द्र यादव को हिन्दी साहित्य को अधोगति में पहुँचाने वाला कह रहे हैं। उसी को आप दूसरी जगह सबसे महत्त्वपूर्ण व्यक्ति कह रहे हैं। यह विरोधाभास क्यों?)

यानी कि नामवर सिंह और राजेन्द्र यादव को रिझाने के लिए आपने कोई कसर नहीं छोड़ी। यह बात गोष्ठियों और वैचारिक विमर्श तक ही

सीमित रहती तो भी शुक्र होता। लोग तो शायद हिन्दी साहित्य के इन दो नक्षत्रों की ओर कभी–कभी देखते थे। तेजेन्द्र ने देखा तो आँख भी ना झपकी। उनका लेखन हंसमय हो गया। उनकी कहानी 'कल फिर आना' ऐसे ही विकृत सेक्स की कहानी है जिसे हंस जैसी पत्रिकाओं की विशेष माँग पर लिखा गया था।

अब आप देख सकते हैं कि महत्त्वाकांक्षाएँ और अवसरवाद किस तरह से प्रवासी साहित्य जैसे सरल शब्द से खिलवाड़ कर रहा है। और साहित्य में क्रान्तिकारी तेवर दिखाने वाले किस तरह से पूरी शिद्दत से पतली गली से तथाकथित मुख्य धारा में नाम लिखवाने के लिए गठजोड़ करने, और मसीहाओं की अपेक्षाओं के अनुसार लिखने और छपने के लिए किसी हद तक जाने के लिए तैयार हैं।

तेजेन्द्र शर्मा और उषा राजे के वक्तव्यों में आपको विरोधाभास लग रहा होगा। मुझे तो नहीं लगता। साहित्य को कैरियर की तरह समझने वाले ये लेखक या लेखिकाएँ प्रवासी साहित्य नाम की सीढ़ी से एक स्तर तक पहुँचे। पर जब उन्हें लगा कि इस सीढ़ी से वे इस सीमा से आगे नहीं जा सकते तो उन्होंने विरोध का रास्ता पकड़ा और प्रवासी साहित्य को प्रवासी साहित्य कहने वालों को गरियाने लगे। तेजेन्द्र शर्मा अन्य प्रवासी साहित्यकारों को दोष देते हैं कि वे क्यों प्रवासी साहित्य का विरोध करने के बावजूद प्रवासी विशेषांक में छपते हैं। परन्तु उन्हें क्या मजबूरी थी कि उन्होंने यमुना नगर और मुम्बई में सभी सम्मेलन प्रवासी सम्मेलन के नाम से किये। फिर क्यों इस शब्द के प्रयोग को एक बड़ा षड्यन्त्र बताने लगे। साहित्य की विराटता के बहाने साहित्य के स्वाभाविक और सहज वर्गीकरण को झुठलाने लगे।

स्पष्ट है कि प्रवासी हस्ताक्षर, प्रवासनी के बोल, प्रवास में, मिट्टी की सुगन्ध में प्रवासी साहित्य की विशिष्ट ज़मीन और दिशान्तर में केवल प्रवासी अनुभव छापने की बात कर ब्रिटेन और अमेरिका के हिन्दी साहित्यकारों ने इस शब्द को प्रचलित किया। इस सदी के पहले दशक में सिंघवी जी की अध्यक्षता में भारतीय डायसपोरा पर बनी कमेटी की सिफ़ारिशों के आधार पर भारत में आप्रवासी मन्त्रालय की स्थापना हुई। ज़ोर–शोर से प्रवासी सम्मेलन मनाया जाने लगा। प्रवासी साहित्य पर शोध होने लगे। प्रवासी विशेषांक धड़ल्ले से छपने लगे। साहित्य अकादमी ने प्रवासी सम्मेलन किया। प्रवासी मंच की स्थापना की। नामवर सिंह की

पहल पर हिमांशु जोशी ने आप्रवासी कहानियों का संकलन निकाला। असग़र वजाहत ने प्रवासी महाविशेषांक निकाला तो धीरे–धीरे प्रवासी शब्द स्थापित हो गया। यह अगर अभियान था तो इसे ब्रिटेन और अमेरिका के इन्हीं हिन्दी लेखकों का शुरू किया अभियान था। और षड्यन्त्र था इन्हीं लोगों का। आज यही लोग इस नाम का विरोध कर रहे हैं। आप क्या चाहते हैं कि साहित्य का वर्गीकरण आपके दिशानिर्देशों और आपके साहित्यिक कैरियर की आवश्यकताओं को ध्यान में रख कर करें। साहित्य की विषयवस्तु, उसके सरोकार, उसका वातावरण, उसकी बुनावट देख कर ना करें बल्कि आपको सिद्धान्त कहाँ फायदा दे रहा है कल कौन–सा देगा इस आधार पर करें। यह वैचारिक संघर्ष नहीं है। यह अवसरवाद की रोटी पर सिद्धान्तों को सेंकना है। किसने प्रवासी साहित्य शब्द का दोहन किया? कौन उनका ठेकेदार बन रहा है? प्रवासी साहित्य नाम अमेरिका और ब्रिटेन के इन्हीं स्वनामधन्य लोगों ने दिया। ये नाम राजेन्द्र यादव, चित्रा मुद्गल, संजीव, कमल किशोर गोयनका ने नहीं दिया। अब यह उसका प्रयोग करने वालों को दुत्कारने पर तुले हुए हैं।

इन्हें तथाकथित मुख्य धारा और उससे जुड़े आलोचकों की चिन्ता रहती है। इनका मानना है कि पूरा हिन्दी साहित्य स्थितियों और घटनाओं की तरफ़ देख कर नहीं लिखता है। बल्कि नामवर सिंह और राजेन्द्र यादव की तरफ़ देखकर लिखता है। तो इनकी सन्तुष्टि के लिए यह जानना ज़रूरी है कि इस विषय पर इन दोनों की क्या राय थी। हिमांशु जोशी के संकलन 'आप्रवासी कहानियाँ' के लोकार्पण के अवसर पर यह बताया गया कि इस किताब को छापने की पहल नामवर जी ने की थी। नामवर जी उस दिन बहुत लम्बे समय तक पुस्तक की ज़्यादातर कहानियों के बारे में बोले। तो प्रवासी साहित्य को साहित्य अकादेमी प्रवासी साहित्य के रूप में प्रकाशित करने में नामवर जी की विशेष भूमिका रही है। उन्होंने जापान के लक्ष्मीधर मालवीय की कहानी की विशेष रूप से चर्चा की। एक मजेदार घटना प्रवासी साहित्य के नामकरण को लेकर राजेन्द्र यादव के सम्बन्ध में। इंडिया इंटरनेशनल सेंटर में 2011 में तेजेन्द्र शर्मा की पुस्तक का लोकार्पण था। स्वाभाविक रूप से राजेन्द्र यादव कार्यक्रम में मुख्य अतिथि थे। राजेन्द्र यादव उस कार्यक्रम के केन्द्रीय विषय से हटकर बार–बार प्रवासी साहित्य के नामकरण पर आ जाते क्योंकि तेजेन्द्र ने प्रवासी साहित्य के नामकरण के विरोध का अभियान चला रखा था। राजेन्द्र यादव

कुछ तर्क देते फिर गीत के स्थायी की तरह दोहराते तेजेन्द्र इसे प्रवासी साहित्य न कहें तो क्या कहें। ऐसा लगता था ख़ूब विचार करने के बाद वे इस निष्कर्ष पर पहुँचे थे कि विदेशों में लिखे जा रहे हिन्दी साहित्य का प्रवासी साहित्य के अतिरिक्त कुछ नाम नहीं हो सकता।

हिमांशु जोशी का तो संकलन ही है आप्रवासी कहानियाँ, कमल किशोर गोयनका की पुस्तक है 'हिन्दी का प्रवासी साहित्य'। असग़र वजाहत, रवीन्द्र कालिया ने प्रवासी विशेषांकों का सम्पादन किया। चित्रा मुद्‌गल, रामदरश मिश्र, कमलेश्वर, कन्हैयालाल नन्दन ने प्रवासी पुस्तकों को बहुत प्रोत्साहन दिया। कुल मिलाकर हिन्दी का कोई भी प्रतिष्ठित आलोचक, विचारक प्रवासी साहित्य नाम से इतर नाम होना चाहिए इस पक्ष में नहीं है। यानी बात साफ़ है जिन लोगों ने यह नाम स्थापित किया उन्हीं लोगों को एक समय के बाद लगा कि यह नामकरण उनकी सीमा बाँधता है और उन्हें तथाकथित 'मुख्य धारा' से नहीं जुड़ने देता तो उन्होंने अपने ही बच्चे को दूसरों का बच्चा घोषित कर उन पर अवैध बच्चा होने के आरोप लगाने शुरू कर दिये।

भाषा की दृष्टि से यह विचार करने में कोई बुराई नहीं कि यदि विदेशों में रचित हिन्दी साहित्य को और क्या कहा जा सकता है? जैसे सुझाव दिया गया है कि इसे हिन्दी साहित्य कहा जाए। इस विचार में ना कोई नवीनता है ना कोई विशिष्टता। इनमें से कुछ महानुभावों ने देशान्तर, दिशान्तर जैसे प्रयोग भी किये। पर कोई शब्द लम्बे समय तक प्रचलन में रह अपना स्थान बनाता है और इन शब्दों को आप हिन्दी में अर्थसहित बताते रहें और वर्षों के बाद सरकारी हिन्दी की तरह किताबों में रह जाए क्या कोई ऐसा चाहेगा? कई लोगों ने डायसपोरा लिटरेचर शब्द का भी प्रयोग किया। पर हिन्दी के 10 में से 9 लोग इस शब्द की संकल्पना और प्रयोग से परिचित नहीं हैं। प्रवासी साहित्य की कुछ विशेषताएँ हैं जैसे विस्थापन, नॉस्टेल्जिया, संस्कृतियों का अन्तर्द्वन्द्व यह सब केवल एक शब्द में आता है, जो सरल है, सहज है, सम्प्रेषणीय है, प्रचलन में है, और प्रवासियों का ही दिया हुआ है। इसका एक लम्बा इतिहास है। इसलिए स्वाभाविक रूप से यह प्रचलन में आया।

यहाँ यह विचार करना होगा कि इस प्रवासी साहित्य नाम का विरोध कुछ प्रवासी साहित्यकारों ने क्यों किया? कुछ रचनाकार जो प्रवासी जगत से बहुत पहले से जुड़े हुए थे, उन्होंने कुछ बिन्दुओं पर विरोध किया।

सबसे पहले बात करते हैं प्रवासी साहित्यकारों की। इनमें अलग–अलग श्रेणियाँ है जैसे सत्येन्द्र श्रीवास्तव जैसे लोग हैं जो पचास के दशक में विदेश चले गये थे। उस समय तक विदेशों में लिखा जा रहा हिन्दी साहित्य इतना प्रचुर नहीं था कि उसे अलग नाम दिया जाए। उन्होंन जब चार दशक तक का लेखन कर लिया और देश–विदेश में एक नाम बनाया तो उसके बाद इस वर्गीकरण से उन्हें ऐसा लगा कि उन्हें छोटा किया जा रहा है। दूसरी तरफ़ ऐसे लेखक हैं जिनमें रचनात्मक प्रतिभा तो है पर साहित्य के इतिहास, आलोचना शास्त्र, और इसकी विभिन्न विधाओं की उनको जानकारी नहीं है। वे कई बार इतनी भोली बातें करते हैं जैसे इंसान को मत बाँटो, साहित्य को मत बाँटो। साहित्य के वर्गीकरण की आवश्यकता क्या है? यह भोलापन वैचारिक अवधारणाओं के प्रति उनकी गैर–जानकारी और सतही ज्ञान को प्रकट करता है। दलित विमर्श, स्त्री विमर्श, आंचलिक लेखन, प्रवासी साहित्य, प्रगतिशील साहित्य, अकविता, नयी कहानी, छायावाद, उत्तर–आधुनिकवाद आदि जैसी अवधारणाएँ हिन्दी साहित्य का यथार्थ हैं। वे हिन्दी साहित्य की पूँजी हैं। उनके माध्यम से हिन्दी साहित्य की विविध लहरों, स्वरों, धाराओं को हम जान सकते हैं। एक विशेष प्रकार के साहित्य की मूल प्रेरणाओं को समझ सकते हैं और स्वायत्त रूप से या अन्य धाराओं के साथ मिलकर उनकी सार्थकता और उपादेयता की जानकारी ले सकते हैं।

देखिए, एक तर्क और है। व्यक्ति की एक आइडेंटिटी नहीं होती। उसकी एक से अधिक आइडेंटिटी होती हैं। मैं दिल्ली वाला भी हूँ और भारतीय भी। एक प्रोफेशन, क्षेत्रीयता, देश कितनी तरह की आइडेंटिटी से बनता है एक व्यक्तित्व। नयी कहानी से जुड़े होने के कारण कमलेश्वर की व्यापक मान्यता में कोई बाधा नहीं आयी। बल्कि देशव्यापी पहचान में सहायता मिली। मोहन राकेश तो नयी कहानी के कहानीकार हुए पर उनकी अमर पहचान बनी नाटकों से। उसी प्रकार प्रवासी साहित्य ने इन साहित्यकारों को बड़ा प्लेटफॉर्म दिया, भारत के आलोचकों का स्नेह मिला, आम पाठक ने नयी हवा की तरह प्रवासी बयार का स्वागत किया। उसे इनमें से कुछ लोगों ने महत्त्वाकांक्षा का औजार मात्र समझा और अपरिपक्व सोच और स्वयं को स्थापित करने की होड़ में अपने ही बनाये घरोंदे को तोड़ने में लग गये।

काफ़ी हद तक तो विवाद भारत की पत्रिकाओं ने भी बढ़ाया। कुछ

विचित्र प्रकार से साक्षात्कार लेने वाले भी थे। इन लोगों ने प्रवासी साहित्य कभी पढ़ा नहीं था। अगर इनसे कहा जाए प्रवासी साहित्य पर छह प्रश्न लिख दो तो वे नहीं बना पाएँगे। प्रवासी साहित्य से अपरिचित इन प्रश्नकर्ताओं को 'कुछ लोग प्रवासी साहित्य के नामकरण से असन्तुष्ट हैं, आपका क्या कहना है' जैसे रेटारिक सवालों को उत्तेजक बना कर पूछते रहे और उत्तरदाता तो पाले हुए साँप का नेवले की तरह ख़ून करने को तैयार ही है। आप सवाल को किस तरह फ्रेम करते हैं उस पर बहुत कुछ निर्भर करता है। इन साक्षात्कारों का सनसनी फैलाना, ख़बर बनाना मकसद ज़्यादा लगा। उदाहरण के लिए मैंने ऊपर भी लिखा कि किसी दिन तेजेन्द्र शर्मा से पूछा जाए कि प्रवासी साहित्य क्या ठीक नाम है तो वे दस तर्क देकर उसे गलत सिद्ध कर देंगे पर उनसे पूछें कि आप बताइए क्या नाम होना चाहिए तो तेजेन्द्र जी की तेज़ी समाप्त हो जाती है, उनके पास हिन्दी साहित्य के अलावा कोई उत्तर नहीं है। हिन्दी साहित्य में परिपक्व आलोचना की परिपाटी ना होने से भी इन असंयमित, महत्त्वाकांक्षी, साहित्यिक कैरियरिस्ट लोगों को अपनी रोटी सेंकने का मौक़ा मिला। पर आप किससे शिकायत करें। हर शाख पे...।

डायसपोरा साहित्य, प्रवासी साहित्य हिन्दी में ही है? अन्य भाषाओं में नहीं। यह सवाल तेजेन्द्र शर्मा ने कई बार उठाया है। आज समय बहुत तेज़ है। तेजेन्द्र से भी तेज़ एक चीज़ है गूगल। आप गूगल पर जाएँ और इमिग्रेंट्स लिटरचेर टाइप करें। अमेरिका में इमिग्रेंट्स लिटरेचर की पचास श्रेष्ठ पुस्तकों के नाम मिलेंगे। उनमें झुम्पा लहरी की पुस्तक 'इंटरप्रेटेशन ऑफ़ मेलेडीज़' भी है और उमेश अग्निहोत्री की प्रिय लेखिका भारती मुखर्जी की पुस्तक 'जैसमीन' भी। न्यूयॉर्क टाइम्स अख़बार में झुम्पा लहरी के साक्षात्कार और बहुत–सी समीक्षाएँ हैं। 'इंटरप्रेटेशन ऑफ़ मेलेडीज़' की उनकी कहानियाँ प्रवासी जीवन पर हैं। संस्कृतियों के द्वन्द्व पर हैं। ये कहानियाँ एकदम गहरे में हमारे सोच को टटोलती हैं। हमें अपने ही बारे में रोशन करती हैं। भारत और पश्चिम के बन रहे पुल की नींव में गारा मिट्टी की तरह एक होती संस्कृतियों के बारे में बताती हैं। इसी साहित्य ने उन्हें देश–विदेश में मान्यता दी। बुकर जैसा पुरस्कार दिया। वे एक इमिग्रेंट लेखक भी हैं और अंग्रेज़ी की दुनिया की प्रमुख लेखिका भी। आपकी पहचान आपके वर्गीकरण से नहीं मिलती। आपके साहित्य की गहराई से मिलती है। जर्मन में रहने वाले पूर्वी यूरोप के लेखकों का समृद्ध

इमिग्रेंट साहित्य है। उस पर बहस है। चर्चा है। शोध हैं। डायसपोरा साहित्य और इमिग्रेंट लिटरेचर विश्व साहित्य की महत्त्वपूर्ण पूँजी है।

उमेश अग्निहोत्री जैसे चिन्तक, विचारक स्वीकार करते हैं कि इंटरनेट पर इमिग्रेंट लिटरेचर विभिन्न भाषाओं में उपलब्ध है, वे सलमान रुश्दी, अर्नेस्ट हैमिंग्वे जैसे बुकर और नोबल पुरस्कार विजेताओं के सन्दर्भ में प्रवासी साहित्य के नामकरण के विरोध में तर्क देते हैं। लेकिन सलमान रुश्दी की रचना 'मिडनाइट चिल्ड्रन' इत्यादि के सम्बन्ध में प्रवासी अस्मिता एक प्रमुख तत्त्व है। पर जब वे 'सैटेनिक वर्सेस' जैसी किताब लिखते हैं तो एक विद्वान मुस्लिम के रूप में उनकी अस्मिता प्रमुख हो जाती है। मैं उमेश जी की इस अवधारणा से असहमत हूँ कि भूगोल का साहित्य पर प्रभाव महत्त्वपूर्ण नहीं है। उनका यह तर्क भी ठीक नहीं कि कुछ लोगों को ऐसा लगता है कि वे प्रवासी नाम से हाशिए पर चले जाते हैं इसलिए नाम बदला जाए। बल्कि इससे उल्टा सच है कि प्रवासी साहित्यकारों को विशेष महत्त्व दिये जाने का कारण प्रवासी होने के कारण उनके विशिष्ट अनुभव हैं। जिसका ज़ोरदार स्वागत हिन्दी भाषी समाज ने किया। जिस प्रवासी विशेषांक निकालने को वे आरक्षण मानते हैं, मैं उसे हिन्दी समाज की गर्मजोशी मानता हूँ। सच्चाई तो यह है कि प्रवासी होने के कारण इन्हें क़द मिला है। पर वह आरक्षण नहीं है। हिन्दी समाज में भी अपने बृहत्तर समाज की पीड़ा, सरोकार, सपनों को जानने की जबर्दस्त इच्छा है। कोई किसी पर एहसान नहीं कर रहा।

यहाँ एक बात महत्त्वपूर्ण है भारत के कुछ साहित्यकार प्रवासी के नाम पर आरक्षण के ख़िलाफ़ हैं। वे चाहते हैं कि प्रवासी साहित्य को उसके वस्तुतत्त्व से पहचाना जाए। ऐसे लेखक जिनकी रचनाओं में प्रवासी तत्त्व नहीं हैं उनके साहित्य को प्रवासी ना कहा जाए। प्रेम जनमेजय, सुरेश ऋतुपर्ण, अलका सिन्हा जैसे रचनाकार इस पक्ष में दिखाई देते हैं। 'दिशान्तर' के सम्पादक मंडल ने इस प्रश्न पर गहराई से विचार किया था। परिवेश से स्वतन्त्र रचनाधर्मिता की सम्भावना कवियों में ज़्यादा है, गुलाब खण्डेलवाल, हरिशंकर आदेश जैसे लोग कुछ हद तक इस श्रेणी में आते हैं, जो भौगोलिक दृष्टि से प्रवासी होते हुए भी दर्शन के स्तर पर, कुछ सीमा तक वातावरण निरपेक्ष रचना करते हैं। परन्तु छायावादी कवियों ने क्या प्रगतिशील साहित्य नहीं रचा था। एक लेखक दोहरी, तिहरी, चौहरी अस्मिताओं को जीता और अभिव्यक्त करता है। इसलिए

एक धारा का वर्गीकरण एक स्थूल आधार पर किया जाता है। वर्गीकरण में वर्गीकरण (देश इत्यादि के आधार पर) सम्भव है अगर उतनी मात्रा में साहित्य रचा जाता रहेगा।

एक विशेष बात। दोनों सम्पादकों के सम्पादकीय में बार–बार षड्यन्त्र की बात आती है पर यह नहीं बताते हैं एक षड्यन्त्र है जो वे ख़ुद कर रहे हैं। मुझे इन लोगों के मॉरिशस, सूरीनाम, फीजी के साहित्य को लेकर रवैये का विशेष दुख है।

आप जानना चाहेंगे कि कौन ऐसे नामी साहित्यकार हैं जो प्रवासी साहित्य को हिन्दुत्ववादी, नॉस्टेल्जिक या अधकचरा कह रहे थे। उत्तर सीधा है–राजेन्द्र यादव। जिनके दोनों भक्तों ने उनके वेद वाक्यों को डायसपोरा देशों के साहित्य पर चेप दिया। दुख की बात यह है कि राजेन्द्र यादव के इन सनसनीखेज वक्तव्यों को उषा राजे सच मानती हैं और मॉरिशस, सूरीनाम, फीज़ी और दक्षिण अफ्रीका में लिखे साहित्य के साथ चिपका देती हैं। उनके वक्तव्यों से स्पष्ट है कि वे मानती हैं कि प्रवासी साहित्य और साहित्यकारों पर राजेन्द्र यादव द्वारा की गयी टिप्पणी ठीक तो है और वह डायसपोरा देशों के साहित्यकारों पर लागू होती है, अमेरिका और ब्रिटेन के 'आधुनिक' साहित्यकारों पर नहीं। बहरहाल, हिन्दी साहित्य में अपने हंस की चाल चलने के लिए जाने जाने वाले राजेन्द्र यादव के विचारों को वेदवाक्य समझने वाली उषा राजे और तेजेन्द्र शर्मा ने बात यहीं समाप्त नहीं की बल्कि उन्होंने अपने संकलन में मॉरिशस, फीजी, सूरीनाम आदि देशों के किसी रचनाकार की रचना नहीं ली। उन्हें संकलन में शामिल नहीं किया गया। तेजेन्द्र शर्मा और उषा राजे अपने सम्पादकीयों में लगातार इस बात पर दुख प्रकट करते हैं कि प्रवासी साहित्य के नाम पर डायसपोरा देशों के साहित्य की पहचान क्यों है? यह ईर्ष्या और द्वेष निन्दनीय है। तेजेन्द्र शर्मा के सम्पादकीय का पहला पैरा प्रवासी साहित्य के नाम पर अभिमन्यु अनत और शबनम की पहचान पर दुख प्रकट करता है (क्या यह लड़ाई इसलिए है उनकी जगह तेजेन्द्र और उषा राजे को जाना जाए।) जिन परिस्थितियों में भारतीय डायसपोरा देशों में साहित्य का सृजन हुआ है वह दिल दहलाने वाली दारुण परिस्थितियाँ हैं। यह दुख और पीड़ा की बात है अपने को स्थापित करने के चक्कर में इन महान सम्पादकों ने उनके साहित्य को खारिज करने का प्रयास नहीं किया, खारिज कर दिया, उसे बाहर कर दिया। ऐसे छोटे दिल,

तुच्छ महत्त्वाकांक्षाओं और साहित्यिक कैरियरबाजी के चलते यह लोग हिन्दी साहित्य का ही नहीं अपनी रचनात्मक प्रतिभा का नुकसान कर रहे हैं। जिस तरह से डायसपोरा के देशों को संकलनों से बाहर किया गया उसके लिए दिल्ली हिन्दी अकादमी को भी विचार करना चाहिए था। क्या आप दोनों सम्पादकों के व्यवहार को षड्यन्त्र से कुछ कम समझते हैं?

हिन्दी साहित्य ने स्वकेन्द्रित, साहित्यिक कैरियरिस्ट, अपनी और अपने गुट (विचारधारा, जाति) को केन्द्र में रख मठवादी राजनीति करने की काफ़ी सजा पायी है। इतनी बड़ी हिन्दी पट्टी में चन्द नामों का होना, साहित्य में जनता की भागीदारी के बारे में बताता है। हमें लगा था प्रवासी साहित्य के माध्यम से साहित्य साधना का संकल्प और सेवा करने वाले ओछी और महत्त्वाकांक्षी राजनीति नहीं करेंगे। अपनी महत्त्वाकांक्षाओं के नाम पर डायसपोरा देशों में रचित साहित्य को हिन्दुत्ववादी, अधकचरा और नॉस्टेल्जिया से भरा कहना, उनके समर्पण, भारत भक्ति, अध्यात्म प्रेरणा का उपहास उड़ाना हल्की मानसिकता का प्रतीक है। अगर प्रवासी साहित्य का नेतृत्व ऐसे वैचारिक कन्फ्यूस, तुम मुझे आदमी दिखाओ मैं तुम्हें सिद्धान्त बताऊँगा, जैसी सोच रखने वाले करेंगे तो यह अच्छा लक्षण नहीं है। रचनात्मक लेखकों के लिए ज़रूरी है नारेबाजी और सतही सोच से बचें। जैसे तेजेन्द्र शर्मा और उषा राजे जिसे खाँचा या शोशा कहते हैं उसे सुषम बेदी और उमेश अग्निहोत्री वर्गीकरण कहते हैं। यह शब्द का अन्तर नहीं है। यह सोच का अन्तर है। राजनीतिक सोच और रचनात्मक सोच में यही अन्तर होता है। साहित्य के ईमानदार मानदंडों से जुड़ने की आवश्यकता होती है। सच को गिरोह की ज़रूरत नहीं होती। वह अकेला और निहत्था भी काफ़ी हो सकता है।

मैं इस संकलन के प्रकाशन के लिए श्री श्याम सखा श्याम (निदेशक, हरियाणा साहित्य अकादमी) का विशेष आभारी हूँ जिन्होंने इस संकलन के प्रकाशन का अवसर और चुनाव की स्वतन्त्रता दी। वे एक प्रयोगधर्मी व्यक्ति हैं और व्यंग्य विशेषांक के बाद प्रवासी विशेषांक का प्रकाशन कर उन्होंने साहित्य के उच्चतर मानदंडों की तरफ़ हरियाणा अकादमी को ले जाने का काम किया है। इस संकलन की तैयारी में मुझे सबसे ज़्यादा सहयोग प्राप्त हुआ वरिष्ठ लेखिका श्रीमती अलका सिन्हा और उनके पति व भारत सरकार में अधिकारी श्री मनु सिन्हा से। मदनलाल मधु, चित्रा मुद्गल, हिमांशु जोशी, उमेश अग्निहोत्री इत्यादि से बातचीत हम लोगों ने

साथ ही की। उनसे हुई रचनात्मक चर्चाओं ने इस संकलन को वर्तमान स्वरूप देने में बहुत मदद की। सामग्री के संयोजन के लिए श्रीमती ऋचा अधिकारी द्वारा जो सहयोग किया गया मैं उसके लिए उनका भी आभार व्यक्त करता हूँ। श्रीमती सुधा ओम ढींगरा का सहयोग तो ऐसे सब प्रयासों को मिलता ही है। मैं दिल से इन सबके प्रति आभारी हूँ।

इस संकलन का प्रकाशन होते–होते शीर्ष प्रवासी साहित्यकार श्री सत्येन्द्र श्रीवास्तव का देहान्त हो गया। वे हिन्दी साहित्य के उज्ज्वल नक्षत्र थे। हम उन्हें हार्दिक श्रद्धांजलि देते हैं।

□□